U0894719

医保按项目付费监管到DRG/DIP付费监管

理论、政策与实践

廖藏宜◎著

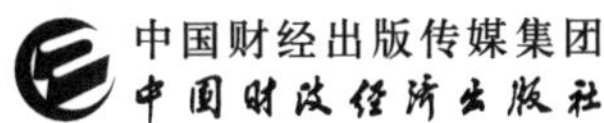

·北 京·

图书在版编目（CIP）数据

医保按项目付费监管到DRG/DIP付费监管 ：理论、政策与实践 / 廖藏宜著. -- 北京 ：中国财政经济出版社, 2025. 7. -- ISBN 978-7-5223-4165-1

Ⅰ. F842.613

中国国家版本馆CIP数据核字第2025FG6845号

责任编辑：张　莹　吴韦印　　　责任校对：徐艳丽

封面设计：陈宇琰　　　　　　　责任印制：党　辉

医保按项目付费监管到 DRG/DIP 付费监管：理论、政策与实践

YIBAO AN XIANGMU FUFEI JIANGUAN DAO DRG/DIP FUFEI JIANGUAN：LILUN、ZHENGCE YU SHIJIAN

中国财政经济出版社 出版

URL：http：//www. cfeph. cn

E－mail：cfeph@ cfeph. cn

社址：北京市海淀区阜成路甲 28 号　邮政编码：100142

营销中心电话：010－88191522　编辑部门电话：010－88190957

天猫网店：中国财政经济出版社旗舰店

网址：https：//zgczjjcbs. tmall. com

涿州汇美亿浓印刷有限公司印刷　各地新华书店经销

成品尺寸：170mm×240mm　16 开　16. 5 印张　253 000 字

2025 年 7 月第 1 版　2025 年 7 月河北第 1 次印刷

定价：88. 00 元

ISBN 978－7－5223－4165－1

（图书出现印装问题，本社负责调换，电话：010－88190548）

本社质量投诉电话：010－88190744

打击盗版举报热线：010－88191661　QQ：2242791300

本书系国家社会科学基金一般项目（24BGL277）《医保 DRG 付费的基金监管效果评价及政策优化研究》的阶段性研究成果；感谢中国政法大学后期资助项目《医保按项目付费监管到 DRG/DIP 付费监管：理论、政策与实践》资助出版！

前　言

因为存在信息不对称、委托代理和不完全契约等问题，所以监管具有必要性。监管是确保制度有效性和行为合规性的核心机制。众多经济学家，如诺贝尔经济学奖得主阿克洛夫（George Akerlof）、斯蒂格利茨（Joseph Stiglitz）和哈特（Oliver Hart）等，以及管理学家，如西蒙（Herbert A. Simon）、唐斯（Anthony Downs）和赫希曼（Albert O. Hirschman）等，都曾深入探讨并强调信息与监管的重要性。

医疗领域因其独特的行业属性，信息不对称问题尤为突出。这一特征不仅强化了监管的必要性，也大大增加了监管实施的难度，对监管者的专业能力和治理水平提出了更高要求。在众多监管对象中，医保基金监管居于核心地位。医保基金是人民群众的“保命钱”和“救命钱”，通过严格高效的监管严厉打击各类欺诈骗保行为，维护基金安全成为医疗保障体系健康发展的关键保障。近年来，我国医保基金监管在制度建设、技术手段和治理模式等方面取得了显著进展。然而，随着医保支付方式改革的深化，特别是DRG/DIP付费方式在全国范围内逐步实施，医疗服务供给模式和利益格局正在发生深刻变革，这种制度性转变为医保治理注入新动能的同时，也对医保基金传统监管范式提出了全新的挑战，亟待构建与之相适应的监管体系。

我国住院医疗费用医保支付方式已经从传统的按项目付费转向 DRG/DIP 付费，这绝非简单的技术性调整，而是一场深刻的制度变革。作为长期跟踪医保各项政策改革的研究者，笔者深切体会到这场变革正在重塑整个医疗体系的运行逻辑。在实地调研和学术研究中，一个关键性的制度困境日益凸显：在医保支付方式已实现“从被动支付到精细支付”的变革之际，相应的医保基金监管体系却未能同步完成适应性转变，实践层面的监管工作仍然在延续传统按项目付费时期的监管理念和监管方式。

基于对医保支付改革与医保基金监管转型这一关键矛盾的持续观察思考及团队历时多年的 DRG/DIP 付费改革追踪研究和深入各地的实践调研，笔者试图将 DRG/DIP 付费方式与医保基金监管这两项改革政策进行耦合，在理论与实践层面回答了三大核心命题：其一，为何要监管，即 DRG/DIP 付费模式可能产生异化行为的制度根源；其二，监管什么，即 DRG/DIP 付费模式下医方行为异化的新型表现类型及其具体表现；其三，如何监管，即构建适应价值医保导向的新型监管体系的政策路径。这些关键问题的系统分析和突破对完善中国特色医保治理体系具有重要意义，也能给地方医保部门完善相应的政策体系和实践 DRG/DIP 付费监管工作提供启益性思路。

在此研究定位下，本书系统考察了在医保支付方式从项目付费向价值付费转型的过程中，医保基金监管在理论范式、制度设计和实践创新三个维度的深刻变革，旨在为构建与 DRG/DIP 付费方式改革相适应的基金监管体系提供系统性解决方案。

本书的主要内容安排如下：

第一章　绪论

本章详细陈述了本书研究背景与研究意义，结合研究要点，对国内外学术界在医保基金监管方面的研究成果进行整理评述。同时概述说明本书的研究思路和主要研究内容，介绍研究方法及数据资料，凝练研究的创新点。

第二章 医保按项目付费监管向 DRG/DIP 付费监管转化的理论机理

本章旨在从学理上构建一个专门针对 DRG/DIP 付费场景的监管分析框架，是全书逻辑思路的理论基础。首先，本章通过概念界定厘清研究边界，对医保支付方式、欺诈骗保和异化行为等核心概念进行学术定义，明确研究范围；其次，基于信息经济学、风险管理理论和规制经济学等经典理论，本章结合医保支付方式的特定场域，深入剖析了支付方式改革与基金监管模式转型的内在关联机制。最后，在此基础上创新构建了 DRG/DIP 付费机制下医保支付行为的分析框架，为识别异化行为提供了理论依据，同时为后续政策演进分析与实证研究奠定了逻辑基础。

第三章 医保按项目付费监管到 DRG/DIP 付费监管的政策历程

基于历史制度主义视角，本章分别以 2020 年和 2023 年为时间节点，将我国医保基金监管发展划分为三个具有显著特征的历史阶段，并从实施背景、核心文件及内容、时代特征、成效与问题等四个维度系统梳理了我国医疗保险支付方式从按项目付费向 DRG/DIP 付费改革的政策演进路径，为后续实证分析提供了政策语境和制度基础。

第四章 医保 DRG/DIP 付费引致的异化行为分析

本章基于委托代理理论，系统分析了 DRG 支付体系下医疗服务提供方可能产生的异化行为及其形成机制，即回答 DRG/DIP 付费下“监管什么”的核心命题。首先，从制度环境视角系统考察了医保端和医院医生端在 DRG/DIP 付费下对异化行为的具体诱发机制；其次，详细分析了数据质控端、医疗行为端和医院管理端三个环节可能产生的异化行为的类型和具体表现，为 DRG/DIP 付费下医保基金监管指明了方向和重点，使医保基金监管从抽象的理论走向可观测、可测量的监管指标，实现了从学术探讨到监管实践的有效衔接。

第五章　徐州市医保 DRG 付费监管效果的实证测度

本章以徐州市 DRG 付费改革与医保基金监管为例，剖析了 DRG 付费改革试点地区异化行为的实际表现与应对机制，并尝试提炼可复制、可推广的监管模式与制度经验。首先，系统梳理了徐州市 DRG 付费改革及医保基金监管的政策和具体做法，即独具特色的“徐州模式”；其次，通过实地调研获取的一手资料，运用定性定量相结合的方法，特别是断点回归方法，实证检验了徐州市 DRG 付费监管的实效；最后，基于实证研究发现，提出了若干优化 DRG 付费监管体系的政策建议。本章研究不仅为理解地方 DRG 付费下医保基金监管实践提供了鲜活的典型案例，也为全国基金监管贡献了可资借鉴的经验。

第六章　典型国家的 DRG 异化行为监管实践

本章通过国际比较研究，系统梳理了德国、美国、日本、英国和新加坡等 DRG 付费制度较为成熟的国家在医保基金监管方面的实践经验。首先，从异化行为、监管框架和监管机制三个方面对各国的具体实践进行了介绍，重点分析了各国政策设计理念和监管体系。其次，在介绍典型国家的具体实践基础上，本章进一步比较归纳总结了典型国家 DRG 异化医疗行为的经验做法以及对我国 DRG/DIP 付费监管的启示。这些跨国比较研究成果为我国医保监管实践提供了有价值的政策工具箱，拓宽了对医疗服务供给方行为规制的研究视野，对推动我国医保基金监管由粗放式管理向精细化治理转型具有重要的启示意义。

第七章　我国医保 DRG/DIP 付费监管效能的研究结论及建议

本章系统总结了我国医保 DRG/DIP 付费监管效能的研究，并创新性地提出了若干优化我国医保 DRG/DIP 付费监管效能的政策框架，给地方医保基金监管实践提供了可复制、可推广的操作范式，为实现医保基金“安全、高效、合理使用”的目标提供了坚实的制度支撑与切实可行的政策路径。本章提出的监管创新思路，既回应了当前医保支付改革中的现实挑战，也为构建中国特色医保治理体系贡献了理论智慧。

相较于既有研究，本书的创新和贡献主要在于:

在理论层面上，本书通过有机整合支付风险管理理论、委托代理理论和激励规制理论，首次构建了一个专门针对 DRG/DIP 付费场景的监管分析框架。该框架从学理上厘清了医保支付制度变革下的委托关系重构、激励冲突与行为扭曲机制，精准定位了 DRG/DIP 付费引发的异化行为问题根源，为学界和实务部门理解 DRG/DIP 付费下的监管难题提供了全新的理论视角。

在研究内容上，本书突破了既有文献主要对某一单一异化行为的碎片化研究局限，首次全面系统地识别和分类了 DRG/DIP 付费下的各类异化行为及其具体表现，填补了该领域系统性研究的空白。

本书的研究方法弥补了既有研究主要停留在定性分析方法上以及缺乏一手数据资料的不足，通过获取医保部门一手监管数据，结合描述性统计和断点回归等计量方法，对医保 DRG/DIP 付费的医保基金监管实际效果进行了量化评价，为相关决策提供了科学可靠的实证依据。

以上创新不仅拓展了医保监管研究的理论深度和方法维度，也为完善关联 DRG/DIP 付费和医保基金监管两项改革政策体系提供了重要的学术支撑。

医疗保障制度对任何国家都很重要，其改革成效直接关乎全民健康福祉。当前，DRG/DIP 付费方式改革正在全国范围内深入推进，构建与之相匹配的基金监管体系已成为深化医保制度改革的关键议题。DRG/DIP 付费方式的变革就像给医疗体系更换发动机，而基金监管体系的创新则是确保这台新发动机高效运转的控制和兜底系统。希望本书的研究成果能够为相关政策制定部门提供价值参考，能为学术研究者开拓思路，也能为推动我国医保治理体系和治理能力现代化贡献绵薄之力。

廖藏宜

2025 年 5 月于北京

目　录

第一章

绪　　论

一、研究背景与研究意义

（一）研究背景

医保基金监管是全球公认的难题，欺诈行为不仅侵害了参保人的合法权益，更严重威胁到医保基金的安全运行，也对我国医疗保险体系的可持续发展构成不利影响。为应对这一挑战，我国政府采取了多项措施，包括开展打击欺诈专项行动和建立相关制度等，以提高监管效率。2019 年 5 月，国家医保局办公室印发《医保基金监管“两试点一示范”工作方案》，倡导各试点城市创新监管手段，利用大数据等技术手段进行智能监控，并探索建立医保基金监管信用体系。2020 年 2 月，《中共中央 国务院关于深化医疗保障制度改革的意见》明确指出，要推动医保基金监管法治化、制度化和规范化，提出结合司法、行政监管和协议监管，对欺诈行为实施严格监管和处罚。2020 年 7 月，国务院办公厅《关于推进医疗保障基金监管制度体系改革的指导意见》进一步明确，到 2025 年基本建立医保基金监管制度体系和执法体系，形成全方位的监管格局。2021 年 9 月，国务院办公厅印发《“十四五”全民医疗保障规划》，强调了建立多种形式的监督检查、智能监控、信用监管、综合监管和社会参与制度的重要性。同年国务院颁布的《医疗保障基金使用监督管理条例》作为医疗保障领域的首部行政法规，对医保基金监管的各个方面作出明确规定，为医保基金监管工作提供了依据。

尽管近年来我国医保基金监管在专项治理和制度建设方面取得了显著进展，但监管工作仍面临新的挑战。自 2018 年起，国家医保局推动了疾病诊断相关分组（DRG）付费的国家试点改革，这一模式与传统的按项目付费不同，是通过疾病诊断分组进行打包支付，有助于标准化医疗资源使用和控制医疗费用。然而，由于我国医保基金监管基础相对薄弱，加之 DRG 工具本身的技术局限性，医保监管可能面临新的挑战，如分解住院、高靠诊断、选择性收治病人等欺诈行为。为此，2021 年 11 月国家医保局印发的《DRG/DIP 支付方式改革三年行动计划》强调了提高医保基金使用效率和效果评价的重要性，并规范了医疗机构的服务行为。2022 年 4 月，国家医保局印发的《医疗保障基金智能审核和监控知识库、规则库管理办法（试行）》进一步提出建立知识库和规则库。

在 DRG/DIP 付费模式下，医保监管机构将面临更为严峻的考验，新的支付模式对监管机构的专业能力、技术手段和制度响应提出了更高要求。厘清 DRG/DIP 付费下可能产生的违规医疗行为，科学界定异化行为的内涵与边界，并探索靶向监管与精准干预机制，已成为医保监管工作的核心任务。为此，急需从理论与实证层面开展系统研究，回答以下关键问题：DRG/DIP 支付模式下存在哪些新型违规与欺诈风险；如何界定并识别异化行为；我国医保监管应如何实现从事后稽核向全过程治理转型；徐州市作为国家医保基金监管改革的示范先行地区，在 DRG 监管中的实践经验与政策成效如何；国外发达国家在医保支付监管中采取了哪些先进做法。对上述问题的深入探讨，不仅对丰富医保基金监管领域的理论体系具有重要意义，也为我国医保制度改革与政策优化提供了有益借鉴。

（二）研究意义

目前，我国的 DRG/DIP 支付方式改革正处在从试点阶段向全面实施阶段过渡的关键时期。本书针对 DRG/DIP 支付模式下的异化行为进行了深入研究，结合典型城市的实践案例，对监管效果进行了实证分析，并引入国际比较研究，为我国医保基金监管体系建设提供理论支撑与政策建议。该研究既具有重要的理论意义，也具有显著的实践价值。

1. 理论意义

鉴于 DRG 打包付费的特性，医疗机构为了追求更大利益，可能会改变其行为逻辑，这在长期内可能导致许多监管难题。目前我国医保监管的政策工具和理论体系依然延续按项目付费时期的思维模式，缺乏对 DRG/DIP 新机制下行为异化问题的系统应对方法。部分研究从治理或风险管理的角度出发，但并未深入探讨医保与医疗服务提供者之间的利益关系。同时，关于医疗服务提供者的异化行为，现有研究多聚焦于单一角度或单一行为，无法帮助医保部门全面应对当前复杂多变且隐蔽性强的欺诈行为。本书将支付风险管理理论与委托代理理论相结合，从制度激励机制与信息不对称视角出发，构建了行为异化的系统识别框架，首次从“数据质控端—医疗行为端—医院管理端”三个维度细化异化行为类型，系统梳理其成因与表现。同时，通过引入典型国家的 DRG 监管经验，丰富了医保支付行为监管的国际比较视野，为探索中国特色的新型医保行为监管模式提供了理论基础。本书有助于填补当前医保基金监管领域中针对异化行为识别机制与防控策略的理论空白，推动基金监管理论体系从单一化向多维度转型，对提高基金使用效率与安全性具有重要的理论意义。

2. 实践意义

随着医保智能化监管的推进，如何构建科学、可执行的支付监管规则体系已成为迫切任务。现有的少数监管规则在科学性和严谨性方面还有待验证，对医疗服务提供者异化行为的纠正和约束效果也缺乏有力的证据支持。本书基于徐州市 DRG 监管的典型实践，构建了行为识别指标体系与效果评估模型，采用描述性统计和断点回归等计量方法对监管成效进行实证分析，不仅验证了监管措施对部分行为的显著干预效果，也识别出仍需改进的指标领域。本书将实证方法应用于 DRG 支付模式下徐州市医保基金监管效果的研究，对监管模式和规则的运行效果进行了评估，并提出了切实可行的对策建议，具有重要的实践价值。一方面，本书的研究能够为医保实务部门提供直接观测监管效果的可靠数据支持，为医保基金监管政策和规则的制定与优化提供改进思路，进一步提升监管效能和基金管理水平；另一方面，本书的研究能将异化行为具体化、细节化，有助于打破医疗服务提供者与医保监管部门之间的信息壁垒，促使医疗服务提供者自觉约束行为、提升医疗质量、减少医疗浪费，从而提升患者的就医体验和健康水平，更好地实现医保部门的公共服务职能，是一项具有重要实践意义的研究。

二、相关文献综述

根据现有文献的分析，国内外对医保基金监管的研究主要从总结监管思路和经验出发，进而提出监管问题和优化路径，但针对 DRG/DIP 付费监管的研究相对较少。此外，关于监管效果的研究大多为定性分析，而实证研究不仅数量有限，且方法单一。接下来，本书将对这些研究现状进行分类和总结。

（一）医保按项目付费和 DRG/DIP 付费的异同

医保按项目付费指的是在实施按服务项目计费的模式下，按照既定的各服务项目价格，根据患者接受的医疗服务数量来计算费用。具体措施包括：依据患者在就医过程中涉及的检查、治疗、住院、手术、用药等服务项目，以及相应的费用和提供数量，进行分别计费。在医疗保险的实施过程中，为医疗服务的每一个项目设定具体价格。当被保险人接受医疗服务时，根据服务项目的价格计算医疗费用。随后，医疗保险机构将根据这些价格和服务的实际提供量向医疗服务提供方支付费用。

疾病诊断相关分组（DRG）是基于患者的年龄、疾病诊断、并发症、治疗方式以及资源消耗等多维度因素进行系统分组，并依据分组结果实施打包付费的医保制度，被广泛应用于住院费用的预付费管理和医疗绩效的评估与考核[①]。王坚强和王奕婷（2021）指出，实施 DRG 带来了支付方式的革新，转变了医保与医院之间的结算模式。它从传统的按项目付费转变为按病种（组）付费，为每份住院病例的劳动产出设定了预定的额度。医

---

① 刘志辉，林妍，孟凡强．医保支付方式改革与医疗卫生服务效能——来自三明医改的证据［J］．应用经济学评论，2025，5（01）：170－187．

院的收益与其每单位产出的资源消耗呈负相关。通过合理利用这一杠杆，医院能够最大化效益、最小化费用，从而确保服务质量、降低医疗成本、提升患者满意度，并实现医保基金的平衡①。

进一步而言，正如学者指出的，医保支付方式改革的核心实质上是将结算单元从费用明细条目转变为住院病例，并将支付方式从事后付费转变为前瞻性付费②。这一转变显著提升了病案数据质量的重要性。为此，国家医保局发布了医保结算清单规范，确立了其作为按病种支付结算数据核心标准的地位。医保结算清单必须满足医保审核及结算的要求，尽管它源自住院病案首页，但其填报目的、规范与结算清单之间存在显著差异。

于保荣（2021）指出了 DRG/DIP 与按项目付费在支付逻辑上的不同，他认为，DRG 和 DIP 都是基于疾病诊断和操作的病例分组方法。它们依据世界卫生组织《疾病和有关健康问题的国际统计分类（第十次修订本 ICD－10)》中的解剖系统分类作为疾病诊断的基准，并以《国际疾病分类手术与操作（ICD－9－CM－3)》作为操作分组的依据。DRG 分组方法将同一主要诊断大类（MDC）下的疾病按照内科治疗、外科治疗和非手术操作三种方式分组，然后依据“疾病诊断、手术或操作临床过程相似，资源消耗相近”的原则，将这三组的具体疾病诊断及操作进行归纳，形成核心疾病诊断相关组（ADRG)。进一步地，根据“合并症与并发症”的情况，将 ADRG 细化为具体的 DRG 组。而 DIP 分组方法则采用医保版疾病诊断分类及代码（ICD－10）进行疾病诊断分类和适当组合，随后对每个疾病诊断组合按照使用的医保手术操作分类与编码（ICD－9－CM－3）技术进行分类。通过对临床病案中疾病诊断与治疗方式的随机组合，穷举形成 DIP 的病种组合，从而构建起 DIP 目录库的基础③。

同时，DRG 的设计体现了一种内敛的思维模式，它采用“求同存异”的方法，即在相同的 MDC（主要诊断类别）和治疗手段下，寻找不同病种

---

① 王坚强，王奕婷．DRG 医保支付方式改革对医疗行为的影响［J］．湖南社会科学，2021（01)：133－139.

② Koné, I., Zimmermann, B. M., Nordström, K., Elger, B. S., & Wangmo, T. (2018). A scoping review of empirical evidence on the impacts of the DRG introduction in Germany and Switzerland. The International Journal of Health Planning and Management, 34 (1), 56－70.

③ 于保荣．DRG 与 DIP 的改革实践及发展内涵［J］．卫生经济研究，2021，38（01)：4－9.

之间的共性最大公约数。通过这种方式，临床实践中 ICD－10 的 33392 个诊断与 ICD－9－CM－3 中的 13002 个操作，依据临床过程一致性和资源消耗相似性的分组原则，被归纳为 376 个核心疾病诊断相关组（ADRG）。每个 ADRG 再结合“合并症与并发症”的不同情况，最终形成 618 个疾病诊断相关分组。DIP 的设计理念是作为一种管理工具，旨在尽可能地反映和适应临床实践的复杂性和多样性。因此，DIP 的分组更为细致和具体，目的是通过详尽的临床疾病分组，提升病例入组率。根据试点地区的数据，年病例数超过 15 例（含）的核心病种组及年病例数少于 15 例的综合病种组，全样本数据入组率接近或高于 99%。

在宏观框架和流程上，DRG 和 DIP 都遵循了国际社会普遍采纳的 DRG 做法，包括相对权重（Related Weight，Rw）、费率（Payment Rate）、病例组合指数（Case Mix Index，CMI）、变异系数（Coefficient of Variation，CV）、费用消耗指数（包括药品和耗材的消耗指数）、时间消耗指数、死亡风险评分等关键指标。在这些方面，DIP 与 DRG 的思路保持一致，没有差异。

根据国际通行的规则和标准，DRG 系统的设计初衷是覆盖那些已经在大多数医院中广泛采用的成熟医疗技术，并且主要针对急性住院病例（Acute inpatients）。这种分类系统并不适用于门诊病例、康复病例、需要长期住院的病例，以及那些尽管诊断和治疗方式相同，但资源消耗和治疗结果差异显著的病例（如精神类疾病）。目前，我国北京、沈阳等地区已经开始了 DRG 支付的试点项目，这些项目主要在三级医疗机构中实施。展望未来，预计二级医疗机构的住院服务也将逐步引入 DRG 支付系统。与此同时，2020 年 11 月国家医保局办公室印发的《国家医疗保障按病种分值付费（DIP）技术规范》也明确指出，DIP 主要适用于住院医疗费用的结算，这包括日间手术以及医保门诊慢性特殊疾病医疗费用的结算。然而，对于那些住院时间较长的病例，如精神类、康复类及护理类病例，由于其特殊性，并不适宜纳入 DIP 支付范围。DIP 的适应性和可扩展性让 DIP 能够应用于普通门诊急诊付费标准的建立，以及医疗机构收费标准的改革。因此，DIP 付费试点地区（如广州）已经将基层医疗卫生机构（包括社区卫生服务中心与乡镇卫生院、社区卫生服务站与村卫生室）的疾病组纳入了考虑范围。

（二）医保按项目付费和DRG/DIP付费下的医保基金风险

1. 医保基金风险

关于医疗保险基金的风险问题，学术界普遍认为，无论何种医疗保险制度，都可能面临违法违规使用基金的风险，导致医疗保险基金遭受重大损失，这种现象被称为医疗保险基金运行风险。至于医疗保险基金使用过程中出现的风险，目前学术界尚未给出明确的定义。李嘉程等（2021）的研究总结指出，欺诈和骗保行为主要发生在基金支付环节，涉及的不当行为包括过度医疗、虚假治疗、不合理收费以及伪造住院病历等，不同责任主体在欺诈骗保方面的表现形式各异①。陈起风（2019）在研究一系列监管措施后发现，随着监管力度的加强和监管手段的改进，单一类型的保险欺诈行为的发生率有所下降。然而，以医疗机构和参保人联合进行的复合型欺诈保险行为却日益突出②。隋凯欣等（2021）将复合型欺诈骗保行为的成因归纳为压力因素、心理因素和机会因素。他们认为，在医保监管部门施加的压力下，医疗服务提供方可能会产生焦虑心理，而追求利益的动机则可能诱发欺诈骗保行为。此外，参保人可能抱有追求更多权益的“合理化心态”，期望从中获取更多利益，从而导致欺诈骗保行为的发生。同时，医、患、保三方之间的信息不对称，医保监管法律法规的不完善，以及监管力度不足和效率低下等问题，为欺诈骗保行为的发生创造了条件③。侯慧玉等（2025）的研究进一步归纳了参保人参与欺诈骗保行为的原因：不同地域不同参保身份医保待遇差别大、缺乏多部门多地区信息共享平台、医保基金监管能力有待提高、公众对医保政策及骗保行为认知不足，以及健康焦虑现象日趋严重④。刘静等（2019）将故障树分析法应用于医

---

① 李嘉程，覃英华，吴群红，等．我国医保基金骗保行为治理趋势演变与优化策略研究［J］．中国医院管理，2021，41（11）：21－24.

② 陈起风．“救命钱”沦为“唐僧肉”：内在逻辑与治理路径——基于百余起骗保案的实证研究［J］．社会保障研究，2019（04）：42－51.

③ 隋凯欣，赵晨杰，肖赟，等．基于舞弊三角理论的医保欺诈成因分析及监管策略探讨［J］．中国卫生经济，2021，40（11）：33－36.

④ 侯慧玉，张华星，王建斌，等．医保参保人就医行为对基金管理的挑战与思考［J］．医学与哲学，2025，46（04）：56－59.

疗保险基金风险研究，对医疗保险基金使用过程中常见的几种违规行为进行了风险界定，并构建了基础风险指标库①。

近年来，随着国家有关部门出台多项政策促进异地就医，异地就医结算中伪造异地就医资料、虚构医疗服务项目或虚报医疗费用、冒名顶替就医等欺诈骗保行为频发，且相较于传统的欺诈骗保行为更具隐蔽性和复杂性，给基金监管工作带来巨大挑战。② 由此可见，欺诈性骗保行为是医保基金使用过程中的主要风险因素。有效地识别这类风险行为，有助于医保监管部门构建严密且有效的基金风险管理机制，对打击欺诈性骗保行为、维护医保基金安全具有重要意义。

2. DRG/DIP 付费相比按项目付费对医方行为的影响

郑晨（2022）回顾了医院成本管理的发展历程，提出在医院成本管理的 1.0 时代，尽管科室成本有明确的归集和分摊方法，但医疗服务项目成本和病种成本却缺乏具体的核算方法和实施细则。在实际操作中，医院基本上是在自行探索。与此同时，与之相配套的医保支付方式是按项目付费，加上药品耗材加成的红利，使医院通过粗放型收入规模的增长就能获得良好的效益。因此，大多数医院只关注整体收入的增长和医保结算情况，而忽视了成本控制③。随着医疗体制改革的深入推进，药品和耗材加成政策被相继取消，有关部门开始严格控制不合理的医疗费用。医院开始关注药耗成本比例、人均费用、管理费用率以及人均产出等关键指标。然而，在实际操作中，成本常常被简化为费用问题，目标是控制人均药耗费用，而采取的手段往往是单项奖惩或绩效分配，这导致医务人员被动参与，医疗行为模式并未发生显著变化。究其原因，目前我国的医保支付方式仍然以按项目付费为主导，“多做”能够带来结余，因此医院缺少进行成本核算的内在动力。

长期以来，我国的医保基金支付方式主要依赖于按项目付费和按比例报销的被动模式。彭宅文等（2018）认为，该支付方式精细化管理水平

---

① 刘静，黄镇，覃肖潇，等．基于故障树分析法的医保基金使用风险识别研究——以某市医保基金监管真实世界数据为例［J］．中国医疗保险，2019（05）：34－38.

② 金志恒．异地就医欺诈骗保行为监管困境与路径优化［J］．中国医疗保险，2025（03）：44－50.

③ 郑晨．DRG/DIP 付费下的医院成本管理［J］．卫生经济研究，2022，39（03）：88－90.

低，无法有效管控医疗行为和服务质量①。同时，我国卫生总费用、城乡居民人均医疗保健支出增长迅速，医保支付管理面临巨大挑战②。按项目付费体系面临三大主要问题：一是缺乏对服务质量和结果的管理约束机制。医保部门主要依据医疗机构的服务量（即项目投入量）进行支付，这导致了对服务过程的过度关注，而对服务质量和结果指标的考量却相对较少。二是项目支付与临床指南及卫生技术评估证据的关联机制不足，支付过程中很少评估项目支付的合理性，以及其是否与临床指南和最佳实践证据相符、是否具备成本效益③。三是支付标准被动产生，医疗服务价格调整周期直接影响支付杠杆效能④，对医疗服务行为的导向缺乏传导激励。张静等（2014）⑤ 指出，按服务项目付费的弊端之一在于它可能激励医疗机构提供过度医疗服务，导致医保部门难以控制医疗费用。即便对医疗服务项目的单价进行核定和控制，医疗机构仍可能通过增加服务项目的频次来提高总体医疗费用。弊端之二在于医保部门必须对每一项服务进行审核，这不仅增加了管理成本，也大幅增加了工作量。

近年来，随着我国医药卫生体制改革的持续深化，医保支付方式改革的重要性愈发显著，基于价值的战略购买已经成为我国医保支付方式改革所倡导和发展的关键方向。尽管如此，国内外众多研究显示，DRG/DIP 付费制度虽然实现了医疗费用的降低、住院床日数的缩短以及医疗服务质量的提升等目标，但同时也伴随着一些不利影响。

从实施 DRG 改革的地区经验来看，医院的医保基金超支现象逐年减少，与此同时，医院的纯收入显著增加，这对医院的经营理念产生了深远的影响⑥。具体表现在：首先，医院的规模大，并不意味着收益就多，盲目扩张已不

---

① 彭宅文，岳经纶．新医改、医疗费用风险保护与居民获得感：政策设计与机制竞争［J］．广东社会科学，2018（04）：182－192＋256.

② 王海银，金春林．国际医疗服务项目支付优化策略及启示［J］．卫生经济研究，2019，36（08）：16－19.

③ 王海银，冯泽昀，杨燕，等．加拿大实验室诊断项目医保支付政策分析及启示［J］．中国卫生质量管理，2018，25（02）：97－100.

④ 王海银，金春林，姜庆五．医疗服务价格动态调整机制构建及发展建议［J］．中国卫生资源，2018，21（06）：5.

⑤ 张静，韩菊，张晶．DRGs－PPS 模式与项目付费模式的比较分析［J］．中国卫生经济，2014，33（02）：63－65.

⑥ 王震．医保支付方式改革须与公立医疗机构改革并行［J］．中国医疗保险，2020（06）：31－32.

再能带来预期的收益。其次，这种新的支付制度与医院科室部门的细分趋势相冲突，按照现行的绩效管理方式，某些科室部门（如检验检查科）可能会持续亏损，使临床医生产生误解甚至抗拒情绪①。最后，由于医保政策的调整与医院内部机制的滞后，医院仍以医院、科室、个人的收入减去支出作为直接利益关联，这导致了小病大治和高标准的新型骗保行为②。面对外部环境的不断变化，医院必须改革内部的绩效和薪酬体系，以激励医务人员将行动落到实处。具体而言，医院的绩效分配方式应从按项目计酬转变为按病组计酬，同时，院内的绩效结构也需要进行相应的重构③。

基于上述及其他多种原因，医保支付面临新的基金监管风险。选择性收治患者是 DRG/DIP 付费模式下出现的一个普遍问题。Scott（1984）在其调查中指出，实施 DRG 付费后，许多医院倾向于接纳那些能够带来更高利润的患者④。同样，早期研究如 Quantin（1999）、DeMaria（1988）和 Mishra（2002）指出，DRG 付费制度在急重症患者成本补偿方面存在不合理之处。这种制度导致医疗资源的过度消耗，给医院带来沉重的成本负担，进而引发挑选病患和推诿重症等不良现象⑤⑥⑦。

在我国，过度诊疗主要表现为以下几种形式：①过度检查；②过度治疗（包括药物治疗、手术治疗和介入治疗等），例如过度药物治疗包括超量开药、重复开药以及提供其他不必要的医药服务；③过度护理导致住院

---

① 韩春丽，马凝．DRGs 在沈阳市医保支付管理中的应用——以医疗服务绩效评价为主［J］．中国医疗保险，2016（03）：51－54.

② 黄华波．加强医保基金监管和打击欺诈骗保工作的思考［J］．中国医疗保险，2019（03）：32－35.

③ 徐喜卿，段聪哲．DRG 评价指标在某三甲医院绩效管理中的应用［J］．中国病案，2020，21（06）：27－30.

④ Scott，S. J.（1984）. The Medicare Prospective Payment system. American Journal of Occupational Therapy，38（5），330－334.

⑤ Quantin，C.，Sauleau，E.，Bolard，P.，Mousson，C.，Kerkri，M.，Lecomte，P.，Moreau，T.，& Dusserre，L.（1999）. Modeling of High－cost Patient Distribution within Renal Failure Diagnosis Related Group. Journal of Clinical Epidemiology，52（3），251－258.

⑥ DeMARIA，E. J.，Merriam，M. A.，Casanova，L. A.，Gann，D. S.，& Kenney，P. R.（1988）. Do DRG payments adequately reimburse the costs of trauma care in geriatric patients? Journal of Trauma and Acute Care Surgery，28（8），1244－1249.

⑦ Mishra，V.，Tjønnfjord，G. E.，Paus，A. C.，& Vaaler，S.（2002）. Orthopaedic surgery in severe bleeding disorders：a low－volume，high－cost procedure. Haemophilia，8（6），809－814.

时间过长。根据现行的医疗收费价格体系，由于医疗技术服务收费价格低廉，为了获得收入，绩效激励往往采取收支结余提成或按医疗项目点值提成的方式，这在客观上促使医生通过过度治疗来增加收入①。新的支付制度似乎与医院科室部门细分的趋势相冲突。尽管医保政策发生了变化，但医院内部的管理方式仍然未变，依旧采用医院、科室、个人的收入减去支出的直接利益挂钩模式，这可能催生小病大治、高标准的新型骗保行为②。

相较于过度医疗，DRG/DIP 付费模式更可能导致医疗服务供给不足。Or 等（2013）的研究显示，2007—2009 年，法国实施 DRG 付费制度后，普通医疗机构的 30 天内再入院率有所上升，尤其是在中风、心肌梗塞、结肠癌以及髋部手术等严重疾病领域，这一现象尤为显著③。Or（2014）在其报告中也指出了法国医疗机构基于 DRG 的支付方式所引发的问题。研究表明，患者过早出院的现象在医院中普遍存在。医院为了追求分配效率和资金价值的最大化，往往牺牲了护理质量和治疗的有效性④。Ghandour 等（2022）的研究揭示，在固定的 DRG 定价体系下，为了防止费用超支，医疗服务提供者若缺乏对质量的承诺，可能会导致医疗资源投入不足或过度。具体来说，当价格与成本之间的利润率呈现正值时，往往会出现医疗资源投入不足的情况⑤。傅卫等（2020）指出，目前 DRG 或 DIP 主要应用于医保基金对医疗机构的支付方式，监管焦点集中在费用的合理性、防止欺诈和滥用等方面。虽然这在一定程度上确保了医保基金的安全和使用效率，但在规范医疗行为方面，DRG 和 DIP 的打包付费机制使医疗服务提供者存在通过降低病种单元内的成本来增加收入的动力，这可能导致不当行

① DRG 倒逼“病种成本核算”精益之 3：DRG 医保部门为何要关注病种成本核算？ | DRG | 精益 | 医保 | 医疗 | 医技 | 合理 | - 健康界 https：//www. cn - healthcare. com/articlewm/20190627/content - 1064810. html

② 王坚强，王奕婷 . DRG 医保支付方式改革对医疗行为的影响［J］. 湖南社会科学，2021（01）：133 - 139.

③ Or，Z. ，Bonastre，J. ，Journeau，F. ，& Nestrigue，C. （2013）. Activité，productivité et qualité des soins des hôpitaux avant et après la T2A. Questions d’économie de la santé，186.

④ Or，Z. （2014）. Implementation of DRG Payment in France：Issues and recent developments. Health Policy，117（2），146 - 150.

⑤ Ghandour，Z. ，Siciliani，L. ，& Straume，O. R. （2022）. Investment and quality competition in healthcare markets. Journal of Health Economics，82，102588.

为的风险上升。如调整收治病人的疾病严重程度、缩短住院时间、压缩住院单元内服务成本等，某些行为甚至可能影响到医疗服务的质量①。孟朝琳（2020）指出，在实行 C－DRG 定额付费制度时，医疗机构通过降低单位 DRG 诊疗成本，可以在“结余留用”的激励机制下增加医保基金的实际结算结余。然而，这种做法也可能导致过度削减成本，从而减少一些必要的检查项目②。

关于费用转嫁的现象，Mistichelli（2001）指出，医院有可能通过将医疗成本转嫁给不采用 DRG 系统支付的患者，以此来降低自身的开支。这种做法实际上损害了其他病人的保险权益③。Fritze（2001）指出，德国全面实施的 DRG 系统面临新的风险，其中突出的问题是治疗部分和费用可能会转移到 DRG 系统未涵盖的机构，如康复医院和精神病学机构④。彭颖等（2018）的研究总结揭示，美国的医院同样存在将院外费用转嫁的现象，即在治疗过程中将部分成本转移到其他医疗机构进行结算，以此规避 DRG 付费体系⑤。此外，Draper（1998）进一步指出，DRG 预期支付制度导致了医院护理质量的降低，许多患者在出院时并未达到稳定的健康状况⑥。与入组无关的指标往往成为 DRG/DIP 成本转嫁的诱因。李鹏等（2017）指出，为了控制次均考核指标，医疗机构可能会将本应由医保支付的费用转为自费项目，从而增加住院患者的个人经济负担。一些医院甚至将医保经办机构可能拒付的费用归入自费范畴，或将不应作为常规用药的大剂量、多种类辅助药物划为自费，以及将一些新型昂

① 傅卫，江芹，于丽华，等．DRG 与 DIP 比较及对医疗机构的影响分析［J］．中国卫生经济，2020，39（12）：13－16.

② “必要”的项目指的是明确诊断或是进行有效治疗的必不可少的项目。在能够进行有效治疗和诊断的情况下使用低价设备或减少项目，不属于诊疗不足。

③ Mistichelli，J.．（2001）．Diagnosis related groups（drgs）and the prospective payment system：Forecasting social implications. georgetown edu.

④ Fritze，J.（2001）．G－DRG：das auf Deutschland angepasste AR－DRG－System als vollpauschalierendes Krankenhaus－Entgeltsystem gemäß § 17b KHG. Der Nervenarzt，72（6），479－483.

⑤ 彭颖，金春林，王贺男．美国 DRG 付费制度改革经验及启示［J］．中国卫生经济，2018，37（07）：93－96.

⑥ Draper，D.，Rogers，W.，Kahn，K.，Keeler，E.，Reinisch，E.，Sherwood，M.，Carney，M.，Kosecoff，J.，Savitt，H.，Allen，H.，Rubenstein，L.，Brook，R.，Roth，C.，Chew，C.，Bentow，S.，& Kamberg，C.（2006）．Effects of Medicare's prospective payment system on the quality of hospital care. In RAND Corporation eBooks.

贵的检查项目作为常规普查项目纳入自费范围，这些做法导致自费金额过高，个人负担率迅速上升，占总费用的比例较大，进而降低了次均费用①。

DRG/DIP付费模式主要应用于住院医疗服务，通过预先设定固定支付标准，有效遏制了过度医疗行为，达到了控制医疗费用增长的目标。然而，在控费压力下，医疗机构可能出现将低复杂度住院服务向成本更低的门诊环节转移的现象，构成新的违规操作。已有研究验证了住院与门诊服务之间的替代效应。胡广宇等（2019）通过实证研究揭示了在DRG－PPS（诊断相关分组—预付款制度）改革后，次均住院费用呈现下降趋势，而门诊费用则出现了上升的趋势性反转。这一结果暗示医院可能采取了将住院费用转移到门诊收取的策略②。孟朝琳（2020）指出，实施C－DRG后，定额付费制度激励医务人员提升工作效率，缩短了平均住院时间。尽管住院期间的总费用和患者自付费用有所减少，但可能导致门诊服务和家庭护理成为成本转移的途径，使一些需要持续治疗和护理的患者在出院后面临更高的自付医疗费用，对这些患者的总体自付费用负担并未真正减轻③。傅卫等（2020）也提出，尽管国家有关部门推动了多元复合支付方式的改革，但目前主导的DRG和DIP付费改革主要集中在住院服务领域。门诊和基层医疗服务的支付方式改革仍处于探索阶段，局部控费虽有效，但总体设计呈现出碎片化特征。尽管住院服务的支付方式改革已取得显著成效，但存在费用向门诊和社区转移的风险。因此，改革需要与薪酬制度、新技术准入、医疗质量提升等多方面配套政策相结合，并与同期进行的高质量健康服务体系相关改革协同推进。此外，还需要从顶层设计出发，制定整体的支付方式改革方案④。也有学者认为这种转移是DRG支付方式调整医疗服务供给结构的表现。向迪等（2025）研究认为，住院和门诊之间的替代效应正是DRG支付方式改革的激励效应，实现了医疗机构内部更有效的

---

① 李鹏，王歆．大数据时代下的医保异常诊疗行为分析［J］．天津社会保险，2017（04）：50－51.

② 胡广宇，刘立煌，吴世超，等．基于间断时间序列分析的DRG－PPS改革效果研究［J］．中国卫生政策研究，2019，12（10）：23－28.

③ 孟朝琳．DRGs支付制度实施效果评价研究［D］．中国医科大学，2020.

④ 傅卫，江芹，于丽华，等．DRG与DIP比较及对医疗机构的影响分析［J］．中国卫生经济，2020，39（12）：13－16.

资源配置。医疗机构为了控制成本，主动将适合门诊治疗的患者从住院渠道转移至门诊渠道，特别是在内科慢性病管理领域，如高血压、糖尿病等慢性疾病，门诊替代住院的效应尤为显著①。但是这一研究显然忽略了对医疗质量指标的衡量，住院向门诊转移这一行为是否合理除了要考虑对医疗费用的影响，更应评估其是否危害了参保人的健康权益。除了将住院费用转移至门诊，新的支付方式也可能诱导医疗服务提供者将费用转嫁给非政策目标群体。马超等（2022）的实证研究就证实了医院应对 DIP 改革的策略性转嫁行为：DIP 改革大幅度提升了异地患者的住院费用，增加了异地患者自掏腰包的医疗负担②。吕大伟等（2021）利用 2017—2019 年上海市住院病案首页数据及医疗保险结算数据，模拟评估了 CHS - DRG 分组和付费机制，并进行了对比分析。结果表明，一旦实施 DRG 付费制度，医疗机构有可能将成本转嫁给非医保人群（包括外地自费患者）或鼓励医保人群更多地使用自费服务。这种做法可能会削弱 DRG 分组的客观性和准确性，并导致非医保费用的增加③。

低码高编、编码套高行为是由 DRG 付费特性引发的新型欺诈行为，已经成为实行 DRG 付费的国家共同面临的最大风险挑战，严重威胁医保基金的安全。编码套高行为是指医疗机构为了获取更高的支付金额，故意用支付标准较高的诊断或手术代码替换支付标准较低的诊断或手术代码，或上传实际未发生的治疗行为的诊断或手术代码。此类行为可能是由医生执行，也可能是由主管护士或其团队（目前占比最高，团队相对固定且专业化）执行，还可能是由专门的结算部门执行。具体来说，在编码套高中，主要存在编码拆分（如联合诊断、联合手术）④、手术与收费项目不符（如多收费、漏传手术等）、ADRG 与收费项目不符、可疑诊疗不足等现象。朱翔等（2003）揭示了美国 DRG 支付体系中存在的过度编码现象，即医

① 向迪，倪晨旭，王震．制度激励：医保支付方式改革的医疗资源配置效应［J］．统计学报，2025，6（02）：79 - 94.

② 马超，杜妍蓉，唐润宇，等．DIP 支付方式改革、医疗费用控制与医院短期策略性应对［J］．世界经济，2022，45（11）：177 - 200.

③ 吕大伟，许宏，沈怡，等．上海市医疗保险疾病诊断相关分组付费试点基线分析［J］．中国卫生资源，2021，24（05）：507 - 510.

④ 例如，将联合的诊断拆分为“主诊断 + 重要并发症或主诊断 + 一般并发症”，细分组别会改变；联合手术一般来说在 DRG 中影响不会太大，在 DIP 中可能影响较大（DIP 所有手术都要参与分组，出现较多，DRG 只看主手术）。

院倾向于刻意重新分类患者，以便将他们归入补偿金额更高的 DRG 组别，并且可能会拒绝接收那些治疗成本较高的重症患者[①]。Farrar 等（2009）在其关于支付方式差异性的研究中发现，英国医院在实施 DRG 付费系统后，建立了患者收治数量与费用之间的联系。医院通过提升诊断精确度或手术方式的复杂性来增加收费，从而实现更高的盈余[②]。Shrank 等（2019）的研究揭示了美国医疗支出中的一个突出问题：由于过度医疗和医疗保险欺诈等因素，医疗服务资源遭受了严重的浪费。据估计，这种浪费大约占到每年医疗费用总支出的 30%，相当于 2000 亿美元的巨额资金[③]。Bastani 等（2019）的研究还揭示了医疗机构治疗患者时存在对诊断进行修改的现象。他们估算，美国每年有超过 10000 名术后感染患者被错误地归类为非术后感染，使这些患者被划入更高价值的病例组别。这种做法可能使经济损失超过 2 亿美元[④]。Jürges 和 Köberlein（2015）揭示了德国新生儿科领域存在 DRG 高编码现象，医疗机构通过操纵病例中的体重等数据以实现更高的费用报销。据他们估计，这种行为可能使医疗机构非法获利超过 1 亿欧元[⑤]。于保荣（2021）提出，无论是 DRG 还是 DIP，这两种支付方式均建立在医保资金总额预算的基础上。每个病种组都对应一个权重值，其确定的逻辑大体一致。然而，它们之间存在显著差异：由于历史上的医疗服务价格项目规范未能准确反映医务人员的劳动价值与物资消耗之间的关系，因此，基于历史数据形成的 600 ~ 800 个 DRG 病组权重或 CMI（病例组合指数）值，经过专家的合理调整（如降低循环系统的权重值、提升儿科系统的权重值），能够更真实地反映医疗服务的价值，并对医疗行为产生积极的激励作用；而 DIP 的病组权重或 CMI 值高达 1.2 万 ~ 1.4

① 朱翔，胡汉辉．美国医院市场的规制制度与竞争［J］．数量经济技术经济研究，2003（11）：97 - 101.

② Farrar, S., Yi, D., Sutton, M., Chalkley, M., & Scott, A.. (2009). Has payment by results affected the way that english hospitals provide care? difference - in - differences analysis. Bmj British Medical Journal, 339 (7720), 554 - 556.

③ Shrank, W. H., Rogstad, T. L., & Parekh, N. (2019). Waste in the US health care system: Estimated costs and potential for savings. Jama, 322 (15), 1501 - 1509.

④ Bastani, H., Goh, J., & Bayati, M. (2018). Evidence of upcoding in Pay - for - Performance programs. Management Science, 65 (3), 1042 - 1060.

⑤ Jürges, H., & Köberlein, J. (2015). What explains DRG upcoding in neonatology? The roles of financial incentives and infant health. Journal of Health Economics, 43, 13 - 26.

万个，通过专家判断来调整这些病组权重或 CMI 值的难度较大。可以推断，分组越细致，越可能导致在编码过程中出现“诊断升级”（即高编）的问题①。李浩等（2022）总结了低码高编行为可能带来的潜在风险。对参保人而言，这种做法可能导致其自身利益无法得到保障，同时影响健康服务的水平；对医疗机构来说，不合理的诊断和手术方式可能会损害医疗服务的质量和效率，进而妨碍医疗服务市场的健康竞争；对医保支付方而言，低码高编行为可能导致疾病诊断信息失真，影响 DRG 分组和权重的合理分配，给医保基金带来不必要的经济压力，并且不利于整个卫生服务体系绩效的提升②。

除了低码高编行为之外，祝玲等（2021）指出医疗机构还可能会表现出高码低编的行为。这种低编码行为直接表现为高倍率病例的快速增长，不仅给医保人工审核工作带来了更大的挑战，而且长期下去还可能导致 DRG 病组标杆费用的测算失真，从而不利于 DRG 支付改革政策的顺利实施③。梁景星等（2019）进一步研究认为，病案首页诊断与手术操作填写和编码缺陷问题导致的高倍率病例，与临床医师填写质量、编码员编码水平密切相关④。杨松等（2022）指出，现行的 DRG 付费机制在高倍率病例的识别标准上存在不合理之处，建议不应仅侧重于病例的费用指标，而应更多关注低权重病例中的高倍率问题⑤。

DRG 付费制度的实施也催生了分解住院现象，廖藏宜（2020）指出，这主要是由 DRG 系统本身的技术缺陷所致⑥。自德国实施 DRG 以来，分解住院现象变得尤为突出，原因在于医院为了增加收入，有强烈的动机去分解住院过程并增加住院次数。林琦等（2020）指出，基于 DRG 的

---

① 于保荣．DRG 与 DIP 的改革实践及发展内涵［J］．卫生经济研究，2021，38（01）：4－9.

② 李浩，陶红兵．DRG 付费下医方低码高编行为界定与潜在风险研究［J］．卫生经济研究，2022，39（04）：28－32.

③ 祝玲，董子坤．DRG 支付下的大数据医保基金监管创新实践［J］．卫生经济研究，2021，38（12）：37－40.

④ 梁景星，赵跃宝，黄勇，等．基于 DRGs 付款下高倍率病例的病案首页诊断与手术操作填写和编码缺陷分析［J］．中国医院统计，2019，26（04）：307－310.

⑤ 杨松，吴婧文，余丽君，等．DRG 高倍率病例现状与政策优化思考［J］．卫生经济研究，2022，39（04）：24－27＋32.

⑥ 廖藏宜．DRG 时代的医保监管理念及监管体系建设［J］．中国人力资源社会保障，2020（11）：59.

收付费体系存在一些问题，如病种临床路径的质控不充分，以及医疗质量安全令人担忧。DRG 体系要求在住院期间为患者提供一系列依据临床路径的服务。为了控制费用，医院可能会采取多种措施，如减少住院天数，或将某些服务转移到住院前的检查和处置中另行收费，这可能会对医疗质量安全产生负面影响。祝玲等（2021）也指出，通过分析 DRG 支付的计算公式，发现影响医疗机构收入的另一个关键因素是病例数量。为了提高收入，医疗机构可能会采取违规手段增加病例数，通常表现为“分解住院”和“低标准入院”等行为。目前，DRG 支付体系下的反欺诈监管措施相对薄弱，迫切需要利用新技术进行智能监管的创新，以推动医疗服务质量的提升①。此外，廖藏宜（2022）还认为，医疗机构在熟知支付政策与规则后，会出现做多医疗服务数量和服务总权重等冲量行为，“明冲”行为会导致医保结算时出现分值或点值的下降，“暗冲”行为则会导致医保基金超支，不利于医疗机构实现提质控费增效的改革目标②。

总体而言，随着医疗行为规范化进程的推进以及飞行检查等措施的实施，针对分解住院、不合理用药、降低标准住院、超短时间住院等不规范医疗行为的智能监管手段正在逐步完善，目前已经形成了较为精细的智能监控规则。然而，新的 DRG/DIP 支付模式为医疗行业的监管审查带来了新的挑战和关注点。传统的按项目付费监管主要关注治疗过程的事前、事中、事后，重点在于监管治疗过程中临床路径的合规性问题；而按 DRG/DIP 付费的监管则将重点放在治疗结果、病案填报、编码选择上，特别关注病案填报和编码选择的合理性问题。针对编码选择和病案质量导致的高编高套等新型骗保行为，目前尚缺乏高效精准的监控手段，无法建立标准化的评判机制。只有具备临床经验和专业编码知识的编码人员审查病历后，才能做出权威的评判。因此，DRG 支付方式的改革不仅为医疗行业的监管审查带来了新的重点，也显著提升了监管审查的难度。

---

① 祝玲，董子坤．DRG 支付下的大数据医保基金监管创新实践［J］．卫生经济研究，2021，38（12）：37－40.

② 廖藏宜．DRG/DIP 付费的医疗服务冲量行为思辨［J］．中国人力资源社会保障，2022（04）：57.

（三）医保按项目付费和 DRG/DIP 付费的监管现状和效果

1. 关于医保基金监管现状的研究

（1）我国医保监管存在的问题

我国医保监管问题的研究呈现出高度一致性，众多学者普遍认为我国现行医保监管体系存在能力不足、法律依据不充分、监管方法落后等问题。李含伟等（2020）通过对上海市医保部门 206 名工作人员的访谈记录进行扎根理论质性分析，指出当前医保监管面临的主要挑战包括法律体系不完善、监管技术手段落后、监管主体不明确、监管标准不统一、监管力度不足以及医保基金监管部门人力资源短缺等问题①。郭朋飞等（2021）在对文献进行综述时也指出了若干不足之处：首先，关于医保监管的研究大多局限于地方个案的经验总结，缺乏深入的实证研究；其次，对于协同效果的评估以及先进监管工具和手段的效果评估不够充分；最后，对国际经验的借鉴也显得不足②。

学者们对欺诈骗保行为的成因进行了深入分析，邱胜等（2018）指出，医保监管部门在审核规则方面的不足，是导致过度医疗等行为发生概率持续高企的一个重要原因③。朱旭林等（2021）同样指出，现行的监管手段主要集中在预防欺诈性保险行为和确保诊疗活动的真实性上，但在评价医疗质量方面却缺乏有效的工具，使判断医生的诊疗行为是否合理和有效变得困难④。从法律依据的角度分析，雷咸胜（2019）提出，《医疗保障基金使用监督管理条例》主要对医保基金的使用进行了原则性的规定，这可能导致监管上的宽松以及误判和漏判的问题⑤。侯宜坦等（2020）从医

---

① 李含伟，吴晓恒，赵梦雨．我国医疗保险基金监管存在的问题与因应建议［J］．医学与社会，2020，33（08）：125－129.

② 郭朋飞，吴群红，李叶，等．基于文献计量分析的我国医保监管研究现状及展望［J］．中国医院管理，2021，41（12）：26－29.

③ 邱胜，李浩，吴金婕．博弈论视角下药品零加成后过度医疗的医保监管研究［J］．医学与社会，2018，31（07）：10－13.

④ 朱旭林，龚熠，郭丽娟，等．医保基金监管的方式、成效与困境［J］．卫生经济研究，2021，38（09）：49－52.

⑤ 雷咸胜．我国医保基金监管现存问题与对策［J］．中国卫生经济，2019，38（08）：31－33.

疗机构的视角出发进行分析，指出当前社会失信成本过低，加剧了欺诈和骗保行为的发生，导致医保医疗领域的行业自律几乎形同虚设①。赵德余（2021）的研究进一步证实了监管主体职责不明确的问题，医保监管行动主体之间过于分散和松散的关系网络导致监管合作机制效率低下，严重影响了监管目标的实现②。此外，郭际水（2020）提出，应进一步拓展医保基金监管的覆盖范围，包括长期护理保险、补充医疗保险等险种，目前，我国对这些保险仍缺乏明确的法律监管依据③。

（2）国外经验

研究揭示，医疗服务行为构成了 DRG 监管的核心。面对 DRG 支付可能带来的高编码和住院分解等不良后果，不同国家纷纷实施了一系列监管策略，以进行预防和干预。这些策略主要涵盖三个维度：建立监管机构、构建监管体系和完善监管细节。监管细节涉及数据质量、医疗费用、医疗品质、医疗效率以及监管成效。刘芬等（2018）指出，充分利用信息化系统的科技优势是国际上较为先进的实践，这包括建立一套相对完备的监管指标体系和重视 DRG 付费模式下的实时监控。此外，制定科学合理的奖惩机制，也被证明能够有效提升监管效果④。

德国基金监管的核心要素在于"自我监管"，为此，相关部门建立了一套从联邦到地方、涵盖不同利益主体的协商谈判机制。联邦联合委员会与各行业协会携手，共同就医疗费用补偿、医师费用支付、医疗服务质量等议题进行协商谈判。同时，德国非常重视利用信息系统进行监管，Müller（2007）详细介绍了德国 DRG 数据建设的成功经验，强调了通过法律强制手段收集大量医疗数据信息的重要性，并构建了一个可获取、及时、准确的成本、临床、病案等数据基础库⑤。王启越等（2020）在其对

---

① 侯宜坦，吴绍棠，周银铃，等．健全我国医保基金监管机制的 SWOT 分析［J］．中国医疗保险，2020（06）：22－25.

② 赵德余．医疗保障监管的政策网络分析：从微观行为到系统结构［J］．学海，2021（02）：76－83.

③ 郭际水．山东省医保基金监管现状、启示与思考［J］．中国医疗保险，2020（04）：45－48.

④ 刘芬，孟群．DRG 支付体系构建的国际经验及启示［J］．中国卫生经济，2018，37（08）：93－96.

⑤ Müller－Bergfort，S.，& Fritze，J.（2007）. Diagnose－und Prozedurendaten im deutschen DRG－System. Bundesgesundheitsblatt－Gesundheitsforschung－Gesundheitsschutz，50（8），1047－1054.

德国医院报酬体系研究所（Institut für das Entgeltsystem in Krankenhaus，InEK）的研究中发现，InEK 构建了一个病例成本的数据库，医疗机构只需参与并提供数据，便能获得相应的额外费用补偿①。在审查违规行为的过程中，常峰等（2016）指出德国的人工审核流程具有高度的专业性。具体来说，DRG 的编码工作由医师或具备专业编码技能的人员执行，同时，确保 DRG 编码有效性的审核工作必须与掌握编码规则和具备临床经验的医学专家协作进行。此外，由专业人员组成的医疗审查委员会，应负责对病例编码和费用成本进行不定期抽查，并对查出的违规病例实施相应的处罚措施②。德国研发了智能逃险计算工具，该工具利用一系列反欺诈专家的经验，自动计算医疗保险的损失数据，从而降低人工审查的成本。雷璐倩等（2020）指出，费率的确定是德国推进 DRG 改革的关键，2015 年，德国已将基准费率统一为全国基准费率，显著减少了按 DRG 付费所产生的费用差异③。王启越等（2020）的研究进一步揭示，德国已经实现了国家级别的疾病编码体系与 DRG 编码体系的整合④。

在美国，监管工作主要依赖于专业的同行审查机构来执行。蔡立明（2020）在其对美国 Medicare DRG 的系统性研究中指出，同行审查机构主要负责检查个别病例是否存在不合理住院、错误分组、医疗服务不足或过度等问题。对于违规行为，审查机构会采取拒付、警告，甚至取消提供 Medicare 服务资格的措施⑤。林源（2013）指出，美国构建了一个多主体联合监管的执法体系，涉及不同层级的反欺诈执法机构，针对医疗保险欺诈问题实施监督。此外，每项医疗保险计划的主管监督部门各不相同，它们各有所属，各尽其责⑥。在信息化监管医疗欺诈行为方面，美国制定了

---

① 王启越，马忠民．价值医疗下医疗保险支付成本控制策略——基于国外 DRG 实践［J］．商业会计，2020（17）：105－107.

② 常峰，纪美艳，路云．德国的 G－DRG 医保支付制度及对我国的启示［J］．中国卫生经济，2016，35（06）：92－96.

③ 雷璐倩，张伶俐，颜建周，等．德国医疗保险支付方式改革及对我国的启示［J］．中国卫生资源，2020，23（02）：176－181.

④ 王启越，马忠民．价值医疗下医疗保险支付成本控制策略——基于国外 DRG 实践［J］．商业会计，2020（17）：105－107.

⑤ 蔡立明．美国 Medicare DRG 的实践和影响［J］．中国医院院长，2020（01）：44－47.

⑥ 林源．美国医疗保险反欺诈法律制度及其借鉴［J］．法商研究，2013，30（03）：125－135.

医疗欺诈和滥用控制计划，并建立了全球范围内最广泛的保险欺诈数据库。通过大数据技术，美国能够进行精准评估和分析，审查医疗保险支付环节中的欺诈行为。自2002年起，美国在其全国范围内强制实施了医疗数据统一标准，并在病例组合系统中引入了DRG量表，以建立病案首页信息编码，从而实现了医疗数据的共享。丛鹂萱等（2019）总结了美国为解决DRG付费可能引发的医疗技术创新不足问题所采取的措施。2000年，美国国会通过了一项法案，规定在DRG支付方式下对新技术实施额外支付制度，以此激励Medicare对创新医疗技术的支付[①]。此外，刘荣飞等（2020）指出，自2012年起，美国开始对出院后30天内再次入院的情况实施DRG支付监控，首批监控对象包括心脏病、心肺功能衰竭等特定疾病类型，预计未来将扩大至更多限制性病种[②]。

日本的全民参保制度与我国建设全民覆盖的基本医疗保险的目标相呼应，且均通过一定比例的个人合理负担来降低患者潜在的道德风险[③]。日本医保基金监管主要通过指导和监察两种形式开展。指导即通过组织讲座、授课、一对一约谈等方式对定点医药机构进行合规使用医保基金教育，包含集体指导、集体个别指导和个别指导三类，严肃程度逐渐提高。监察类似于我国的“飞行检查”，是在指导基础上，对涉及违规使用医保基金的机构进行的驻场检查，并根据检查结果予以行政及经济处罚，侧重于惩戒。不难看出日本对医保基金监管的总体思路与我国基本相似，差异之处体现在以下三个方面：

一是组织层次存在差异。日本已实现由地方政府作为组织者之一，全流程参加各类指导及监察活动，协助国家及地方医保部门开展医保基金监管工作的组织体系，地方政府的全程参与凸显出医保基金监管的重要性，同时增强了指导、监察的严肃性及威慑力[④]。这种模式一定程度上可以避免

---

① 丛鹂萱，王海银，金春林．美国创新医疗技术支付经验及启示［J］．卫生经济研究，2019，36（07）：10－13.

② 刘荣飞，薛梅，李紫灵．DRG的国内外研究进展［J］．卫生经济研究，2020，37（10）：42－45＋48.

③ 吕兰婷．医疗保障宏观筹资负担：国际视角与中国经验［J］．社会保障评论，2023，7（03）：79－95.

④ 王煜昊，吴远仪，黄洁莹，等．日本医保基金监管模式对我国的经验借鉴［J］．中国卫生经济，2024，43（11）：91－96.

部门协作不畅的困境，尤其我国医保基金监管是由医保部门牵头，卫生健康、市场监管、公安、司法等多部门协作的工作机制，这个过程中暴露出部门间数据共享难、职能有交叉等协同问题，影响了医保基金的监管效率[①]。

二是我国医保基金监管的方式仍以飞行检查、专项整治、日常监管、智能监控等措施为主，整体更侧重于惩戒[②]。相较之下，日本医保基金监管的核心更倾向于“教育”，通过“集体指导—集体个别指导—个别指导—监查”形成了监管链路，对屡教不改的定点医药机构，再通过监查的方式予以惩戒，形成了“教育—自纠—自首—惩罚”的检查闭环，较好地压实了定点医药机构的自我管理责任[③]。

三是在日本医保基金监管的个别指导及监察环节中，对于定点医药机构应退回的违规费用，规定不仅要将属于医保基金的部分进行归还，同时要求对违规行为中涉及的患者个人自付费用，应及时联系患者予以退还，在保证基金安全的同时，进一步保障患者权益[④]。

除了对国外监管模式的探索，也有学者从其他方面进行了研究。吴昱杉等（2013）通过对美国医保医师监管制度的研究发现，对医保医师的监管同样是控制医保基金支出的关键措施之一[⑤]。Epps 等（2002）指出，这一措施加强了医师的自我行为规范，促使他们主动降低医疗服务成本并提供高质量的服务，从而减少欺诈和骗保行为[⑥]。此外，Georgescu 等（2013）在研究中证实，标准化的临床路径是控制医疗成本和规范医生行为的有效手段[⑦]。Klein 等（2006）发现，在开始研究潜在可疑的医疗保健问题之前，病理学家需要咨询相关的法律顾问。他们认为，医疗保险监管

① 张敏，吴胤歆．我国医保基金协同监管的协同度测量与优化路径研究——基于 SFIC 模型［J］．中国卫生政策研究，2023，16（10）：41－48.

② 张卿．医疗保障基金监管中违约追责和行政处罚机制的协调完善［J］．浙江学刊，2021（06）：47－57.

③ 张卿．加强医保基金使用常态化监管的特定目标和主要路径［J］．中国医疗保险，2023（09）：27－31.

④ 王煜昊，吴远仪，黄洁莹，等．日本医保基金监管模式对我国的经验借鉴［J］．中国卫生经济，2024，43（11）：91－96.

⑤ 吴昱杉，申曙光．国外医保医师监管镜鉴［J］．中国社会保障，2013（05）：29－31.

⑥ Epps，T.，& Flood，C. M.（2001）．Have We Traded Away the Opportunity for Innovative Health Care Reform－The Implications of the NAFTA for Medicare. McGill LJ，47，747.

⑦ Georgescu，Irène，& Hartmann，F. G. H..（2013）．Sources of financial pressure and up coding behavior in french public hospitals. Health Policy，110（2－3），156－163.

法律可能对病理学和医学实践施加了过多的限制①。

(3) 国内经验

我国学者在现有监管实践的基础上，总结并提出了完善医保基金监管的经验和做法，主要包括制度监管、法律监管、监管内容以及大数据监管四个层面。

在制度监管层面，由于医保基金的使用涉及多个主体，迫切需要一个健全的综合监管体系。关于医保基金监管体系的建设，目前多数地区主要依赖医保行政监管，并结合协议监管、社会监督和行业自律等多种监管模式。然而，这一体系仍存在诸多不足和漏洞。张卿（2019）指出，虽然协议管理提高了市场准入成本，但不应成为限制市场竞争的障碍②。胡敏（2021）深入探讨并展望了医保基金监管体制的改革发展，主张以确保基金的战略性购买作为发展方向，依托系统性思维理论，实现行政监管、协议监管与信用监管的协同作用。此外，还应加强第三方工具的采购与应用，并对这些工具的监管效果开展实证研究③。

在法律监管层面，邱胜等（2018）提出，只有当违规处罚的金额超过医疗机构违规所得的利益时，才能有效地遏制其违规行为④。雷咸胜（2019）建议，各地区应在不违反上位法的前提下，制定具体的地方性法规、部门规章和地方政府规章，系统性地构建医保基金监管制度框架，以体现职权法定的原则⑤。周燕等（2018）指出，医保经办机构与医院医生之间仍存在沟通障碍，建议进一步构建双方的沟通反馈机制，以促进政策的优化和有效实施⑥。

在监管内容层面，郭朋飞等（2021）对现行医疗保障监管的目标和内

① Klein, R. D., & Campbell, S.. (2006). Health care fraud and abuse laws. Archives of Pathology & Laboratory Medicine, 130 (8), 1169 – 77.

② 张卿. 论医保基金监管中协议管理模式的优化使用［J］. 中国医疗保险，2019（10）：45 – 48.

③ 胡敏. 战略性购买视角下的医保基金监管体制改革探讨与展望［J］. 中国医疗保险，2021（04）：26 – 30.

④ 邱胜，李浩，吴金婕. 博弈论视角下药品零加成后过度医疗的医保监管研究［J］. 医学与社会，2018，31（07）：10 – 13.

⑤ 雷咸胜. 我国医保基金监管现存问题与对策［J］. 中国卫生经济，2019，38（08）：31 – 33.

⑥ 周燕，方鹏骞. “三医联动”下医务人员医疗行为监督约束机制探讨［J］. 中国医院管理，2018，38（11）：7 – 9.

容进行了归纳，涵盖了医疗服务质量、服务量、费用、医生行为以及政策的成效①。江芹（2022）将DRG付费监管内容划分为四个维度：一是DRG支付政策设计的合理性和合规性，二是预付费可能引发的非预期行为和结果，三是结果维度，四是风险管控②。卢颖等（2014）提出，医保支付方式改革的成功与否，关键在于支付方式是否能够促使医疗服务提供者改变其行为模式，应通过有效的激励机制，鼓励医院和医生主动控制费用，从而合理地预防违规行为的发生③。廖藏宜（2018）提出，应强化在DRG－PPS付费体系下的临床路径管理，以促使医生回归合理诊疗，从而降低医疗费用④。常媚（2021）指出，医疗费用是监管的关键领域，它能够揭示医生在临床治疗中是否存在过度医疗等不适当行为⑤。陈国强等（2021）指出，医疗服务质量是衡量DRG支付改革成效以及评价医保监管效果的关键指标⑥。祝玲等（2021）指出，病案首页数据的质量是影响DRG监管的关键因素和基本前提⑦。李丽华（2020）进一步指出，电子病案能显著提升医疗质量控制的效率与结果的准确性。因此，应迅速统一相关标准，以确保质控结果的客观性⑧。

大数据监管正成为医保监管的未来发展趋势。在汲取国际经验并进行实证研究的基础上，我国已经在医疗监管指标与监管规则的研究领域做出了积极探索。宋金洋等（2021）构建了26个核心监管指标，并通过研究验证了这些指标在一定程度上能够揭示医疗机构的行为问题，为医保监管

---

① 郭朋飞，吴群红，李叶，等．基于文献计量分析的我国医保监管研究现状及展望［J］．中国医院管理，2021，41（12）：26－29.

② 江芹．DRG收付费政策设计与实施中的经验及启示［J］．中国卫生经济，2022，41（01）：6－11.

③ 卢颖，孟庆跃．供方支付方式改革对医生行为的激励研究综述［J］．中国卫生经济，2014，33（02）：36－38.

④ 廖藏宜．医疗保险付费对医生诊疗行为的激励约束效果——经济学解释与政策机制［J］．财经问题研究，2018（03）：28－37.

⑤ 常媚．医保支付方式对医疗行为的影响研究［J］．当代经济，2021（07）：110－115.

⑥ 陈国强，边鹏，李秀丽，等．基于按DRG付费的医疗服务监管指标体系构建［J］．中国医院管理，2021，41（10）：86－88.

⑦ 祝玲，董子坤．DRG支付下的大数据医保基金监管创新实践［J］．卫生经济研究，2021，38（12）：37－40.

⑧ 李丽华，焦震宇．以问题为导向病案质量监控对规范医疗行为的影响［J］．中国病案，2020，21（08）：26－28.

部门提供了有力的参考依据①。林敏等（2021）采用了四项指标，即15日再入院率、高倍率病例占比、低倍率病例占比和人头人次比，来评估和分析医疗保险监管的状况。他们指出，通过精确识别医疗欺诈行为并进行有效测量，利用信息技术挖掘出潜在的可疑信息，是实现有效监管的关键路径②。阳义南（2019）建议构建一个全面的医疗信息库，将所有患者的个人信息和诊疗记录进行整合，并实行集中保密管理，以便于进行数据分析③。祝玲等（2021）以浙江省金华市为研究对象，深入分析了基于大数据的DRG监管模式，并建议进一步细化和优化监管规则与流程④。徐莹波（2021）提出，应构建并完善大数据监管预警机制，通过监测医疗费用和行为的异常情况，向医保部门和医疗机构发出预警信号，以便及时核查可疑项目，从而防止医保基金遭受损失⑤。

2. 关于医保基金监管效果的研究

经过对国内现有研究的综合分析，目前大多数实证研究聚焦于基于项目付费的医疗保险基金监管。王飞等（2016）采用间断时间序列分析方法，研究了某县级医院在价格改革前后患者费用的变化趋势。研究结果显示，改革后该医院三个主要病种的医疗服务价格有所降低，然而患者每日自付费用却显著增加⑥。吕大伟等（2018）采用定性分析与定量数据分析相结合的方法，对《上海市基本医疗保险监督管理办法》的执行效果进行了评估，最终得出该办法实施效果良好的结论⑦。郝晶（2018）构建了一套针对包头市城乡居民医保基金监管效果的评价指标体系，并通过问卷调

---

① 宋金洋，蒋雪莉，张子武，等. 基于医疗机构、医务人员、医疗行为监管指标体系构建与应用［J］. 医学信息，2021，34（05）：12－15.

② 林敏，夏燕，朱婷，等. DRG付费改革对医院运营效率的影响研究［J］. 卫生经济研究，2021，38（12）：62－65.

③ 阳义南，肖建华. 医疗保险基金欺诈骗保及反欺诈研究［J］. 北京航空航天大学学报（社会科学版），2019，32（02）：41－51.

④ 祝玲，董子坤. DRG支付下的大数据医保基金监管创新实践［J］. 卫生经济研究，2021，38（12）：37－40.

⑤ 徐莹波，吴志伟. DRG付费下打造医保基金安全生态圈的思考［J］. 卫生经济研究，2021，38（12）：54－56.

⑥ 王飞，汤少梁，赵琨，等. 应用间断时间序列评价某县级公立医院医药价格改革效果［J］. 中国卫生统计，2016，33（01）：78－80.

⑦ 吕大伟，许宏，梁鸿，等. 上海市基本医疗保险监督管理办法实施效果评估研究［J］. 中国医疗保险，2018（10）：37－40.

查等方法对包头市城乡居民医保基金的监管效果进行了实证分析。运用层次分析法，郝晶计算出了各项指标的得分，并得出结论：包头市城乡居民医保基金的监管效果总体上是积极的。然而，研究也揭示了一些问题，包括定点药店服务行为不规范、基金监管缺乏社会参与以及监管效率低下[①]。俞红平等（2020）对嘉兴市医保基金管理绩效评价指标体系进行了研究，通过百分制量化计分的方式对各统筹区的绩效进行了评价，研究结果表明该指标体系具有客观的参考价值，并且医保基金的监管绩效表现良好[②]。

对 DRG/DIP 监管的实证研究，目前的文献资料较少。Koné 等（2019）通过检索 PubMed、Embase（Elsevier）、CINAHL、PsychINFO 和 Psyndex 数据库，筛选了 2003 年以来的 DRG 相关研究。他们发现，在德国、瑞士等早已实施 DRG 改革的国家中，目前仅有少数研究（占 30.4%）提供了经验数据，这些研究中最常使用的成果参数包括住院时间、报销费用和病例数量[③]。根据 Annear 等（2018）的研究统计，尽管日本、韩国和泰国较早实施了 DRG 付费制度，但在 DRG 实证研究方面，相关资料仍然不足[④]。目前，我国的 DRG 付费监管尚处于起步阶段，急需通过更多的实证研究来填补空白。郭朋飞等（2021）指出，我国医保监管研究中实证分析的不足主要源于监管数据难以获取。他们建议医保部门、卫生健康部门以及医疗机构应将脱敏后的数据提供给高等教育机构，以便充分利用大数据在医保基金监管中的潜在价值[⑤]。张玉姝等（2025）收集了某市 36 所试点医疗机构的 15 日再入院率、出院人次人头比等指标，并对医疗保险报销数据库和 DIP 改革医疗机构信息系统数据库进行了二次数据采集处理。研究发现 DIP 付费改革后，出现了高套分值、分解住院等新问题，增加了基金监管

---

① 郝晶．包头市城乡居民医保基金监管效果评价研究［D］．内蒙古大学，2018.

② 俞红平，沈利明．嘉兴市医保基金绩效评价体系建设的实践探索［J］．中国医疗保险，2020（10）：54－58.

③ Koné, I., Maria Zimmermann, B., Nordström, K., Simone Elger, B., & Wangmo, T. (2019). A scoping review of empirical evidence on the impacts of the DRG introduction in Germany and Switzerland. The International journal of health planning and management, 34 (1), 56－70.

④ Annear, P. L., Kwon, S., Lorenzoni, L., Duckett, S., Huntington, D., Langenbrunner, J. C., ... & Xu, K. (2018). Pathways to DRG－based hospital payment systems in Japan, Korea, and Thailand. Health Policy, 122 (7), 707－713.

⑤ 郭朋飞，吴群红，李叶，等．基于文献计量分析的我国医保监管研究现状及展望［J］．中国医院管理，2021，41（12）：26－29.

的难度。此外，医疗机构信息化程度不足，数据流转不畅，智能监管系统建设薄弱，进一步增加了监管压力[①]。

针对未来如何增强 DRG 付费模式下医保基金监管的成效，王学军等（2022）以 Z 市的监管模式为案例，提出医保基金监管部门需正视自身监管专业能力的不足和资源的局限性。他们建议，通过充分利用第三方私营部门的资源，建立一个多元化的跨部门合作网络，以此促进高质量、高效率的公共服务供给[②]。江芹（2022）通过对三明市 C－DRG 政策改革的分析，得出结论：应将地方实际情况与监管政策设计相结合，强调问题导向的思维模式，并根据 DRG 可能引发的非预期效应，制定具有针对性的监管细则[③]。崔斌等（2022）基于我国 DRG 支付监管的关键领域，构建了一个包含“事前、事中、事后”三个维度的医保 DRG 基金监管指标体系。他们建议，这些指标应依据监管规则库和知识库进行实时更新，并通过更加完善的智能化监控系统实施，以支持医保部门对监管效果进行评估和提升[④]。廖藏宜和张艺艺（2023）提出，短期目标在于确立合理的支付标准、实施全流程诊疗行为监管以及开展基金支付绩效评价，这三者共同构成“三驾马车”，而长期目标则是构建一个“五位一体”的医保基金监管体系[⑤]。

（四）文献述评

综上所述，可以看出，DRG/DIP 付费模式与传统的按项目付费医保模式存在显著差异，DRG/DIP 付费模式在医保基金风险的产生上表现出不同的特征。

---

① 张玉姝，陈一凡，邹作丽，等．DIP 付费下医保基金监管方法与实践［J］．中国医院，2025，29（04）：49－52.

② 王学军，牟田．公私部门合作创造公共价值何以可能——基于 Z 市医保基金监管创新的案例分析［J］．南京社会科学，2022（10）：63－72＋117.

③ 江芹．DRG 收付费政策设计与实施中的经验及启示［J］．中国卫生经济，2022，41（01）：6－11.

④ 崔斌，程斌，朱兆芳，等．DRG 付费模式下的医保基金监管指标体系构建［J］．中国卫生经济，2022，41（09）：29－32.

⑤ 廖藏宜，张艺艺．DRG/DIP 付费下异化行为表现及监管建议［J］．中国医疗保险，2023（02）：27－34.

在DRG/DIP付费模式下，医院无法再依赖传统的过度治疗、串换项目、分解项目收费等手段来增加收入。因此，在处理单个病例时，医院主要是要减少不必要的检查项目和服务，同时也要防止编码上的高编低套行为[①]以及成本转嫁和低标准入院问题。而在处理多个病例时，主要是注重分解住院[②]等方面的监管。

DRG和DIP本质上都属于基于病组的支付制度，两者在监管过程中遇到的问题类型大体相似。不同之处在于，DIP在实际操作中分组更为细致，各地区实施起来压力较小，其测算过程也更为精细，因此在运行过程中遇到的阻力相对较小。在DRG实施的开始阶段，主要是编码高编低套[③]的问题，之后主要会出现服务缩减、过度压低成本等行为（如低标准入院[④]、分解住院等）。编码问题不仅需要提高编码的标准化和科学化程度，还需要依靠后期的监管[⑤]。从病案首页的质控到医疗行为的管理，医保监管必须是一个完整的体系。

综合来看，采用DRG/DIP支付方式后，由于DRG/DIP系统固有的技术缺陷，各统筹区域可能会遭遇比按项目付费更大的监管挑战，主要涉及以下两个方面：

在医疗服务提供方面，DRG/DIP支付实施后，可能会导致危重患者的医疗服务质量下降、医生的医疗行为出现偏差（如推诿重症患者、选择性治疗轻症患者、慢性病患者未得到充分治疗）以及医疗资源的不均衡分配（间接影响）等问题。

在支付方面，与以往的按项目收费相比，医院在成本与收益的权衡下，过度医疗和分解项目收费等不规范行为有所减少，但与此同时，编码不准确、住院时间分割、低标准入院和出院以及成本转嫁等行为有所增加。

---

① DIP主要是手术的高低套，DRG主要是诊断编码的高低套行为，在难度上近似。

② 分解住院现象根据各地方政策不同，情况也不同，监管严格的地区会设定出入院相关门槛（间隔分解时间也不同）。分解项目收费和分解处方在以前按照项目收费的时代会比较多，现在不断减少，医院从市场的角度会压缩成本，因此在DRG时代，主要须防止医院过度压缩成本。

③ 编码套低比较隐蔽。

④ 入院指征的管理没有明确的指标，医院除了原先的创收动力，还存在入组后多赚取平均组费的动力。

⑤ 通过收费项目等初筛套高套低行为，并进行核查和反馈。

DRG/DIP 支付仅限于医保支付环节，未能充分反映医疗服务的价值，对于激励医疗机构内部管理精细化改革的作用有限。现行体系设计未能针对每个 DRG 组或病种（组）制定反映其医疗服务价值的价格，医院与患者之间仍然按照项目收费，与医疗服务定价的本质存在脱节，对推动医疗机构控制成本、提升管理精细化水平的作用有限。同时，实行区域点数法总额预算后，医院的固定总额和超支后按比例补偿的政策被打破，原本医保与医院之间的矛盾转变为医院之间的竞争，形成了“踏板效应”。在改革初期，医院可能会面临“囚徒困境”，为了确保收入，即使服务价值降低也要“冲点”，大幅增加服务量。由于服务的实际资源消耗无法得到相应的补偿，公立医院可能会出现系统性亏损，长期下去将导致医疗服务市场供需失衡。随着对这一规则的适应，医院之间可能会形成联盟，内部约定服务量，共同与医保进行谈判，或者可能会出现个别医院的恶性竞争，通过高套等行为人为改变点数的实际价值，导致不公平竞争①。

综上所述，在新的支付模式下，医疗监管将承受更大的压力。因此，各统筹区域在医保 DRG/DIP 基金监管方面，必须加强监管力度，而不能有所减弱。如何在 DRG/DIP 时代加强医保监管，以及如何利用积累的 DRG/DIP 大数据为医保治理提供支持，已成为迫切需要解决的现实问题。

尽管国内学术界在 DRG/DIP 付费模式下的医保基金监管研究方面已取得初步成果，但仍存在若干问题。首先，现有研究大多是对国内外监管经验的描述和总结，缺乏本土化的经验研究；其次，现有研究多从宏观角度出发，内容主要集中在政策制度、法律体系、传统监管路径和队伍建设等方面，而对具体监管异化行为等微观层面的探讨较少；再次，现有研究的理论基础相对单一且陈旧，理论分析方法较为固定，缺乏运用相关学科知识或新思路对医保基金监管进行系统分析与研究的文献，监管方面的分析框架尚未成熟；最后，由于国内关于 DRG/DIP 付费模式下医保基金监管的研究尚处于起步阶段，相关基本概念和理论内涵急需进一步明确和阐释，相关学术著作也需进一步丰富。

---

① 傅卫，江芹，于丽华，等 . DRG 与 DIP 比较及对医疗机构的影响分析［J］. 中国卫生经济，2020，39（12）：13 – 16.

三、研究设计、方法与创新

（一）研究思路与主要内容

目前，我国尚未构建起系统完备、运行高效的医保基金监管体系，存在监管理念滞后、监管主体力量薄弱以及监管技术手段匮乏等突出问题，欺诈骗保行为屡禁不止。与按项目付费的时代不同，采用 DRG 和 DIP 付费的均值定价、打包支付机制，容易导致医疗服务供给不足、选择性收治患者和分解住院等问题。此外，不合理的地区配套政策也可能引发编码套高、术式升级、医疗质量下降等异化行为。在 DRG 和 DIP 付费模式下，医保部门面临与按项目付费时代不同的监管挑战。如何确保医保基金的安全、提高基金使用效率，成为一个值得深入研究的课题。然而，学术界目前尚未形成从项目付费到 DRG/DIP 付费监管转变的系统性研究思路和理论建构。

鉴于上述研究背景，本书在现有研究的基础上，结合支付风险管理理论，探讨了医保从按项目付费监管向 DRG/DIP 付费监管转化的理论机制。在医保支付从初始监管时期到常态化监管时期，再到制度化监管时期的政策引导下，本书运用委托代理理论和激励规制理论，深入分析了 DRG/DIP 付费导致的异化行为成因，并根据 DRG/DIP 付费机制和改革实践，总结出异化行为的主要类型、表现特征及其内涵，提出了靶向化、精准化监管的政策思路。在理论分析的基础上，本书选取医保基金监管实践基础较好的徐州市作为典型样本进行实证测度，对其在 DRG 付费模式下医保监管制度建设、政策实践、行为监管规则等进行了系统梳理与总结，提出具有代表性的“徐州模式”。基于实际医疗机构数据，本书进一步构建了覆盖三大监管目标维度与异化行为维度的测度指标体系，采用描述性分析和断点回归等计量方法，对徐州市医保基金监管政策实施效果进行了实证评估，并就识别出的问题进行分析讨论。

最后，本书对典型国家在 DRG 异化行为监管机制上进行了系统总结与比较，并融合我国政策现状与改革需要，提出了基于 DRG 付费的监管体系构建路径与政策创新思路，力图弥补 DRG/DIP 定价工具的技术缺陷与地方医保部门的配套政策失灵，充分发挥医保支付在降低患者看病负担、控制医疗费用、调节医疗服务行为以及优化医疗资源配置方面的经济杠杆作用，进一步构建一个全面整合、高效运转的医保支付风险管理体系。

总之，本书遵循了“问题识别—理论框架构建—问题剖析—解决方案探索—成果评估与政策提议”的研究路径，具体技术路线如图 1 所示。

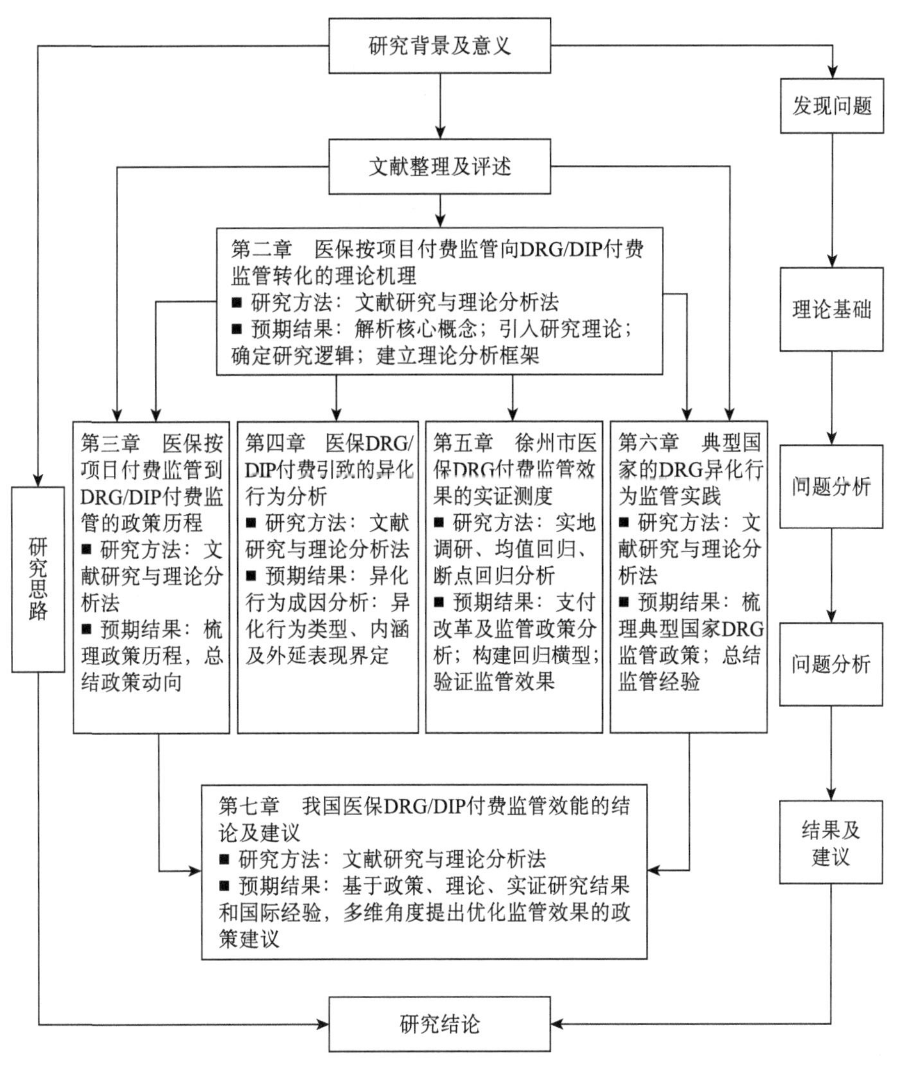

图 1　本书的技术路线

（二）研究方法

本书综合运用文献研究法、实地调研法、访谈法以及统计分析法进行研究，力求在理论分析与实践观察之间建立紧密联系，为研究结论的科学性与可行性提供多维支撑。具体研究方法如下：

第一，文献研究法。本书通过中国知网、维普、Web Of Science、万方数据库、Pubmed 等权威数据平台广泛检索并梳理了相关文献资料，通过查阅国家医保局官网等相关网站，收集相关政策文件与改革资料，掌握相关领域的最新动态，通过对文献和政策文件的系统梳理与归纳，夯实了理论研究基础。

第二，访谈法。为增强研究的现实针对性与实证深度，本书在广泛参考相关文献的基础上，围绕徐州市 DRG 支付改革的相关政策、医保基金监管的现状和问题，与医保专家、医疗机构代表以及医务工作者开展半结构式访谈，并结合访谈内容对实证分析结果进行了深入讨论。这使本书的研究内容更加贴合实际，数据更加真实可信。

第三，实地调研法。鉴于研究的现实性，收集一手资料是至关重要的，这为本书打下了坚实的现实基础，增强了观点的说服力。笔者和科研团队赴徐州市医疗保障局（医保监管中心）开展实地调研，采用非参与式观察方法（即耳闻目睹），亲身了解徐州市医保基金监管的工作流程与关键节点，对政策执行现场进行了过程性记录和问题归纳。结合理论反思，增强了对监管行为机制的立体理解，夯实了实证分析的现实基础。

第四，定量分析法。在实证研究部分，本书采用了描述性统计分析作为基础，并结合断点回归设计模型来评估 DRG 付费模式下医保基金监管对关键指标数据的影响效果。具体来说，本书首先通过描述性统计分析对数据进行初步整理和概括，计算各关键指标的均值、标准差、极值等统计量，以此来展示数据的集中趋势、离散程度和分布特征，从而为后续的深入分析奠定基础。在此基础上，选取 DRG 专项监管政策出台作为断点变量，构建断点回归设计模型，分析政策干预前后关键指标的变化情况，从而评估医保基金监管政策在 DRG 付费模式下的实际影响效果，揭示政策对医保基金使用效率、医疗服务质量以及医疗费用控制等方面的促进或抑制作用。

（三）创新之处

本书的创新之处主要体现在以下三个方面：

第一，理论视角创新。尽管国内外学者对医保基金监管进行了广泛研究，但大多数研究侧重于DRG/DIP付费模式下的实践经验探讨，缺乏系统的理论框架支撑与机制性分析。随着DRG/DIP付费在全国范围内的推广与实施，监管面临的问题和风险日益凸显，迫切需要从根源上进行分析，以实现精准治理。本书尝试从更深层的理论结构入手，突破传统路径依赖，将医保领域的支付风险理论、委托代理理论等与DRG/DIP支付改革相结合，建立起与DRG/DIP支付机制相适配的行为解释框架，厘清了医保支付制度变革下的委托关系重构、激励冲突与行为扭曲机制，精准定位了DRG/DIP付费引发的异化行为问题根源，有效填补了理论视野上的空白，体现了理论视角的创新。

第二，研究内容创新。DRG/DIP付费模式的实施带来了与传统按项目付费模式不同的行为风险。虽然已有学者对这些新型的欺诈行为进行了初步研究，例如低码高编、医疗质量下降等问题，但这些研究通常仅限于对单一行为的分析，并且学界尚未对这些行为的内涵和外延形成明确的界定。本书在综合现有研究的基础上，运用相关理论进行分析，系统地总结了DRG/DIP付费下的异化行为，并对其内涵和具体表现进行了明确界定。此外，本书还提出了根据行为发生环节进行分类的创新方法。这些内容不仅对后续的理论研究具有启发性，也为医保监管实务工作提供了参考。

第三，研究方法创新。目前，关于医保基金监管效果的研究存在实证研究不足、方法单一的问题，特别是在DRG/DIP付费模式下的监管效果研究，主要还停留在定性分析阶段，缺乏数据支持，难以直接观察到监管工作的成效与不足。因此，本书选取了监管政策实施较早、规则运行较为成熟的徐州市作为实证研究对象，采用卫生政策评价中广泛应用的断点回归设计方法对监管政策进行效果评估。所选数据和指标具有较强的针对性，实证分析结果可为政策分析和优化建议提供有力的参考。

第二章

医保按项目付费监管向 DRG/DIP 付费监管转化的理论机理

一、核心概念界析

（一）医保支付方式

医保支付方式指的是医保经办机构向医疗服务提供者购买服务的结算方式，它在减轻患者就医经济负担、遏制医疗费用不合理增长、规范医疗服务行为以及推动医疗资源合理分配方面发挥着至关重要的经济调节作用[①]。在国际上，医疗保险支付方式主要包括按项目支付（Fee - for - Service）、按服务单元支付（Per Diem）、按平均费用标准支付（Per Case Payment）、总额预付（Global Budget Payment）、按病种支付（Case - based Payment）、按人头支付（Capitation Payment）等。每种支付方式均基于各自的运作逻辑，对医疗机构的收入结构和服务行为产生不同程度的影响。与单一支付方式相比，多元复合型支付方式显得更为科学，效果也更为显著[②]。本书探讨的医保支付方式是目前国际上较为先进的按疾病诊断相关

① 廖藏宜，闫俊．我国医保支付方式的改革历程及发展趋势［J］．中国人力资源社会保障，2019（06）：13 -15.

② Ellis，R. P.，& McGuire，T. G.（1990）. Optimal payment systems for health services. Journal of Health Economics，9（4），375 -396.

分组（DRG）付费方式。作为一种以病例组合为单位进行资源配置和费用结算的支付方式，DRG 付费机制在遏制医疗服务提供方的道德风险、规范医疗行为以及控制医疗成本过快增长等方面发挥着日益显著的作用。

（二）DRG 付费

疾病诊断相关组（Diagnosis Related Groups，DRG）是一种有效评估医疗服务质量与效率的制度工具，被各国政府广泛用于制定医保支付政策。具体而言，DRG 是基于患者的年龄、疾病种类、并发症、治疗方式、病情严重程度，以及预后情况等多种因素，对患者进行细致的多级分类。医保 DRG 付费模式是指运用 DRG 方法来指导医保支付。根据 DRG 的付费模式，患者会被归入不同的诊断相关组。基于此，保险机构不再单纯依据病人在院的实际费用（即按服务项目）支付给医疗机构，而是根据病例所属的诊断相关组的付费标准，提供更为合理的医疗保障①。

更深入地探讨，DRG 付费，全称为疾病诊断相关分组付费制度，其核心原理是综合考虑患者的疾病特征（包括疾病严重程度、是否伴有并发症或合并症等）以及个人特征（如年龄、性别、体重等）。通过医生的诊断，将患者归入相应的病组，并依据病组的定价标准进行支付。从本质上讲，这是一种在预付费制度（Prospective Payment System，PPS）框架下的打包支付模式②。目前，这种支付方式是世界公认的较为先进和科学的支付方式③，相较于其他付费方式，DRG 付费能够在保障医疗服务质量的前提下，合理兼顾好公平和效率④，有效控制医疗费用不合理增长，倒逼医疗机构自主规范医疗服务行为，建立起公立医院的运营补偿机制，从而实现医保患三方的共赢，并且有助于推动分级诊疗的发展，从而改变服务模式⑤，

---

① 国家医疗保障局办公室关于印发医疗保障疾病诊断相关分组（CHS－DRG）细分组方案（1.0 版）的通知.

② 邓小虹. 北京 DRGs 系统的研究与应用［M］. 北京大学医学出版社，2015：1－3.

③ 王亦冬，孙志楠，陈颖. 典型国家 DRG 研究与实践进展综述及其对我国的启示［J］. 中国卫生经济，2021，40（06）：91－96.

④ 潘春燕. DRG 支付方式的实践探讨——以 JH 市试点情况为例［J］. 卫生经济研究，2019，36（08）：38－41.

⑤ 国家医疗保障局办公室关于印发医疗保障疾病诊断相关分组（CHS－DRG）细分组方案（1.0 版）的通知.

是当前提升医保基金管理和使用效能的最佳选择。

在我国的试点实践中，DRG付费主要以DRG费率法和DRG点数法两种形式应用。其中，DRG点数法是在病组权重的基础上，根据工分制原理，建立医疗费用与权重之间的换算关系，进一步求得各个DRG组相应的点数，以点数来对统筹区内的医保基金进行划分和支付①。本书研究的DRG付费是在徐州市总额预付的复合型支付方式背景下，基于本地特征推行的DRG-PPS点数付费，支付范围为住院费用的结算和支付，在推动医保支付方式改革与管理效能提升方面具有典型意义。

（三）DIP付费

区域点数法总额预算和按分值付费（Big Data Diagnosis - Intervention Packet，DIP）是一个涵盖四个核心概念的综合性医保支付方式：其中有区域（医保统筹区域）、点数法（某一医保统筹区域内某一种病种的总点数）、总额预算（某一医保统筹区域内医保资金总额预算）、按分值付费（某一病种一个分值对应的钱数，即费率）。DIP是以我国医疗病例历史大数据为基础的本土化医保支付方式，通过对每个病例的“疾病诊断+治疗方式”进行穷举与聚（分）类，将稳定的住院病种进行组合，根据各病种费用均值、技术难度和与某基准病种的比例关系等，来确定相应的某一病种的点数，医保部门再结合点数的单价，以及各医疗机构开展的总点数，计算出支付总金额，向医疗机构进行支付。

（四）欺诈骗保

欺诈骗保是指医疗保险相关主体通过非法手段，通过隐瞒、捏造事实等方式骗取医保基金支付的行为，是一种极端的道德风险表现形式。在我国，欺诈骗保的实施主体涉及医保经办机构及其工作人员、定点医疗机构及其工作人员和参保人三类②。按照行为主体划分，可以分为单一主体骗

---

① 廖藏宜．医保DRG费率法和点数法的政策意涵［J］．中国人力资源社会保障，2020（04）：56.

② 陈起风．“救命钱”沦为“唐僧肉”：内在逻辑与治理路径——基于百余起骗保案的实证研究［J］．社会保障研究，2019（04）：42-51.

保和多元主体骗保两种类型，包括医疗机构欺诈、参保人欺诈以及医疗机构和参保人合谋欺诈。根据行为发生的时间节点可分为事前欺诈和事后欺诈①。根据行为发生的环节，可分为筹集、管理、支付三类：筹集环节表现为漏报参保人数、少报缴费基数；管理环节表现为利用职务之便侵占、挪用医保基金；支付环节表现为不同主体通过非法手段骗取医保基金支付（报销）②。这些行为的甄别和定性在技术层面存在一定难度③，导致欺诈骗保行为在医疗领域普遍存在。

在医保按项目付费时代，欺诈骗保行为主要表现为医疗机构诱导需求性质的过度医疗、分解住院、伪造病历及票据记录等，患者伪造发票和重复报销、家庭成员冒用医保卡、挂床住院和违规购买日用品等④。而在DRG付费时代，欺诈骗保产生了新的行为表现，为了与传统意义上的欺诈骗保行为做区分，本书将医保支付方式改革阶段产生的违规行为概括为"异化行为"，具体概念将在下文做详细解释。需要说明的是，本书所研究的"欺诈骗保行为"仅涉及医保基金支付环节中医院和医生的异化行为。

（五）异化行为

医疗服务供给方的行为围绕患者在医疗机构接受的各类诊疗活动展开，不仅包括患者在门诊进行病情问询直至出院期间接受的一切诊疗行为，如诊断、检查、治疗、用药、护理、康复等，还包括非医疗性质的医疗数据质控行为和医院内部管理行为等，这些行为普遍具有高度的技术性和专业性特征。

异化行为指的是在医保支付方式改革的政策执行过程中产生的欺诈骗保行为，即医疗服务提供方为追求经济利益，产生"自利性"的行为

---

① 彭晓博，秦雪征．医疗保险会引发事前道德风险吗？理论分析与经验证据［J］．经济学（季刊），2015，14（01）：159－184.

② 孙建才．社会医疗保险欺诈治理的探索与思考——以昆明市医疗保险反欺诈经验为例［J］．中国医疗保险，2017（12）：26－29.

③ 顾雪非．治理欺诈骗保应厘清不同行为的定义与边界［J］．中国医疗保险，2020（04）：39－40.

④ 姚强，杨菲，郭冰清．基本医疗保险"欺诈骗保"现象的影响因素及路径研究——基于我国31个省级案例的清晰集定性比较分析［J］．中国卫生政策研究，2020，13（11）：24－31.

动机[①]，导致行为逻辑改变而产生的偏离预期的医方行为。由于医保和医疗服务提供方之间存在信息不对称的问题，异化行为往往隐蔽性较强，难以识别，并且在不同的医保支付方式下，异化行为会有不同的类型和行为表现，且都会产生损害医保基金安全的结果。本书讨论的异化行为是指在 DRG 付费机制下可能出现的医方违规行为，包括分解住院、编码套高、费用转嫁等，是本书研究的核心内容之一。

众所周知，医疗保障的核心特征是第三方支付制度，这使医保基金在管理、使用、支付等多个环节面临各种道德风险，包括欺诈、骗保、低效甚至无效使用以及资源浪费等问题[②]。DRG/DIP 改革可以更好地发挥医保基金战略性购买作用，提高医保基金使用绩效，提升医保精细化管理服务水平[③]。DRG/DIP 收付费方式的改革是一项复杂、艰巨且长期的任务，其复杂性主要体现在三个方面：漫长的实施过程、巨大的机制变革以及广泛的涉及范围。DRG 收付费模式的转变可能引发一些未预见的后果，包括但不限于费用控制不当、医疗服务质量下降、编码操作不当、缺乏必要的医疗服务、轻症患者被推诿而重症患者被优先选择、住院服务的分解，以及医疗费用向自费患者和门诊患者转嫁等问题。因此，有关部门必须高度重视这些潜在问题，及时开展研究，制定针对性应对策略，并加强有关政策的执行与监督[④]。

（六）医保基金监管

“监管”一词源自西方国家，通常包含规制（Regulation）和监督（Supervision）两层含义。在我国，监管通常被理解为政府规制或政府监管。王俊豪（2021）对政府监管的新定义是：“在市场经济体制下，拥有

① 郁辉．赢利性制度逻辑下的医疗异化行为及医患冲突［J］．中国医院管理，2012，32（11）：70－71.

② 郝春彭，谭中和等．中国医疗保障基金监督管理发展报告［M］．社会科学文献出版社，2021：1－14.

③ 国家医疗保障局办公室关于印发区域点数法总额预算和按病种分值付费试点工作方案的通知_其他_中国政府网 http：//www.gov.cn/zhengce/zhengceku/2020－11/05/content_5557627.htm

④ 樊挚敏．我国 DRG 收付费方式改革的愿景［J］．中国卫生经济，2018，37（01）：21－23.

监管职能的政府行政机构，基于公共利益目标，依据法律法规制度，并运用多种监管方式，对微观市场主体实施的制约与激励行为”[①]。在这一背景下，微观市场主体（即监管对象）不仅涵盖了市场交易中的企业与消费者，还包括了那些提供公共产品或准公共产品的机构，如学校、医院，以及非营利组织等。有效的政府监管不仅能遏制市场主体的不当行为，还能激励它们通过提升效率、降低成本、改善产品和服务质量来实现更大的利益。

医保基金监管指的是具有监管权限的机构，依据法律法规所规定的监管手段，对涉及基本医疗保险基金的市场主体行为进行管理和监督的过程。这是政府监管在医疗卫生领域的一个具体体现。具体而言，作为医保监管机构的政府部门或第三方组织，通过法律、经济、行政和技术等手段，对医疗机构、医生以及参保人在基金运行过程中的医疗行为进行引导、干预、限制和反馈。这些措施旨在解决医疗市场中“医—患—保”三方信息不对称、医疗服务提供方的道德风险和外部性等市场失灵问题，以保障医疗服务质量，维护参保人的合法权益，确保医保基金运行的安全性和可靠性，促进医疗资源的合理配置和社会公平正义。当前阶段，医保基金监管的重点在于基金支付环节，因为这一过程涉及多个利益相关方，更容易产生欺诈骗保行为。因此，医保基金监管的核心是对定点医疗机构和医生的医疗服务行为进行监督[②]。

本书探讨的医保基金监管，特指在 DRG/DIP 付费政策实施后，以各级医疗保障局为主导的政府监管机构，在医保基金支出环节对新型欺诈和骗保行为所实施的监管措施。目前，利用 DRG/DIP 大数据进行监管已经成为一种关键的监管辅助工具。这种工具基于 DRG 运行过程中产生的数据，构建了一个以人工智能和大数据技术为支撑的监管模型，基于不同病组的诊断与治疗特征，开展自动筛查与风险识别，从而实现精准化的监管目标[③]。在 DRG/DIP 大数据监管模式中，大量的医疗保险数据通过技术分析转化为

---

① 王俊豪．中国特色政府监管理论体系：需求分析、构建导向与整体框架［J］．管理世界，2021，37（02）：148－164＋184＋11.

② 顾雪非．治理欺诈骗保应厘清不同行为的定义与边界［J］．中国医疗保险，2020（04）：39－40.

③ 祝玲，董子坤．DRG 支付下的大数据医保基金监管创新实践［J］．卫生经济研究，2021，38（12）：37－40.

可观测的信息，进一步为医保部门提供决策支持，从而实现对医保基金“事前、事中、事后”全过程的监管，有效降低医保基金风险，提高基金使用效率。

二、相关理论基础

（一）支付风险管理理论

1. 风险管理理论

被誉为“现代经营管理之父”的法国管理学家亨利·法约尔（Henri Fayol）在1916年提出了创新性的安全管理思想与方法，这一理论首次将早期朴素的风险管理理念引入企业经营之中①。马歇尔（Marshall）于1921年提出了“风险分担管理”（Administration of Risk - Bearing）的概念，并探讨了风险排除与风险转移的策略。他特别强调了风险转移的方法，这些方法包括保险、担保、合同排除以及套期保值交易②。自1950年以来，随着风险管理理论的持续发展，学者们对风险管理的理论观点逐渐展现出几个关键特征：风险管理的定义及其本质不断演变和深化、风险管理的目标与流程持续优化、风险管理的分类变得更加全面，以及风险管理的分析模型和方法逐步完善。

自20世纪50年代末起，西方国家陆续遭遇了环境污染、疯牛病、核泄漏等一系列社会风险事件。这些突发事件不仅影响了人类生活的方方面面，而且影响范围持续扩大，引发了公众的恐慌和不安。这使社会风险问题成为全球关注的焦点。在这样的背景下，西方学者从多个学科角度出发，对社会风险进行了深入研究，提出了许多具有启示意义和前瞻性的理论。詹斯·金（Jens O. Zinn）和彼得·泰勒 - 顾柏（Peter Taylor - Gooby）在《风险：一个跨学科研究领域》一文中总结了社会风险研究的四种主要

① 王晓群. 风险管理［M］. 上海财经大学出版社，2003：7.

② 叶成徽. 国外风险管理理论的演化特征探讨［J］. 广西财经学院学报，2014，27（03）：19 - 24.

途径：统计概率路径、心理测量范式、社会学方法研究路径以及风险的社会放大框架[①]，这些都引起了广泛的关注。同时，来自德国慕尼黑大学的教授乌尔里希·贝克（Ulrich Beck）提出了“风险社会”的概念，从而开启了他对社会风险的探索之旅。随着《风险社会》《风险时代的生态政治学》《全球风险社会》以及《全球风险社会批判性理论：全球化观点》等著作的陆续出版，他的理论体系逐渐构建并日趋完善。在贝克的早期作品中，他主要关注了工业社会所引发的社会风险，其观点带有明显的现实主义倾向，这也使他受到了“风险文化”学派的批评。在后续的研究中，贝克强调了风险的现实性与建构性，并从后现代主义、现代化和全球化的角度出发，不断扩展了他的理论视野。

从风险管理实践的演变来看，风险管理理论从20世纪30年代就开始萌芽，但直到20世纪80年代末才蓬勃发展起来。自20世纪中叶起，社会风险问题不断涌现，引起了西方学者的广泛关注。研究方向从早期对社会风险问题的描述和解释，逐渐转向了对风险管理和治理的深入探讨。其中，“风险社会”和“风险的社会放大”这两种理论详细阐述了社会风险的定义、触发因素和放大路径，并进一步深入研究了应对风险的制度机制、风险的社会放大因素以及风险放大引发的次级效应等问题。在风险管理和治理方面，国际风险管理理事会（IRGC）提出的风险治理框架，特别强调帮助风险评估者和管理者发现和控制风险，为我国的风险治理提供了宝贵的理论借鉴和启示[②]。

近年来，国内学者对现代风险管理演进路径也作出了系统总结。张轶等（2014）提出，1993年首席风险总监（CRO）职位的设立，标志着风险管理从传统模式向现代模式的转变，从而开启了现代风险管理的新篇章。这一时期，对风险管理进步起到关键推动作用的现代风险管理理论与实践，经历了可保风险管理、纯风险管理以及综合风险管理三个主要发展阶段。正如张琴等（2008）所指出的，现代风险管理已经从传统的风险管理阶段演进至整体化风险管理；全面风险管理代表了当前风险管理发展的最新趋势。它是一种从企业整体出发进行的综合化风险管理方法，内容涵

①② 王京京．国外社会风险理论研究的进展及启示［J］．国外理论动态，2014（09）：95-103.

盖了保险、财务套期保值、投融资、杠杆管理、薪酬设计乃至税收管理等多个方面。在国际层面，《巴塞尔新资本协议》将市场风险和操作风险纳入资本要求的范畴，提出了资本充足率、监管机构的监督检查以及市场纪律这三大监管支柱，成为推动全面风险管理理论发展成熟的关键力量①。这一阶段涌现出了众多的研究成果：Ana Fernández－Laviada（2007）研究了内部审计在风险管理中的作用②；J. R. S. Fraser（2008）探讨了企业全面风险管理常见的十大误解，提出了实施全面风险管理应该注意的问题③。

尽管前文已经提及，当前阶段关于风险管理的研究文献丰富，然而，鉴于研究方法与思维模式的多样性，仍存在一些问题亟待进一步探讨。陈伟（2005）指出，这些理论和实践的发展主要局限于组织系统的范畴，迄今为止尚未全面扩展至整个社会系统的层面④。汪忠等（2005）提出，首先，由于对风险定义、研究方法和思路的研究大量借鉴了其他相关研究领域和行业的成果，尤其是金融风险管理领域的成果，但借鉴相关研究成果的通用性尚需提升；其次，对风险的理解和定义尚未达成一致，研究方法往往会影响风险的含义；再次，风险的测量方法在科学性、适用性和实用价值方面仍存在诸多挑战；最后，研究体系尚不完善，主要局限于风险的识别和测量层面，而忽略了风险研究的其他重要组成部分⑤。

从20世纪下半叶至21世纪，“风险后果的公共性”逐渐成为风险领域的一个显著特征，这使“公共风险管理”成为人类社会面临的重大挑战之一。正如陈伟（2005）所指出的，20世纪80年代，技术进步及其应用所带来的不确定性，特别是与环境、公共安全和健康相关的议题，引起了公众广泛关注。因此，学术界开始从环境和社会结构的角度对技术风险进行研究。随后，这种研究的范围逐渐扩展至其他形式的社会风险⑥。

---

① 王京京．国外社会风险理论研究的进展及启示［J］．国外理论动态，2014（09）：95－103.

② Fernández－Laviada，A.（Ed.）.（2007）. La gestión del riesgo operacional：de la teoría a su aplicación（Vol. 39）. Ed. Universidad de Cantabria.

③ Fraser，J. R.，& Simkins，B. J.（2007）. Ten common misconceptions about enterprise risk management. Journal of Applied Corporate Finance，19（4），75－81.

④ 陈伟．论公共风险管理理论体系的构建［J］．国际经贸探索，2005（04）：70－76.

⑤ 汪忠，黄瑞华．国外风险管理研究的理论、方法及其进展［J］．外国经济与管理，2005（02）：25－31.

⑥ 陈伟．论公共风险管理理论体系的构建［J］．国际经贸探索，2005（04）：70－76.

相较于20世纪，21世纪的社会风险不仅有所增加，而且在全球化的推动下，风险的波及范围日益扩大，学者们对风险的研究也变得更加深入。分析近十年的外文文献，可以看到关于社会风险理论的研究进展主要分为两个方面：首先是原有风险理论的扩展，其次是研究重点从描述社会风险问题逐渐转向对风险的管理和治理。

面对当前风险管理理论所面临的挑战，一些学者已经提出需要整合多学科的知识，以推进风险管理理论的重构①。在实际操作层面，美国反虚假财务报告委员会下属的发起人委员会（COSO）于2016年12月发布了一项针对2004年企业风险管理（ERM）框架的修订草案。总体而言，风险管理理论的革新正在悄然进行。在这种背景下，管理学界的顶级期刊*Academy of Management Journal*（AMJ）在2015年发表了一篇社论文章，敦促管理学者从弹性的角度重新构建风险管理理论②。吕文栋等（2017）针对现行风险管理框架、指引和标准在应对不可评估风险方面的局限性，从企业能力的视角重新定义了风险的含义，并构建了一个能够应对不可评估风险的弹性风险管理框架。他们创新性地提出，企业风险管理的核心在于确保底线和拓展空间，企业只有通过整合具有差异性的管理活动，如创新性活动和效率性活动，才能有效地管理风险③。这项研究转变了风险管理的研究视角，从外部驱动转向内部驱动，研究重点从损失控制转向价值创造，研究理念从追求稳定性转向追求持续性，为应对传统风险管理理论所面临的挑战提供了一个全新的解决思路。

2. 支付风险管理理论

支付清算风险是指各种不利因素对支付系统稳定运行所产生的负面影响及损害。国际清算银行《关于重要支付系统的核心原则》第三条指出：系统应该清楚地定义信用风险和流动性风险的管理过程，说明系统操作者和参与者各自的责任，并提供适当的激励手段以管理和控制这些问题。

---

① Bromiley, P., McShane, M., Nair, A., & Rustambekov, E. (2015). Enterprise risk management: Review, critique, and research directions. Long range planning, 48 (4), 265-276.

② Van Der Vegt, G. S., Essens, P., Wahlström, M., & George, G. (2015). Managing risk and resilience. Academy of Management Journal, 58 (4), 971-980.

③ 吕文栋，赵杨，田丹，等．风险管理理论的创新——从企业风险管理到弹性风险管理［J］．科学决策，2017（09）：1-24.

魏先华（2001）[①]、柴小卉（2006）[②]等均认同支付系统可能面临以下几种风险：①流动性风险，指系统内某一方在到期后可能拥有足够的资金来支付其在系统内的债务，但无法在预期时间内清偿，从而构成的风险。②信用风险，指系统内某一方无法在预期时间或之后的任何时间完全清偿其在系统内的债务所形成的风险。③法律风险，指不合理的法律框架或法律上的不确定性，可能加剧信用风险或流动性风险。④运行风险，指技术故障或操作错误等运行因素，可能导致和加剧信用风险或流动性风险。⑤系统性风险，指某个参与者无法清偿债务或系统本身受损，可能引发其他参与者或支付市场中其他机构无法按时清偿债务的风险。这种故障可能引发广泛的流动性及信用问题，进而威胁到支付系统的稳定性。

进一步探究各类风险的特性，不难发现它们之间存在着紧密的联系。当一种风险显现并加剧时，可能会触发另一种风险，各种风险之间具有显著的传导性和方向性，共同构成一个完整的风险传递链条。在这一链条中，流动性风险和信用风险占据了至关重要的核心位置。流动性风险会影响支付系统的正常运行，并可能引发信用风险。同时，法律法规的缺失或不完善、应用软件设计的缺陷、机器硬件和网络通信的故障、操作失误以及道德风险等因素，都会加剧流动性风险和信用风险。当信用风险普遍发生时，可能会导致系统性风险。

简要分析这一风险传递的过程：①如果付款方因流动性问题导致资金支付延迟，收款方为了弥补资金缺口，不得不寻求其他融资途径，并承担相应的融资成本；②如果资金缺口无法及时得到补充，收款方可能不得不对其债权人延期支付；③这种连锁拖欠效应的扩大，对支付系统的正常运行构成巨大威胁，最终可能引发系统性风险。在这个过程中，中国人民银行提供的日间透支服务可以暂时缓解流动性不足的问题。然而，如果贷款方在日终无法补足头寸，就会形成隔夜贷款，迫使中国人民银行被动地承担信用风险。同样，在转账支付条件下，由于支付命令的传送与资金实际转移可能不同步，一旦资金转移无法实现，就可能导致支付过程中因一方拒绝或无力清偿债务而使另一方或其他当事人遭受信用风险。纽约清算所

① 魏先华，李雪松．支付和清算系统的风险分析［J］．金融研究，2001（12）：63－72.

② 柴小卉，靳力华．加强我国现代化支付系统风险管理的思考［J］．金融研究，2006（03）：138－145.

同业支付系统（CHIPS）的数据模拟表明，如果一家大型银行无力支付，可能会导致其他近一半的参与者无法结算。由于连锁反应，即使没有与无力支付的银行直接交易的机构也会受到影响。这种多米诺骨牌效应很容易使部分参与者的流动性风险和信用风险在系统中蔓延，从而形成系统性风险。由此可见，支付风险链中的任何环节出现问题，都可能导致支付体系的震荡，影响其平稳高效地运行，影响支付机构提供资金结算服务的能力，进而影响公众对整个支付系统的信心。因此，遵循基本的效率原则，通过制定运行规则来消除或降低支付系统的系统性风险，增强系统吸收和消化各种震荡（或冲击）的能力，消除各种风险隐患，维护系统的稳定性，是各国支付系统的重要目标，医疗保障的支付体系亦是如此。

3. 社会保障支付风险管理

邓悦和孟颖颖（2014）指出，在社会保障制度的运行过程中，多种风险因素并存，包括但不限于保障对象可能产生的“道德风险”、制度管理层面的风险，以及社会保障基金运营中的风险等。他们还提出，社会保障风险管理应遵循以下基本原则：客观公正原则、全面性原则、事前管理原则、动态性原则以及可操作性原则①。

其中，事前管理原则在风险管理理论中占据核心地位，对于社会保障风险管理同样至关重要。为了预防社会保障风险，必须在风险事件发生前构建相应的预防程序和应对策略，对潜在风险进行识别和监控。事前风险管理与“问题式”风险管理是社会保障风险管理的两种主要方式。“问题式”风险管理侧重于在问题发生后，针对具体环节出现的风险进行解决，属于典型的事后纠正管理。这种管理方式仅能应对已发生的风险，而难以预防尚未出现的风险。相比之下，事前风险管理的优势在于在风险发生前就能预测风险可能发生的时间、地点、程度，并采取措施预防风险，因此它对于推动社会发展和维护社会稳定具有重大意义。

社会保障风险管理的动态性原则要求管理者在执行社会保障风险管理时，不仅要关注各项风险的当前状况，还要考虑社会环境及其变化趋势对社会保障风险的影响。鉴于社会保障风险的多变性和不确定性，风险预测

① 邓悦，孟颖颖．社会保障风险及管理基本理论研究——基于本质、功能与原则的视角［J］．贵州社会科学，2014（05）：42－45.

并非一次性任务。社会保障风险管理制度的设计必须考虑社会政治、经济环境的变化趋势，力求对宏观环境进行预测，并将这种动态变化体现在指标体系的设计上。社会保障基金的筹集、发放、投资运营始终处于动态变化的环境中，这要求风险评估主体能够及时响应所面临的风险，对过去的决策进行适时调整和预测修正。因此，一个高效的社保风险管理系统应对内外部环境变化及其他相关因素保持高度敏感，确保与社会保障制度的法律、法规、政策制度和发展方向保持一致，着眼于制度未来长期稳定的发展。

社会保障风险管理的可操作性原则强调风险管理方法的实用性和简便性。一个风险管理系统是否科学和完善，关键在于它是否能在实际工作中被风险控制主体有效掌握和操作。如果设计的风险管理系统缺乏可操作性或操作性不强，无法被管理者接受和运用，那么整个风险管理流程将难以顺畅运行，其结果将不准确、不客观，无法发挥风险管理体系应有的作用。社会保障风险管理的特殊性要求在实施管理时应熟练运用操作简便、易行且具有代表性的风险控制方法，不仅要求有效完成风险评估、控制工作，还应尽可能缩短对社会保障风险信息的处理过程乃至整个评价过程，提升管理工作的效率。因此，在实际工作中，社会保障风险管理主体在选择风险控制方法时，不应盲目追求高难度和过度专业化，导致风险控制体系设计过于复杂，这既不利于风险控制主体的操作，也不利于风险预测结果的处理。同时，社会保障风险管理体系的设计者应尽可能采用易于操作的评价方法和技术进行评价工作，确保评价结果易于被非专业使用者和风险管理决策者接受。

综上所述，社会风险管理是社会保障制度安全、健康运行的关键环节，是社会保障制度管理系统的核心与基础。社会保障风险管理的质量在很大程度上决定了社会保障制度实施效果的好坏。只有全面了解社会保障制度存在的各种风险，才能有效预测风险发生的时间、阶段及其可能带来的影响，从而选择有效的防范和规避风险的手段。值得注意的是，社会保障风险涵盖制度实施全过程的各类风险，包括政治、经济、文化、社会、自然环境等多个方面。因此，对社会保障风险的管理也必须具备全面的认识，注重从整体角度分析制度运行过程中可能存在的风险，并与其他宏观、微观制度同步推进，定期修正和总结，实现动态化、最优化管理。

杨红燕和陈天红（2011）指出，社会保障财政支付风险的产生既有内部原因，也有外部原因。从隐蔽性和不平衡性等维度对我国社会保障财政支付风险的特征进行深入分析可以发现，不同层级政府之间以及不同社会保障项目之间，风险程度存在显著的不平衡性①。此外，宏观经济社会环境的变动构成了社会保障财政支付风险的外部因素。首先，20 世纪 70 年代以来，西方国家普遍遭遇福利危机，其根本原因在于这些国家在经历高速增长后遭遇了滞胀现象；其次，人口老龄化的加剧是触发社会保障财政支付风险的关键因素之一，而现收现付制在应对人口老龄化问题上显得力不从心；最后，核心家庭的演变、工业化、城镇化进程以及医疗技术的进步等，同样会引发社会保障财政支付风险。至于社会保障的内部因素，包括企业改制、经营状况不佳、企业领导对社会保险重视不足以及社会保险费征收力度和强制性不足等问题，都可能导致社会保险资金难以按时足额征缴。此外，社会保险制度本身在设计和监管上的缺陷，也会增大制度的支付风险。

在社会保障财政体制中，风险呈现层次差异性和不平衡性的特征。这种差异主要体现在不同层级政府之间所面临的社会保障支付风险上。在分税分级的财政体制下，社会保障的财权和事权需要在不同层级的政府之间进行合理分配。因此，社会保障财政支付风险也呈现出不同层级政府之间的支付风险差异②。

从社会保障事权分配的角度审视，改革开放以来，我国的社会保障事权分配从计划经济时期的中央集中负责制，逐步转变为中央与地方共同负责、以地方为主导的模式。目前，我国的社会保险项目大多以县级或市级统筹为主，如新型农村合作医疗（新农合）、新型农村养老保险（新农保）以及城乡低保等，这些都主要由县级政府作为主管单位。县、乡基层政府在社会保障管理方面承担着重要的责任。以新农合和新农保为例，基层政府不仅要承担部分缴费补贴，还需承担这些制度的管理成本。随着新农合和新农保制度覆盖范围的不断扩大，基层政府的财政支出责任也在不断加重。在新农合推广过程中出现的“套资”和“钓鱼”现象，从一个侧面揭

① 杨红燕，陈天红．社会保障财政支付风险的多角度分析与全方位应对［J］．华中科技大学学报（社会科学版），2011，25（04）：97－104.

② Musgrave，R. A.．（1959）．The theory of public finance：A study in public economics. Journal of Political Economy.

示了地方财政在社会保障支出方面所面临的困境与风险[①]。

由此可见，各级政府在社会保障财权与事权的分配上存在不匹配现象，导致支付能力与支付责任之间出现不平衡，进而加剧了社会保障财政支付的风险。为了应对社会保障财政支付风险，必须根据风险的性质及其成因采取相应的措施。例如，通过合理界定中央与地方的事权范围，中央政府可以专注于社会保障法律法规的制定，确保全国社会保障水平的均衡等关键问题；而地方政府则应主要负责社会保障的行政管理、支付标准的制定以及社会化发放等工作。

在医疗保障领域，Adams 等（2002）强调了监控和审计医疗记录文档及编码应用程序的重要性，以此确保合规性和减少计费错误。他们认为，如果提交的医疗账单信息存在缺失或错误，可能会引发未付款项的索赔问题，甚至导致医生收入的损失[②]。Kwon 等（1997）的研究表明，支付系统的架构及其在健康维护组织市场中的分布，受到市场区域内消费者和提供者特征的决定性影响。消费者的偏好在支付系统的结构中得到体现。具备理性判断的消费者，明白支付计划对提供者行为的作用，会倾向于选择那些采用提供者补偿制度的计划，以确保他们能够获得期望的保费。同时，提供者承担支付系统财务风险的能力和意愿，也会对健康保险市场的支付系统架构产生影响[③]。

（二）委托代理理论

1. 委托代理关系

委托代理理论最初由 Wilson 于 1969 年提出，随后，1971—1983 年，Spence、Zeckhauser 以及其他学者对其进行了深入的阐释和发展[④]。随着专

---

① 杨红燕．政府间博弈与新型农村合作医疗政策的推行［J］．云南社会科学，2007（01）：73－77.

② Adams，D. L.，Norman，H.，& Burroughs，V. J.（2002）. Addressing medical coding and billing part II：a strategy for achieving compliance. A risk management approach for reducing coding and billing errors. Journal of the National Medical Association，94（6），430.

③ Kwon，S.（1997）. Payment systems for providers in health insurance markets. Journal of Risk and Insurance，155－173.

④ 刘有贵，蒋年云．委托代理理论述评［J］．学术界，2006（01）：69－78.

业化在社会市场中的兴起，生产经营的主体之间形成了契约关系。在这种关系中，被委托人根据委托人的指示进行生产活动，并因此获得相应的利益，这种关系被称为“委托代理关系”。随着经济和社会的发展，传统的单一委托人、单一代理人、单一事务的双边委托代理理论已无法适应日益复杂多变的市场环境，因此，多代理人理论、共同代理理论和多任务代理理论等新的理论框架应运而生。1991 年，Holmstrom 和 Milgrom 提出了多任务代理的理论框架。多任务委托代理指的是单一委托人、单一代理人、多项事务的委托代理关系。具体而言，委托人拥有多个目标，因此会将员工的激励工资与多项任务相联系。即使代理人的工作任务目标只有一个，也可能将其细分为多个维度，这也属于多任务委托代理的范畴。委托人同样会将代理人的激励与这些维度挂钩。例如，在生产企业中，产品数量和质量就是这样的两个维度。在现实情境中，单一代理人往往需应对多个层级委托人的需求，这些委托人所期望实现的任务目标并不完全一致，因此代理人所承担的任务目标亦非单一。这种情况被称为多任务双重委托代理，也可称为多委托人和多任务代理（Multi - tasking agency）。例如，在我国政府的层级结构中，最高层级的中央政府将其代理任务通过中间层级的省级政府，逐级委托至下级执行部门[①]。因此，从理论与实践双重角度出发，探讨多任务环境中委托人与代理人之间的行为互动，尤其是围绕代理人激励机制与合同设计展开的制度安排，具有显著的现实研究价值。

2. 政策执行偏差

在多任务双重委托代理关系的背景下，委托人所设定的多个任务目标是否均能实现预期效果成为一个关键问题。Holmstrom 和 Milgrom（1991）指出，在多任务代理的情形下，可能会出现执行偏差。此现象意味着委托人将具有冲突性的多项任务或目标交托给同一代理人。由于代理人自身能力的局限性或委托方激励机制的不完善，可能导致代理人行为与委托人目标不相符，从而引发代理人选择性执行或形式化执行的问题[②]。在对包含

① 许光建，卢倩倩，许坤．破解政策执行困境：基于多任务委托代理模型［J］．行政管理改革，2020（09）：48 - 59.

② Holmstrom, B., & Milgrom, P. (1991). Multitask principal - agent analyses: Incentive contracts, asset ownership, and job design. The Journal of Law, Economics, and Organization, 7 (special_issue), 24 - 52.

两项任务的委托代理模型进行研究时，MacDonald 和 Marx（2001）分析了执行偏差现象的成因，指出代理人努力成本的差异性是导致努力分配扭曲的主要因素[①]。在多任务环境下，代理人面临激励合同规定的努力成本差异，这将对其任务执行策略产生影响。代理人可能倾向于优先完成成本较低或激励效应更强的任务，从而引发非预期的委托代理结果。在政府主导的公共政策执行过程中，执行偏差现象亦有所体现。政策制定者与政策执行者之间形成了多任务双重委托代理关系，由于代理人与委托人目标的不一致性，在政策执行过程中出现目标冲突时，代理人会基于个人利益考量，选择对其有利的政策执行策略，如违背上级行政命令[②]或象征性执行，产生偏离预期目标的政策执行偏差结果，也有学者称其为政策执行异化、政策执行梗阻或政策执行阻滞[③]。

3. 道德风险

道德风险（Moral Hazard）是经济学领域中经常使用的一个概念，其内涵与传统的“道德规范”有所区别，特指个体在追求自身经济效益的过程中，采取了损害其他个体利益的行为[④]。在委托代理关系中，道德风险问题普遍存在。由于委托人与代理人的利益目标存在不一致性，代理人可能利用信息不对称性，引发道德风险问题。具有经济人属性的代理人，往往利用市场制度的不完善或契约合同的不完全性，违背应遵守的行为道德规范，以追求自身利益最大化，这在企业委托代理关系中尤为常见。从更广泛的角度看，道德风险通常被定义为因获得保险福利资格而引起的过度支出。实际上，受益人在购买过程中获得了补贴，导致基本利益低于边际成本后，仍继续支出[⑤]。在探讨产品责任法、工人赔偿、福利、医疗保健、银行监管、破产法、征用法以及商业法等主题时，道德风险构成了法律与

---

① MacDonald, G., & Marx, L. M. (2001). Adverse specialization. Journal of Political Economy, 109 (4), 864 - 899.

② 丁煌，李晓飞. 逆向选择、利益博弈与政策执行阻滞［J］. 北京航空航天大学学报（社会科学版），2010，23（01）：15 - 21.

③ 杨宏山. 政策执行的路径—激励分析框架：以住房保障政策为例［J］. 政治学研究，2014（01）：78 - 92.

④ 李勇杰. 社会医疗保险体制中道德风险的防范策略——基于委托代理理论的视角［J］. 社会科学家，2008（08）：123 - 125 + 131.

⑤ Marshall, J. M. (1976). Moral hazard. The American Economic Review, 66 (5), 880 - 890.

经济学领域解释事物形成机制的核心要素①。

Mirrlees（1972）② 精确地使用了道德风险理论模型来讨论税收与家庭规模的关系。此外，该理论也被广泛应用于以下领域：对股票收益（Cheung③ 和 Stiglitz④）的分析；对资本市场、信贷和借贷的研究；代理理论（Ross⑤）；激励系统和薪酬结构理论（Stiglitz⑥ 和 Mirrlees⑦）。医疗服务是专业性极强的领域⑧，1963 年，Arrow 将经济学中的道德风险概念扩展到医疗领域的研究⑨。此后大量学者在相关研究中进一步证实，道德风险问题在医疗服务领域普遍存在⑩。

4. 政府失灵

鉴于市场机制因不完全竞争、外部性、信息不对称等因素而运行受阻，无法实现自我调节，政府有必要实施宏观调控政策以矫正市场失灵⑪。然而，由于市场经济信息的私密性与专业性，政府在制定政策和规范行为时往往面临信息获取滞后与效率低下的问题，使其对经济市场调节的干预效果呈现局限性。迄今为止，学术界尚未构建出一个普遍适用的政府失灵理论框架⑫。目前较为流行的观点是，当政府干预的政策不适用、力度不

---

① Baker, T. (1996). On the genealogy of moral hazard. Tex. L. Rev., 75, 237.

② Mirrlees, J. A. (1972). Population policy and the taxation of family size. Journal of Public Economics, 1 (2), 169 - 198.

③ Cheung, S. N. (2000). The theory of share tenancy. Arcadia Press Ltd..

④ Stiglitz, J.. (1974). Risk sharing and incentives in sharecropping. Review of Economic Studies (2), 219 - 256.

⑤ Ross, S. A.. (1973). The economic theory of agency: the principal's problem. American Economic Review, 63 (2), 134 - 139.

⑥ Stiglitz, J. E. (1975). Incentives, risk, and information: notes towards a theory of hierarchy. The Bell Journal of Economics, 552 - 579.

⑦ Mirrlees, J. A. (1976). The optimal structure of incentives and authority within an organization. The Bell Journal of Economics, 105 - 131.

⑧ 王章佩，林闽钢．医疗服务的专业性及其治理：基于专业权力的思考［J］．医学与哲学（人文社会医学版），2009，30（07）：42 - 43 + 56.

⑨ 姚陈宁，吴昊，王飞．我国公立医院薪酬制度现状及改革探究［J］．中国卫生标准管理，2018，9（19）：30 - 33.

⑩ 臧文斌，赵绍阳，刘国恩．城镇基本医疗保险中逆向选择的检验［J］．经济学（季刊），2013，12（01）：47 - 70.

⑪ 周清杰，张志芳．微观规制中的政府失灵：理论演进与现实思考［J］．晋阳学刊，2017（05）：126 - 132.

⑫ 戴维·L. 韦默，艾丹·R. 维宁著，刘伟译．公共政策分析——理论与实践［M］．中国人民大学出版社，2013：212 - 213.

足或工具方法失当时，政府的规制无法弥补和纠正市场失灵，这就是政府失灵①。政府失灵对社会经济稳定、社会公平正义都会产生负面影响。

（三）激励性规制理论

Viscusi（2018）等认为，政府规制是对个人或组织的自由决策进行强制性限制的一种手段。政府的核心资源在于其所拥有的强制力，这一强制力被用于约束经济主体的行为决策。② 史普博（Spulber，1999）认为，政府规制是行政当局制定和实施的直接干预市场机制，或间接改变公司和消费者的供求政策的一般规则和特别法律。③ 日本学者金泽良雄认为，政府规制是为了纠正和改善基于市场机制的经济体系内在问题而进行的政府干预经济实体活动的行为④。对于政府规制来说，只有当政府所解决的市场失灵的成本超过干预的成本时，政府的干预才有效⑤。有学者提出对现行规章制度进行广泛改革的建议⑥。这些建议包括建立一个公用事业委员会⑦，推动回报率监管⑧，建立一个正式的法律框架，更多地依赖已建立的财产权和司法审查⑨等。

经济学中的“规制”概念是1971年施蒂格勒在《经济规制论》一文中提出的⑩，此后规制理论快速发展，在经历了以规制公共利益理论、规

---

① 林沅锜，许军. 关于医药卫生服务市场中政府失灵的思考［J］. 卫生软科学，2018，32（08）：13－15＋31.

② Viscusi，W. K.，Harrington Jr，J. E.，& Sappington，D. E.（2018）. Economics of regulation and antitrust. MIT press.

③ 丹尼尔·F. 史普博，余晖. 管制与市场［M］. 上海人民出版社，1999.

④ 陶爱萍，刘志迎. 国外政府规制理论研究综述［J］. 经济纵横，2003（06）：60－63.

⑤ Painter，J.（1991）. Regulation theory and local government. Local Government Studies，17（06），23－44.

⑥ Painter，J.（1995）. Regulation theory，post－Fordism and urban politics. Theories of urban politics，276－295.

⑦ Corry，D.，Souter，D.，& Waterson，M.（1994）. Regulating our utilities. Institute for Public Policy Research.

⑧ Waterson，M.（1994）. The future for utility regulation：economic aspects. Regulating our utilities，101130.

⑨ Veljanovski，C. G.（1993）. The Future of Industry Regulation in the UK：A Report of an Independent Inquiry. European Policy Forum for British & European Market Studies.

⑩ Stigler，G. J.（1971）. China University of Labor Relations. The Bell Journal of Economics and Management Science，2（1），3－21.

制俘获理论和规制经济理论为主的传统规制阶段后，逐渐转向以激励规制理论为代表的新规制阶段①。

激励规制理论主要被用于自然垄断行业，主要以 20 世纪 90 年代拉丰和蒂罗尔的理论为基础。根据拉丰和蒂罗尔的理论观点，在信息不对称的情况下，规制主体的任务是设计出一组最优激励机制，以求同时实现客体激励目标和社会福利目标②。后来学者们将规制概念引入委托代理理论，认为在企业委托代理关系中，规制主体和被委托企业之间存在信息不对称和目标不一致的问题。“激励”指的是制度设计需要满足激励相容条件，即委托人的任务要求同时满足双方实现自身效用最大化的需求③。换言之，制度设计要能够同时满足双方利益，有效激发执行者的活力，使委托代理双方行为模式达成一致，推动目标的实现和任务的落实④。“规制”又称“管制”或“监管”，简单来讲就是规制者对被规制企业代理风险行为作出的纠正和处罚。价格上限、区域间标杆竞争等方式在西方激励性规制中较为常见⑤，但在实际应用中要特别注意每种方式的适用条件和潜在风险。

在市场失灵的情况下，政府需要通过规制对市场进行干预。在政府规制理论的研究中，需要对政府为什么干预、通过何种措施和手段进行干预、干预的效果如何以及干预失效的补救问题进行分析讨论⑥。传统规制理论忽视了规制者（政府）对激励问题的考虑不足，仅关注被规制者自身和外部因素⑦，从而造成政府监管的低效率。激励规制理论致力于解决这些问题，其核心在于提升规制制度设计的合理性与可执行性，进而实现对政府规制政策制定过程的优化与完善⑧。

---

① Braeutigam, R. R. , & Panzar, J. C. (1993). Effects of the Change from Rate - of - Return to Price - Cap Regulation. The American Economic Review, 83, 191 - 198.

② 杜传忠．激励规制理论研究综述［J］．经济学动态，2003（02）：69 - 73.

③ 刘有贵，蒋年云．委托代理理论述评［J］．学术界，2006（01）：69 - 78.

④ 李晓方，谷民崇．公共部门数字化转型中的“数字形式主义”：基于行动者的分析框架与类型分析［J］．电子政务，2022（05）：9 - 18.

⑤ 曹永栋，陆跃祥．西方激励性规制理论研究综述［J］．中国流通经济，2010，24（01）：33 - 36.

⑥ Peltzman, S. (1976). Toward a more general theory of regulation. The Journal of Law and Economics, 19 (2), 211 - 240.

⑦ 杜传忠．激励规制：规制经济学的最新发展［J］．聊城大学学报（哲学社会科学版），2002（04）：1 - 4.

⑧ Sibley, D. (1989). Asymmetric information, incentives and price - cap regulation. The RAND Journal of Economics, 392 - 404.

三、理论机理阐述

（一）DRG/DIP付费改革中的支付风险管理逻辑

我国医疗保障体系是依据经济社会发展现状，结合财政、企业和个人的经济承受能力，依法构建的民生制度安排。该体系旨在保障参保人的基本医疗服务需求，防止因疾病治疗导致的经济风险，同时避免过度福利化，确保基金的可持续性，并促进制度的公平性与服务的均等化。医保制度的核心在于平衡待遇保障与防止泛福利化，发挥统筹共济功能，确保基金的可持续性，以及促进制度的公平性与服务的均等化。

基于委托代理理论，医保支付制度是医保基金管理方代表参保人对医疗服务提供方进行经济偿付的费用结算方式。该制度在减轻患者医疗负担、控制医疗费用增长、调节医疗服务行为以及促进医疗资源配置方面发挥着经济杠杆作用。因此，医保支付制度的设计必须体现“战略性购买”的理念，在保障效率与效果的同时，强化激励与约束机制，实现从按数量付费向按质量付费、按价值付费的转变。

医保DRG支付制度依据疾病特征、临床规律和统计学方法，对病例进行组合，形成病组的聚类结果，并基于区域费用（成本）大数据测算出每个病组的医疗服务公允价格标准。DRG/DIP支付制度采用均值定价，实行包干付费，其设计理念体现了支付风险管理理论的基本要义。该理论强调：首先，确保精准支付的三大核心要素，即分组科学、权重合理、费率/系数公平，构建完善的DRG支付政策体系；其次，制定区域医疗服务相对合理的支付标准，形成医保报销、患者自付、患者自费的合理分担结构；最后，建立综合支付规则，推动价值医保和价值医疗协同发展。例如，调节医疗服务行为要求避免大处方、降低医疗质量、推诿病人等行为。在DRG/DIP收付费体系下，大型综合医院的虹吸效应依然显著，不利于分级诊疗的推进。DRG/DIP支付制度基于以质量为中心的付费控制，医疗服务能力的强弱直接决定医保统筹基金支付的高低。由于大医院在医疗能力、人才配置、技术设备等方面的系统性优势，短期内基层医疗机构难以与之形成有效对标，这导致支付方式改革尚未实质性改变资源集中的趋势，甚至可能对整体医疗质量产生负面影响。

结合医疗保障体系和医保支付的预期功能，支付风险管理要求在设计医保 DRG/DIP 付费制度时，必须坚守保障参保人基本医疗需求的底线原则，围绕有限医保基金的战略购买效能目标，系统识别、评估和控制基金使用过程中可能出现的风险因素。这一过程需以目标导向为核心，构建“主动—目的—计划”的风险应对机制，从源头上防范、化解乃至消除支付风险，以实现对参保人权益的最大程度保障。

综上所述，对医保基金的有效监管是支付风险管理体系不可或缺的一环，是支付制度正常运行的基本保障。在新的支付方式下，医保监管面临更大的挑战，监管体系必须提前介入，主动识别与应对潜在风险。在控制医保基金的信用风险和运行风险方面，应坚持事前管理、动态响应、可操作性强的原则，结合各地的经济文化环境和医保基金现实情况，根据风险的性质及医保异化行为产生的原因采取有针对性的治理措施，建立全面整合的支付风险管理体系。该体系须囊括所有医保利益相关方，转变传统监管思维，建立有效的制度工具与治理机制，全面导向以下核心目标：确保基金安全，当期不超支、长期可持续；提升基金使用效率，实现基金对性价比最优的医疗服务的战略购买；体现“三医协同”的核心作用，挤压过度医疗水分、规范医生诊疗行为，引导医疗资源合理配置；强化参保人权益保障，提升医疗服务的可及性、安全性与经济可负担性；弥补 DRG/DIP 的技术与政策配置缺陷，通过制度优化修复现有机制的缺陷。

（二）委托代理理论视角下医保监管结构的映射机制

1. 委托代理关系：医保与医疗服务提供者的结构性博弈

医疗保险支付体系构成了一个由患者、医疗保险机构、医疗机构及其医务人员共同参与的多层级委托代理关系网络。该体系的核心目标在于引导和规范医疗服务提供行为，减轻患者经济负担，促进医疗资源的合理分配，并确保医疗保险基金的安全有效运行。医疗保险机构与医疗机构及其医务人员之间形成了一个多层级的、复杂的委托代理结构。在此结构中，医疗保险机构首先通过向医疗机构提供基金预算额度的方式，将医疗服务管理任务委托给医疗机构；随后，医疗机构通过设计合理的激励机制，将具体的服务任务委托给医务人员。一方面，医疗保险机构作为医疗服务领域中最大的战略性购买主体，通过与指定医疗机构及医生签订服务购买合同，运用医疗保险基金支付机制，执行委托代理职能，以保障患者获得必要的健康与医疗服务；另一方面，医院管理层与医生之间亦存在委托代理关系，医生在履行向患者提供医疗服务职责的同时，还需实现控制成本、确保医院整体运营绩效等多元目标，这种角色的叠加性进一步增加了委托代理结构的复杂性。

鉴于此，本书将聚焦于"患者—医保—医院—医生"这四大核心利益相关方之间的互动关系，对 DRG 支付模式下的多任务双重委托代理机制进行深入探讨，具体关系图示如图 2 所示。

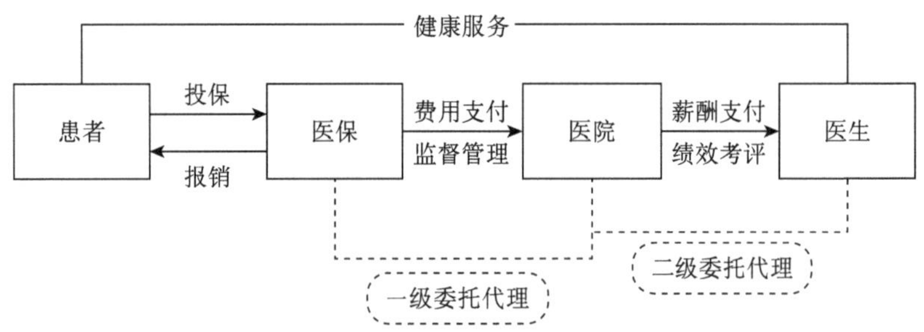

图 2　患者—医保—医院—医生的委托代理关系

2. 政策执行偏差：从政策制定到基层落实的变形链条

在我国医疗服务市场，医疗保险欺诈问题普遍存在。在 DRG 付费机制下，医疗机构和医生为追求经济利益，出现了与预期目标相悖的异化行为，即 DRG 支付方式改革中呈现的政策执行偏差现象。该异化行为的深层原因在于，作为医保制度代理人的医疗机构和医生，在实施 DRG 付费改革的过程中，形成了与医保委托方不一致的利益目标。目标冲突的形成通常涉及多种因素，只有明确异化行为产生的根源，医保部门才能在医保基金监管中采取根本性的治理措施。因此，本书将基于委托代理理论，对政策执行过程中存在的异化行为的动因及其制度根源进行系统性分析。

3. 道德风险：医疗行为异化的内在诱因剖析

拥有医疗保险的个体可能会更多地使用医疗服务。其原因之一在于，医疗保险为被保险者减轻了费用负担。此外，医疗保险的存在可能通过道德风险效应，激发个体的不健康行为偏好①。随着 DRG/DIP 支付方式的实施，由于其固有的技术缺陷，各统筹区域将面临比基于项目付费更为严格的监管标准。

医疗保险及其执行机构通过服务采购合同与公立医院建立合作关系，对医院提供的医疗服务成本进行支付。医疗保险机构期望医院能够为患者提供“价格合理、质量可靠、效率优先”的医疗服务，但在实际中，医院作为信息和技术的优势方，往往追求自身利益最大化，可能出现偏离公共目标的行为，从而引发供方道德风险。这种风险是医疗费用不合理增长和医疗资源配置失衡的主要原因，对患者健康和就医保障产生不利影响，同时影响医疗保险基金的安全和高效运行。值得注意的是，旨在控制医疗费用的医疗保险支付方式将直接影响医院的利益，而在不同的支付模式下，供方道德风险将呈现出不同的形态②。

本书旨在以医疗服务供给方的道德风险为切入点，全面剖析 DRG/DIP 支付机制运行各个阶段中医院及医生行为调整的策略逻辑，系统梳理其在实践中表现出的多样化变异行为，并明确界定其内涵、动因与表现形式。

4. 政府失灵：支付制度改革中的制度盲点与监管空缺

在医疗服务市场中，市场失灵现象会对医疗卫生资源的合理分配及患者就医的公平性产生显著冲击，这要求政府采取制度性干预措施，以实现公共资源的再平衡。然而，在实践过程中，由于政府职能转变的不充分以及调节机制的固有缺陷，政府干预不仅未能有效纠正市场扭曲，反而可能进一步加剧医疗资源的浪费，并导致医院偏离其原本的公益目标，进而引发政府失灵的问题③。近年来，我国相继出台了多项医疗保险支付方式制度改革政策，旨在解决医疗服务市场失灵所引发的医疗费用不合理增长、医疗行为不规范以及医疗机构间恶性竞争等问题。在众多支付方式中，

---

① Dong, Y.. (2013). How health insurance affects health care demand—a structural analysis of behavioral moral hazard and adverse selection. Economic Inquiry, 51 (2), 1324 - 1344.

② 何文，申曙光. 医保支付方式与医疗服务供方道德风险——基于医疗保险报销数据的经验分析 [J]. 统计研究，2020，37 (08)：64 - 76.

③ 钟国伟. 公共卫生体制改革的选择——如何应对“政府失灵”和“市场失灵”[J]. 卫生经济研究，2005 (01)：6 - 8.

DRG 付费机制被认为是目前最为科学的医疗保险支付工具，然而从当前实施情况来看，DRG 改革效果尚未完全达到预期目标。对 DRG/DIP 付费下政府失灵原因的分析，不仅有助于厘清异化行为产生的制度环境因素，而且能够为医疗保险支付方式及其配套政策的优化提供理论依据，进而增强医疗保险基金监管的有效性。

（三）激励性规制机制在医保行为治理中的嵌入路径

在医疗服务领域，政府规制是指政府基于法治建设，运用多元化政策工具对医疗服务市场经济活动的参与者进行监督和管理。我国医疗服务市场的政府规制在不同历史时期呈现出阶段性特征，总体上表现为从直接行政管制向放松管制过渡，再到强化管制的演变趋势。传统的规制手段未能根本性地改变激励机制，大量实践表明，单一的强制性监管或放松监管均不够高效。医保基金监管问题涉及多方利益相关者的委托代理关系，并且符合规制理论中信息不对称的外部条件。因此，本书采用激励规制理论，探讨医保支付相关问题及其解决策略。例如，可以从合理的价格规制、引入竞争激励机制以及奖惩规制等方面着手①，构建并优化激励与规制政策体系。同时，需重视公共价值的构建与应用，通过均衡与协调各利益相关者之间的价值取向差异，合理满足个性化需求，从而在一定程度上减少信息不对称引发的风险。例如，制定完备的激励契约合同，将双方利益相互嵌入，使各方在制度框架内达成行为预期一致性，从而实现激励兼容与治理型监管的有机融合②。

在 DRG/DIP 付费改革的过程中，医疗行为的异化现象导致了资源的浪费，并对医疗服务的质量与效率产生了负面影响，进而损害了参保人的合法权益。因此，有关部门亟须研究在 DRG/DIP 付费体系下的基金监管优化策略，通过制度化设计引导医疗机构及医务人员的行为，确保基金的安全与高效运用。

---

① 李乐乐．政府规制与标尺竞争：医保支付方式改革的治理路径分析［J］．经济社会体制比较，2021（03）：80－88．

② 王学军，牟田．公私部门合作创造公共价值何以可能——基于 Z 市医保基金监管创新的案例分析［J］．南京社会科学，2022（10）：63－72＋117．

本书将激励性规制理论应用于医疗保险基金监管领域，结合 DRG/DIP 付费政策的特点，探讨医疗保险基金如何对医院及医生实施有效的激励与规制机制，以及医院内部应如何调整对医生的激励策略。基于此，本书旨在为在 DRG/DIP 付费体系下提升医疗保险基金监管效能提出科学合理的建议。

四、理论分析框架

基于对研究背景的深入分析与文献综述，本书对政策导向进行了系统梳理，并结合支付风险控制理论，探讨了从按项目付费向 DRG/DIP 付费监管模式转变的理论机制和逻辑基础。在问题识别层面，本书揭示了当前 DRG/DIP 付费体系下医保基金监管面临的问题，并以委托代理理论与激励性规制理论为理论支撑，对支付机制改革过程中出现的医疗行为异化问题进行了机制剖析与路径建构。在研究方法层面，书中进一步引入医保监管案例、实证研究方法以及国际监管经验，通过多元方法交叉印证，力求破解监管实践中“异化行为识别与治理”这一关键难题。最终，基于上述理论框架与研究路径，本书总结形成了系统性的研究结论，并在此基础上提出切实可行的政策建议，力图为 DRG/DIP 支付体系下医疗保险基金的科学监管与制度优化提供理论参考与政策支持。

在学术界与政府机构的共识中，医疗保险基金监管构成了一个全球性的挑战。此问题的根源在于，在任何一种医疗保险支付模式下，医疗服务提供者——医院与医生，往往会出现偏离预期的医疗服务行为。医保部门在发现并有效遏制此类行为方面面临困难，导致医疗费用持续攀升，医保基金欺诈与骗保现象频发，从而削弱了医保支付方式改革的政策效应。为解决医保基金监管所面临的欺诈与骗保问题，必须在深入理解 DRG/DIP 付费政策机制的基础上，重点辨析医保支付环节中“医保、医院、医生”三方之间的利益目标冲突。本书以委托代理理论为视角，以医保支付方式中“患者—医保—医院—医生”所构成的委托代理关系为研究起点，着重分析医保支付关系中委托人目标的实现。

医疗保险基金作为社会参保人共享的资金，具有非营利性质，承担着提供基本保障与救助托底的重要职能。医保支付方式改革的核心目标在于，在确保医疗服务品质的前提下，减少不必要的资源浪费，提升医保基金的使用效率，并有效减轻患者的医疗负担。医保监管的核心目标则在于通过限制医保支付过程中医疗服务提供者的行为，保障支付政策的有效实施，确保医保基金的整体运行安全。因此，DRG/DIP 支付方式中委托人的目标可概括为：从患者与医保的角度出发，实现“患者负担有效减轻、医保政策平稳运行、基金管理绩效良好”。目标的实现路径在于解决 DRG 付费中代理人的政策执行偏差，即“规范医疗服务提供者的行为”，而目标实现的程度则能够反映医保基金监管的效果与医保政策的合理性。

为深入阐释 DRG/DIP 付费机制下的行为异化与医保基金监管问题，本书基于支付风险管理理论、委托代理理论及激励性规制理论，对 DRG/DIP 付费机制下的医保基金监管效果进行分析。具体而言，研究分为三个阶段：

第一阶段，在“患者—医保—医院—医生”构成的委托代理关系基础上，运用支付风险管理理论、政府失灵与道德风险的概念，从医保（委托方）、医院和医生（代理方）多个视角，对 DRG/DIP 付费机制下医疗服务提供者欺诈与骗保的行为异化问题（政策执行偏差）进行成因分析，并结合 DRG/DIP 付费机制的三个关键环节，对行为的类型、内涵及表现形式进行详细阐述。

第二阶段，从激励性规制理论的视角出发，对徐州市 DRG 付费改革与医保基金监管体系的建设情况，特别是 DRG 付费专项监管的相关政策与经验做法进行案例分析。

第三阶段，在医保基金监管效果的实证分析部分，依据委托代理关系的预期目标（患者负担、医保政策、基金管理维度）与实现路径（行为异化维度）构建测度维度，提取徐州市 DRG 结算与医保监管相关数据进行效果测度。

基于上述三个阶段的研究，结合实证分析结果，本书提出在 DRG/DIP 付费模式下提升医保基金监管效果的若干建议，旨在为医保部门政策优化提供有价值的参考。本书构建的理论分析框架如图 3 所示。

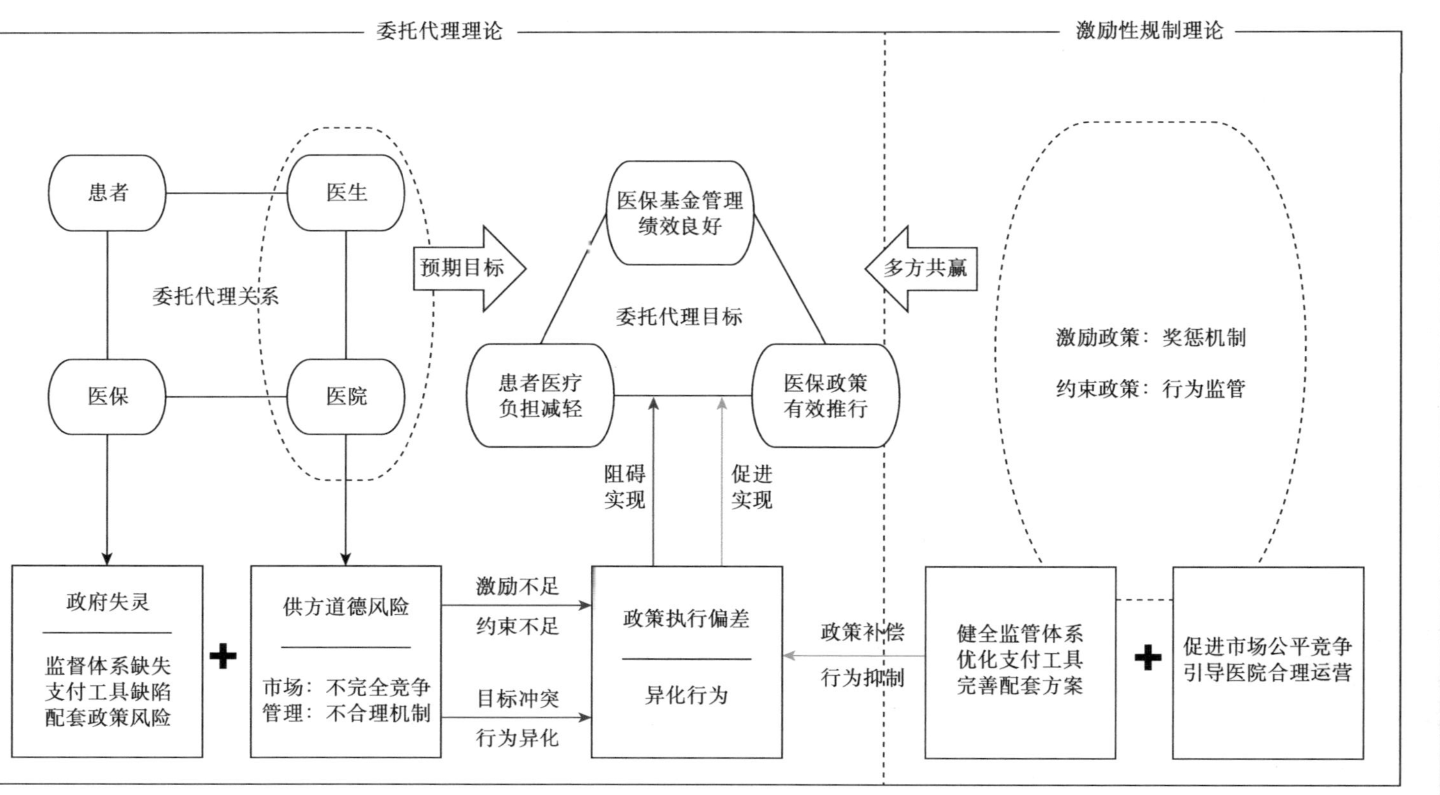

图 3　本书的理论分析框架

五、本章小结

本章从基本概念入手，系统梳理了 DRG 支付制度的内涵、异化行为的界定和医保基金监管的核心要素，为后续章节的理论铺垫提供了基础。在此基础上，本章引入支付风险管理理论、委托代理理论与激励性规制理论三大理论支柱，构建起医保支付制度改革背景下对异化行为与基金风险的分析框架。

首先，通过对支付风险管理理论的深入探讨，厘清了医保支付制度中流动性风险、信用风险、系统性风险等多维风险因素的传播路径与相互作用机制，强调建立前瞻性与动态性的风险防控体系对保障医保基金安全的必要性。其次，在委托代理理论中，本章探讨了医保机构、医疗机构、医务人员和参保人之间的多层级、多任务委托代理关系，揭示了在信息不对称与目标冲突的背景下，异化行为（如诱导需求、分解住院、套高编码等）产生的理论根源。进一步地，通过引入多任务委托与政府失灵等视角，刻画了政策执行偏差的深层制度诱因。最后，通过激励性规制理论，本章提出在政府规制无法完全弥补市场失灵时，必须借助“激励 + 规制”兼容的机制设计，实现医方行为与医保目标的契合。

综上所述，本章通过概念界定与理论阐释，为理解 DRG 付费机制下医保支付行为的逻辑提供了系统性的理论支撑，不仅为识别和解释异化行为提供了规范化框架，也为后续章节的政策制度演进梳理与实证研究方案奠定了逻辑基础。通过理论整合与问题导向并重的分析路径，本章有力支撑了全书“由现象入手、以理论贯穿、再回归实践”的总体思路，确保了研究体系的完整性与理论推进的连贯性。

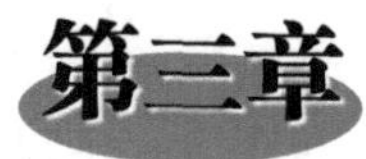

第三章 医保按项目付费监管到 DRG/DIP 付费监管的政策历程

一、初始化监管时期（2013—2020 年）

（一）初始化监管的实施背景

1. 政策背景与顶层设计

基于项目的付费模式，即医疗服务提供者依据提供的每项服务或治疗向患者或保险公司收取费用。此模式作为医疗保险支付的传统方法，其核心特征在于医疗服务费用与实际提供的服务量直接挂钩。按项目付费模式在全球范围内拥有悠久的历史，在中国医疗保障制度建立初期即被采用。自 1998 年全面推广城镇职工基本医疗保险制度以来，按项目付费模式就是中国医保支付体系的支付方式之一。在此之前，我国虽存在多种形式的医疗保险体系，但按项目付费模式始终占据主导地位。随着医疗保障制度的深化改革，我国政府开始探索多元化的医保支付方式，以解决按项目付费模式带来的医疗费用过快增长、医疗资源浪费以及过度医疗等问题。自 2015 年起，我国开始推进医保支付方式改革，鼓励实施按病种付费、按人头付费等多种支付方式，以逐步替代单一的按项目付费模式。

在按项目付费模式下，医疗服务提供者依据提供的每项服务或治疗向患者或保险公司收取费用，这种付费模式存在较强的局限性，带来供方诱导需求、过度服务、医疗费用快速上涨等问题，因此政府开始采取措施加强监管。但随着按项目付费模式下医疗费用的快速增长、激励机制失衡、成本控制困难等问题频发，按项目付费模式下的基金监管已无法满足我国医保体系建设的需求。医保支付方式从传统的按项目付费向基于疾病诊断相关分组的付费模式转变，成为我国医疗保障体系改革中的关键环节。这一转变不仅重构了医疗服务提供者的收入模式，也对医疗服务的质量和效率产生了深远影响。

针对传统支付方式所导致的过度医疗和医保基金压力问题，我国引入了 DIP 这一新的支付方式以控制医疗费用的增长，提高医保基金的使用效率。在 2020 年前后，部分地区开始探索和试点 DIP 支付方式，例如瑞金市自 2016 年起逐步探索“总额预算下的点数法”医保支付方式改革。2020 年 11 月，瑞金市被确定为国家 DIP 试点城市并开始实际付费。2020 年 10—11 月，各试点城市提交历史数据，由国家医保局统一组织使用试点城市数据形成本地化的病种分组，并开展了针对 DIP 支付方式的技术规范培训等工作，为后续 DIP 制度的推广奠定基础。

2. 政策实施与推进

为确保按项目付费模式的有效实施，我国在监管层面构建了更为完善的医疗保险基金监管体系，以保障医疗保险基金的合理运用。同时，我国正逐步降低按项目付费在医保支付结构中的占比，积极推广按病种付费、按人头付费、按服务包付费等多元化复合支付模式，旨在控制医疗成本并提升医疗服务品质。通过运用信息技术，如电子病历系统和大数据分析等工具，加强对医疗服务行为的实时监测，以便及时发现并纠正过度医疗的问题。

在医疗保险体系的完善方面，我国对医疗保险目录管理进行了优化，逐步实现了医保药品和医疗服务项目的目录统一，规范了医疗服务的定价。针对违反医保规定的医疗机构及个人，持续加大监管和处罚力度，强化政策执行力，推动医保政策向法治化、标准化方向发展。

DRG 作为一种源自西方的管理工具，其在医疗保险支付中的应用标志着我国向价值导向的医疗服务和精细化管理迈出了关键一步。2019 年是中国医疗保险 DRG 改革的起始年①，国家医保局正式启动以疾病诊断相关分

① 廖藏宜. 中国医保 DRG 付费改革探索的三个阶段［J］. 中国人力资源社会保障，2020（01）：60.

组（DRG）和病种分值付费（DIP）为核心的支付方式改革试点项目。2021 年 11 月 19 日，国家医保局印发了《DRG/DIP 支付方式改革三年行动计划》，其核心目标在于加速推进 DRG/DIP 支付方式改革的全国性普及。此后，多个试点区域步入实际付费阶段，并构建了全国统一的 DRG 核心分组体系与 DIP 核心病种目录。2022 年，基于试点经验的总结，国家医保局启动了新一轮的支付方式改革三年行动计划（2022—2024 年），明确提出到 2024 年底，全国所有统筹区域将全面实施 DRG/DIP 付费方式改革。同时，2024 年印发的《国家医疗保障局办公室关于印发按病组和病种分值付费 2.0 版分组方案并深入推进相关工作的通知》纳入了特例单议机制的条款，旨在解决特定情形下的支付难题。

（二）初始化监管的相关文件

1. 法律

在医疗保障和基金监管领域，相关法律的制定和完善起着关键的引领和规范作用。从 2010 年的《社会保险法》对社保基金的严格管理规定、2018 年《宪法》对公民物质帮助权利的保障宣示，到 2019 年《基本医疗卫生与健康促进法》《药品管理法》对资金监管、药品管理及责任追究的明确要求（见表 1），这些法律从宏观层面为医疗保障体系的健康运行筑牢根基，确保各项医疗保障活动依法依规开展，保障参保人员的合法权益及医保基金的合理使用。

表 1　初始化监管阶段的法律文件

序号	发布年份	文件名称	法条内容
1	2010	《中华人民共和国社会保险法》	社会保险基金不得违规投资运营，不得用于平衡其他政府预算，不得用于兴建、改建办公场所和支付人员经费、运行费用、管理费用，或者违反法律、行政法规规定挪作其他用途 全国社会保障基金应当定期向社会公布收支、管理和投资运营的情况。国务院财政部门、社会保险行政部门、审计机关对全国社会保障基金的收支、管理和投资运营情况实施监督

续表

序号	发布年份	文件名称	法条内容
2	2018	《中华人民共和国宪法》	国家依照法律规定实行企业事业组织的职工和国家机关工作人员的退休制度。退休人员的生活受到国家和社会的保障 中华人民共和国公民在年老、疾病或者丧失劳动能力的情况下，有从国家和社会获得物质帮助的权利。国家发展为公民享受这些权利所需要的社会保险、社会救济和医疗卫生事业
3	2019	《中华人民共和国基本医疗卫生与健康促进法》	县级以上人民政府通过预算、审计、监督执法、社会监督等方式，加强资金的监督管理 县级以上人民政府有关部门未履行医疗卫生与健康促进工作相关职责的，本级人民政府或者上级人民政府有关部门应当对其主要负责人进行约谈。地方人民政府未履行医疗卫生与健康促进工作相关职责的，上级人民政府应当对其主要负责人进行约谈。被约谈的部门和地方人民政府应当立即采取措施，进行整改。约谈情况和整改情况应当纳入有关部门和地方人民政府工作评议、考核记录
4	2019	《中华人民共和国药品管理法》	违反本法规定，构成犯罪的，依法追究刑事责任 药品监督管理部门或者其设置、指定的药品专业技术机构参与药品生产经营活动的，由其上级主管机关责令改正，没收违法收入；情节严重的，对直接负责的主管人员和其他直接责任人员依法给予处分。药品监督管理部门或者其设置、指定的药品专业技术机构的工作人员参与药品生产经营活动的，依法给予处分

2. 行政法规等有关文件

行政法规等有关文件是对法律的细化和落实，涉及医疗保障制度的多个阶段和方面。从早期的《中华人民共和国劳动保险条例》确立劳动保险型医疗保障制度雏形，到后续关于医疗改革、医保支付方式、基金筹集与管理等各项规定，如1998年明确了基本医疗保险基金社会统筹和个人账户相结合的模式、2017年起全面推行多元复合式医保支付方式等（见表2），这些法规见证了我国医疗保障体系从初步建立到逐步完善的发展历程，为政策实施和监管提供了明确的操作指引，不断推动医疗保障事业适应经济社会发展变化，满足人民群众的医疗需求。

表 2　　初始化监管阶段的行政法规等有关文件

序号	发布年份	文件名称	法规内容
1	1951	《中华人民共和国劳动保险条例》	该条例借鉴苏联国营经济和单位责任的福利模式，建立劳动保险型医疗保障制度①
2	1952	《关于全国各级人民政府、党派、团体及所属事业单位的国家工作人员实行公费医疗预防的指示》	各地可根据医疗设施条件、预算程序，分别先后，按下列办法定期实行门诊、住院。现在尚无实行门诊、住院办法之条件者，暂以发给医药费办法解决之 门诊、住院所需的诊疗费、手术费、住院费，门诊或住院中经医师处方的药费，均由医药费拨付；但住院的膳费、就医路费由病者本人负担，如实有困难，得由机关给予补助，在行政经费内报销
3	1957	《关于劳动工资和劳保福利问题的报告》	对 10 种干部医疗滥用行为作出了禁止报销规定
4	1979	《农村合作医疗章程》	合作医疗基金主要用于社员的医疗费。确定参加合作医疗的社员看病医疗费的报销范围、减免比例，要从实际出发，量入为出，暂时无力减免药费的，可先实行按批发价收取药费，免收挂号、注射、针灸、出诊等各项劳务费，以保证合作医疗站有一定的药品存量和周转资金 随着集体经济的发展和合作医疗的巩固，再逐步扩大医药费的报销范围和减免比例 对未参加合作医疗的病人，应按省、自治区、直辖市的有关规定收费，不得随意提高收费标准
5	1984	《关于卫生工作改革若干政策问题的报告》	该报告提出了对公立医院“只给政策不给钱”的改革思路，具体政策包括：改革支付方式，将经费按服务人数和定额标准打包给医院，节支留用，超支分担，激励医院主动控费；引入竞争机制，用合同形式明确医疗服务定点单位的责任、服务范围、质量要求、收费标准、付费方式等，控制医院的过度服务②

①②　廖藏宜．中国医保建制改革 70 年［J］．中国人力资源社会保障，2019（11）：28－31.

续表

序号	发布年份	文件名称	法规内容
6	1993	《关于建立社会主义市场经济体制若干问题的决定》	在坚持以公有制为主体、多种经济成分共同发展的基础上，建立现代企业制度、全国统一开放的市场体系、完善的宏观调控体系、合理的收入分配制度和多层次的社会保障制度
7	1994	《关于职工医疗制度改革的试点意见》	职工医疗保障制度改革的目标是建立社会统筹医疗基金与个人医疗账户相结合的社会保险制度，并使之逐步覆盖城镇所有劳动者
8	1998	《国务院关于建立城镇职工基本医疗保险制度的决定》	基本医疗保险基金实行社会统筹和个人账户相结合 要建立基本医疗保险统筹基金和个人账户。基本医疗保险基金由统筹基金和个人账户构成。统筹基金和个人账户要划定各自的支付范围，分别核算，不得互相挤占 基本医疗保险基金纳入财政专户管理，专款专用，不得挤占挪用
9	2000	《关于完善城镇社会保障体系的试点方案》	国务院将成立由劳动保障部牵头的国务院完善城镇社会保障体系试点工作小组，负责对试点工作的具体协调和指导。试点地区也要成立由政府主要领导负责的试点工作领导小组，具体组织试点工作
10	2016	《全国社会保障基金条例》	全国社会保障基金由中央财政预算拨款、国有资本划转、基金投资收益和以国务院批准的其他方式筹集的资金构成。国家根据人口老龄化趋势和经济社会发展状况，确定和调整全国社会保障基金规模。全国社会保障基金的筹集和使用方案，由国务院确定。全国社会保障基金理事会违反本条例规定的，由国务院财政部门、国务院社会保险行政部门责令改正；对直接负责的主管人员和其他直接责任人员依法给予处分；构成犯罪的，依法追究刑事责任
11	2017	《国务院办公厅关于进一步深化基本医疗保险支付方式改革的指导意见》	2017 年起，进一步加强医保基金预算管理，全面推行以按病种付费为主的多元复合式医保支付方式。到 2020 年，医保支付方式改革覆盖所有医疗机构及医疗服务，按项目付费占比明显下降
12	2005	《公费医疗管理办法》	公费医疗管理机构的职责包括负责本级公费医疗经费预算的编制和经费的管理使用，并向主管部门编报公费医疗经费决算

续表

序号	发布年份	文件名称	法规内容
13	1996	《国务院办公厅转发国家体改委等四部委关于职工医疗保障制度改革扩大试点意见的通知》	为了推进职工医疗保障制度改革，建立新型的职工医疗保险制度，国务院在江苏省镇江市和江西省九江市进行职工医疗保障制度改革试点的基础上，决定 1996 年在全国范围内再挑选一部分具备条件的城市扩大试点
14	2020	《国务院办公厅关于推进医疗保障基金监管制度体系改革的指导意见》	以习近平新时代中国特色社会主义思想为指导，全面贯彻党的十九大和十九届二中、三中、四中全会精神，加快推进医保基金监管制度体系改革；明确监管责任；推进监管制度体系改革；完善保障措施；地方各级人民政府要充分认识推进医保基金监管制度体系改革的重要性，加强领导、统一部署、协调推进

3. 部门发文等相关文件

部门发文等相关文件聚焦于医疗保障具体业务和管理环节。从 1999 年对城镇职工基本医疗保险诊疗项目等的规范管理，到 2018 年加强对医保协议管理、明确各方监督职责，再到 2019 年关于医保支付方式改革的推进以及对中医药服务支付的专门安排等，各部门通过出台规章，在医保基金监管、支付方式创新、医疗服务规范等方面持续发力，强化了对医保定点机构、基金使用等的精细化管控，提高了医保基金使用的效率和公正性，促使医疗保障服务更加规范有序，保障了医保制度的有效执行，如表 3 所示。

表 3　　初始化监管阶段的部门相关文件

序号	发布年份	文件名称	重点内容
1	1999	《关于印发城镇职工基本医疗保险诊疗项目管理、医疗服务设施范围和支付标准意见的通知》（劳社部发〔1999〕22 号）	基本医疗保险诊疗项目是指符合以下条件的各种医疗技术劳务项目和采用医疗仪器、设备与医用材料进行的诊断、治疗项目：（一）临床诊疗必需、安全有效、费用适宜的诊疗项目；（二）由物价部门制定了收费标准的诊疗项目；（三）由定点医疗机构为参保人员提供的定点医疗服务范围内的诊疗项目 基本医疗保险诊疗项目通过制定基本医疗保险诊疗项目范围和目录进行管理。基本医疗保险不予支付费用的诊疗项目，主要是一些非临床诊疗必需、效果不确定的诊疗项目以及属于特需医疗服务的诊疗项目。基本医疗保险支付部分费用的诊疗项目，主要是一些临床诊疗必需、效果确定但容易滥用或费用昂贵的诊疗项目

续表

序号	发布年份	文件名称	重点内容
2	2014	《关于进一步加强基本医疗保险医疗服务监管的意见》（人社部发〔2014〕54 号）	明确医疗保险基金监管职责，充分发挥各方面的监督作用。进一步加强经办审核稽核工作，严格医疗保险基金行政监督，探索社会监督的有效途径，促进医疗机构规范提供医疗服务。对分类处理监管发现的问题，要妥善解决争议。及时纠正不合理行为，依规处置违约问题，坚决查处违规违法案件，规范移交处理办法，明确争议处理程序
3	2015	《关于加强社会保险欺诈案件查处和移送工作的通知》（人社部发〔2015〕14 号）	对于欺诈骗取的社会保险基金应当依法追缴或追回。各级社会保险行政部门和公安机关要建立社会保险欺诈案件查处移送工作联系机制，加强沟通协调，联动配合，确保工作衔接顺畅，案件查处及时有力
4	2016	《关于加强基本医疗保险基金预算管理发挥医疗保险基金控费作用的意见》（财社〔2016〕242 号）	加强基本医疗保险基金收支预算管理；严格基本医疗保险基金预算执行（实施过程全程监控；做好相关信息披露等等）；实施基本医疗保险支付方式改革；加强考核通报和组织实施
5	2016	《国务院办公厅关于进一步深化基本医疗保险支付方式改革的指导意见》《关于加强基本医疗保险基金预算管理发挥医疗保险基金控费作用的意见》（财社〔2016〕242 号）	各统筹地区要严格按照“以收定支、收支平衡、略有结余”的原则编制收支预算；实施基本医疗保险支付方式改革，统筹地区要结合本地实际，全面实施以总额预算为基础，门诊按人头付费，住院按病种、按疾病诊断相关分组（DRGs）、按床日付费等多种方式相结合，适应不同人群、不同疾病及医疗服务特点的复合支付方式，逐步减少按项目付费，将支付方式改革覆盖所有医疗机构和医疗服务。建立健全“结余留用、合理超支分担”的激励约束机制，激励医疗机构提高服务效率和质量；加强对基本医疗保险经办机构的绩效考核

续表

序号	发布年份	文件名称	重点内容
6	2018	《关于当前加强医保协议管理确保基金安全有关工作的通知》	各级医保基金监管部门要加强行政监督，规范医保经办行为，督促经办机构建立内控机制，依法依规严厉查处各种违法违规行为。要加强监督检查，通过组织开展联审互查、“双随机一公开”抽查等方式，督促统筹地区经办机构加强和规范协议管理。要畅通举报投诉渠道，鼓励社会监督，促进社会各方举报欺诈骗取医疗保障基金行为 各统筹地区医保经办机构要参照《人力资源社会保障部办公厅关于印发基本医疗保险定点医药机构协议管理经办规程的通知》《关于印发基本医疗保险定点医疗机构医疗服务协议范本（2016版）的通知》等文件，进一步完善和细化协议内容，重点对限期整改、暂停结算、暂停协议、解除协议等处理措施，明确对应的违约行为
7	2019	《关于第3141号（医疗体育类340号）提案答复的函》	国家医保局按照55号文件“探索符合中医药服务特点的支付方式，鼓励提供和使用适宜的中医药服务”的要求，注重加强与国家中医药局等部门的沟通配合，在按病种付费、DRG试点等方面密切协作，针对中医药服务的特点作出了专门安排，有力地支持了中医药事业发展。下一步国家医保局等部门将认真落实即将印发的传承发展中医药事业文件要求，在医疗保障事业发展中进一步发挥中医药特色优势，为广大参保人员提供更好的医疗保障服务
8	2019	《关于第2346号（医疗体育类233号）提案答复的函》	国家医保局高度重视医保支付方式改革工作，通过赴地方调研、召开专题研讨会、专项调查等形式，指导地方积极推进医保支付方式改革，重点推进按病种、按疾病诊断相关分组（DRG）等支付方式，同步强化医保基金总额预算管理，适当提高总额预算向基层医疗卫生机构倾斜比例，逐步建立以按病种付费为主，按床日、按人头、按服务单元付费等协同发展的多元复合型支付方式。建立医保基金全国调剂机制

续表

序号	发布年份	文件名称	重点内容
9	2019	《关于第 0812 号（财税金融类 066 号）提案答复的函》	国家医保局会同财政部、国家卫生健康委、国家中医药局在 30 个省份（含新疆生产建设兵团）各选择了 1 个试点城市开展 DRG 付费国家试点。同时成立 DRG 付费国家试点工作组，研究起草了《DRG 付费国家试点工作方案》。积极组织相关专家在研究分析相关地区开展按病种分值付费工作的基础上，探索基于大数据的方法，推动原来的按病种分值付费方式进一步往前发展。制定了基于大数据的病种分值付费方案，按照病种规则统一、对住院医疗服务全覆盖等标准，各地根据实际情况确定点值和监控指标，以城市或城市联盟为单位实施；总结地方按病种付费的情况
10	2021	《关于建立医疗保障待遇清单制度的意见》	建立健全适应清单制度运行需要的中央对省级和省级对统筹地区的追责问责机制、奖励惩处办法等，对执行不坚决、不彻底、不到位的，督促纠正，追责问责
11	2020	《医疗机构医疗保障定点管理暂行办法》	定点医疗机构应当严格执行医保总额预算指标，执行按项目、按病种、按疾病系统有效对接，为参保人提供直接联网结算
12	2020	《基本医疗保险用药管理暂行办法》	将《药品目录》和相关政策落实责任纳入定点医药机构协议内容，强化用药合理性和费用审核，定期开展监督检查。将医保药品备药率、非医保药品使用率等与定点医疗机构的基金支付挂钩。加强定点医药机构落实医保用药管理政策，履行药品配备、使用、支付、管理等方面职责的监督检查 建立目录内药品企业监督机制，引导企业遵守相关规定。将企业在药品推广使用、协议遵守、信息报送等方面的行为与《药品目录》管理挂钩 基本医疗保险用药管理工作主动接受纪检监察部门和社会各界监督。加强专家管理，完善专家产生、利益回避、责任追究等机制。加强内控制度建设，完善投诉举报处理、利益回避、保密等内部管理制度，落实合法性和公平竞争审查制度 对于调入或调出《药品目录》的药品，专家应当提交评审结论和报告。逐步建立评审报告公开机制，接受社会监督

4. 地方性规范性文件

地方性规范性文件结合各地实际情况，是对国家法律法规和政策的补充与细化。各地针对医保定点医疗机构违规行为的监管、付费方式改革试点、医保医师管理等方面出台了有关规定，如江苏省加强对不同级别和类型定点医药机构的重点监督、上海市对欺诈骗保行为设立举报奖励机制等，如表 4 所示。这些文件体现了地方根据自身医疗保障工作中的问题和需求，因地制宜制定监管措施，增强了医保基金监管的针对性和实效性，有力地维护了当地医保基金的安全和参保人员的权益，推动了地方医疗保障事业的健康发展。

表 4　　初始化监管阶段的地方性规范性文件

序号	发布年份	法规名称	主要内容
1	2011	《关于保证参保人员医保用药等有关问题的通知》	近期，一些医疗机构限制慢性病人用药、不配备病人治疗必需药品的现象时有发生，损害了参保人员的合法权益，参保人员反映强烈。为贯彻落实深化医药卫生体制改革有关要求，保证参保人员用药需求，切实缓解群众看病就医中反映的突出问题，本文件就有关事项进行了通知
2	2011	《关于严禁医保定点医疗机构“假出院”等违规行为的通知》	严禁各定点医疗机构采用“假出院”等方式分解住院或简单机械地限制病人住院天数，如要求不符合出院标准的病人自费住院一段时间后重新办理医保入院、让未符合出院标准的病人在不同医院之间往返转院、让未达到出院标准的病人办理出院手续等 医保、卫生行政管理部门将建立联合执法机制，将医院“假出院”或机械限制住院天数等违规行为列为重点检查内容，加大处罚力度
3	2013	《徐州市开展城镇基本医疗保险部分重大疾病按病种收付费试点工作方案》	在定点救治医疗机构严格执行临床路径管理，保证医疗质量的基础上，按照“结余归己，超支不补”的原则，鼓励定点救治医疗机构积极参与付费方式改革工作，切实减轻参保人员的个人负担；7 个重大疾病病种实际费用额，按月拨付，预留应拨付额的 5% 作为考核保证金

续表

序号	发布年份	法规名称	主要内容
4	2014	《宿州市城镇职工基本医疗保险定点零售药店审定办法》	定点零售药店违反基本医疗保险规定，市劳动保障行政部门根据情节轻重责令其限期改正、暂停定点服务或取消定点资格
5	2015	《上海市基本医疗保险门急诊就诊和医疗费用异常的审核管理办法》	为了加强本市基本医疗保险门急诊就诊和医疗费用的监督管理，维护广大参保人员合法权益，保障基本医疗保险基金合理使用，对《上海市城镇职工基本医疗保险门诊费用和就诊次数异常的审核管理试行办法》进行了修订。内容主要包括异常信息来源、就诊和医疗费用异常的情形、审核管理、审核期间可采取的措施、行政处罚及移送等
6	2019	江苏省医保局《关于进一步加强定点医药机构协议管理工作的通知》	明确监督重点。根据不同定点医药机构特点，聚焦重点，关注多发、高发违规行为。针对二级及以上公立医疗机构，重点监督分解收费、超标准收费、重复收费、套用项目收费、不合理诊疗等行为；针对基层医疗机构，重点监督挂床住院、串换药品、耗材和诊疗项目等行为；针对社会办医疗机构，重点监督诱导参保人员住院，虚构医疗服务、伪造医疗文书票据、挂床住院、盗刷社保卡等行为。针对零售药店，重点监督聚敛盗刷社保卡、诱导参保人员购买化妆品、生活用品等行为
7	2019	《上海市欺诈骗取医疗保障基金行为举报奖励实施细则（试行）》	适用范围：医疗机构保障基金是指本市医疗保障部门管理的职工基本医疗机构保险、城乡居民基本医疗保险、生育保险等专项基金，以及医疗救助等资金；并规定了欺诈骗取医疗保障基金的行为类型
8	2019	《宿州市基本医疗保险定点医疗机构服务协议》	按照省（市）医保联动监管工作要求，其他统筹地区委托甲方对乙方实行监督检查或稽核调查的，乙方应予以配合。其他统筹地区对乙方（含科室、医务人员）作出暂停结算、暂停协议、解除协议、不购买乙方科室和医务人员医疗服务的处理时，甲方可同步执行

续表

序号	发布年份	法规名称	主要内容
9	2019	《安徽省医疗保障协议医师管理实施细则（试行）》	经办机构要充分发挥社会监督作用，通过设立意见箱、公布监督投诉电话、开展网络调查、发放调查问卷等监督措施，及时掌握医保医师为参保人员服务的情况。定点医疗机构应当向社会公开监督方式，接受医疗保险参保人员和社会各界的监督
10	2020	《上海市基本医疗保险监督管理办法》	将本市对生育保险制度和以基本医疗保险基金为筹资渠道的长期护理保险制度的监督管理活动纳入适用范围 优化了医保监督管理实时监测的闭环程序，对被采取临时改变医保结算方式措施的参保人员，规定了其配合审核的义务。对经审核发现其有违反基本医疗保险规定行为的，增加了与行政处罚相衔接的规定 完善了定点医疗机构、定点零售药店违反基本医疗保险法律责任的条款，并将定点医药机构行政处罚的最高罚款金额由10万元提高到30万元
11	2020	《上海市基本医疗保障基金监督管理行政处罚裁量基准》	内容包括：定点医疗机构、定点药店违反《上海市基本医疗保险监督管理办法》第十六条、第十七条，违法性质比较恶劣，且虚构医药服务事实、骗取社会保险基金支出超过50万元的，除行政罚款外并取消其基本医疗保险定点资格
12	2020	《成德眉资医疗保障定点医疗机构服务协议》	成都、德阳、眉山、资阳四市共同签署了医疗保障经办服务同城化合作协议，为成德眉资医疗保障经办服务同城化开启新篇章。本次合作主要涉及6个方面，通过合作，成德眉资参保群众将享受到同质、高效、便捷的医疗保障服务
13	2020	《淮安市定点医疗机构医保医师管理办法（试行）》	在惩戒与奖励方面，规定了累计记分处理，医保经办（稽核）机构应建立医保医师医疗服务奖励机制，对严格履行职责、执行医保政策到位、医疗服务周到、群众满意度高、未扣分的诚信医保医师给予表彰奖励

续表

序号	发布年份	法规名称	主要内容
14	2020	《2020 年度淮安市基本医疗保险定点医疗机构住院费用结算改进办法》	在基金监督管理方面，完善诚信对照机制；建立联审互查制度；严厉打击欺诈骗保；严防恶意控费
15	2020	《宿州市医疗保险县域医共体基金考核办法（试行）》	该办法规定了医共体结算、医共体内调节资金管理、市级调剂基金使用等内容

（三）初始化监管的主要特点

1. 技术与人工相结合的高效监管

随着信息技术在监管领域的广泛应用，监管模式经历了深刻变革，成功实现由传统人工现场核查向“技术 + 人工”协同监管模式的重大转变。在这一新型模式下，大数据分析、人工智能等前沿技术手段被深度嵌入监管流程。借助这些技术，监管机构能够对海量数据进行快速、精准的处理和分析，从而敏锐地捕捉潜在风险与异常情况，极大地提升了监管工作的质量和效率。与此同时，人工核查环节也得到了优化和补充，专业人员凭借其专业知识和实践经验，对技术分析结果进行复核和解读，确保监管结论的准确性和可靠性，实现技术与人工在决策环节的互补协同，推动整个医保基金监管流程向高效化、智能化、专业化方向迈进。

2. 引入第三方专业力量

为满足医保基金监管日益复杂和专业化的要求，监管流程积极拓展参与主体，广泛引入信息技术服务机构、会计师事务所、商业保险机构等第三方专业力量，构建多元协同的监管机制。这些第三方机构凭借其在特定领域的专业知识、技能和丰富经验，为监管工作提供了强有力的支持。

信息技术服务机构能够协助监管机构搭建先进的监管信息平台，运用大数据、人工智能、机器学习等技术手段，实现对医保基金数据的实时监测、深度分析和风险预警；会计师事务所凭借其财务审计专业优势，对医保基金的收支、管理和使用情况进行全面审查，确保基金财务数据的真实性、完整性和合规性；商业保险机构则可凭借其在风险管理和精算方面的专业优势，参与医保基金的风险评估、费率制定等工作。

3. 构建长效机制与保持高压态势

为确保医保基金监管工作的持续性和稳定性，我国制定并实施了一系列法规制度，如《医疗保障基金使用监督管理条例》等。这些法规制度明确了医保基金监管的法律依据、监管主体、监管对象、监管措施以及法律责任等，为构建医保基金使用的长效监管机制提供了坚实的法律保障。

在监管实践层面，医保监管部门采取飞行检查、专项整治与日常监管相结合的多元化监管方式，持续保持对医保基金使用的高压监管态势。飞行检查因其突击性和随机性，使检查对象难以提前准备，从而能够真实反映医保基金的使用情况；专项整治行动则针对医保基金使用中的突出问题和重点领域进行集中治理，形成强大的威慑力；日常监管则通过定期检查、不定期抽查等方式，对医保基金使用进行常态化监督，确保医保基金的安全、合理、有效使用。

（四）初始化监管的成效及问题

1. 治理成效

在项目付费模式下，患者能够依据个人需求自由选择医疗服务项目，展现出较高的灵活性；医疗服务提供者则能够根据患者的具体情况提供相应服务，不受固定支付标准的约束。由于各项服务费用清晰明确，且计费过程简洁直观，医保付费流程得以高效执行。此外，项目付费模式下医生能够获得更大的激励，但同时也增加了对基金使用的监管难度。

2020 年，我国医保基金监管步入法治化、专业化、规范化、常态化的全新阶段。自 DRG 监管制度实施以来，至 2020 年已取得显著成效。我国制定了多项法规文件，如《中共中央 国务院关于深化医疗保障制度改革的意见》和《国务院办公厅关于推进医疗保障基金监管制度体系改革的指导意见》，为医保基金监管提供了坚实的法律基础。同时，部分省市也出台了地方性的管理办法，如《安徽省医疗保障监管查处基金追回流程管理暂行办法》等，对基金追回流程进行了规范化管理。

在医保监管实践中，DRG 制度打破了项目付费时代医保与医院之间信息不对称、不透明的障碍，通过沉淀的 DRG 大数据实时反映医生的真实诊疗行为，将监管范围扩展至医生行为层面，对医生的医疗服务行为进行精确描绘，从而为医保监管提供了关键的智能工具①。随着《国家医疗保障局办公室关于印发疾病诊断相关分组（DRG）付费国家试点技术规范和分组方案的通知》及《国家医疗保障局办公室关于印发医疗保障疾病诊断相关分组（CHS-DRG）细分组方案（1.0 版）的通知》的发布，我国医疗保险按疾病诊断相关分组（DRG）付费改革在技术与定价方面已初步实现了标准化。改革将经历均值定价、开包验证和价值付费三个政策发展阶段。目前，国家在技术与定价方面已初步实现了标准化，各实践城市在遵循国家标准化推进改革的过程中，应将重点从 DRG 技术端转向本地化、可操作的付费政策端，明确三个阶段的建设目标，分阶段、有序地完成 DRG 付费政策设计与制度完善工作②。

2. 存在问题

在传统的按项目付费模式下，医疗服务提供者每提供一项服务就得到相应的支付，因此，这种模式容易导致过度服务和资源浪费，同时也难以控制医疗成本。由于报酬与服务数量直接挂钩，医疗机构和医生倾向于通过增加检查、治疗和处方项目来提升收入，进而诱发不必要的医疗行为，加大医保基金的支出压力。此外，在监管过程中，逐项审核每一笔医疗服务费用的合理性与必要性，使监管负担加重、复杂性提升。与此同时，医生为追求收益，可能推荐超出医疗实际需要的服务项目，忽视服务质量，缺乏成本意识，背离了医保制度控费提质的初衷。

在 DRG/DIP 付费模式的执行过程中也存在一些潜在的问题。其中，DIP 付费模式将医疗服务项目组合成不同的“诊断干预包”，根据患者的实际病情和治疗过程进行付费，这种方式更注重治疗的实际效果，但也依

① 廖藏宜. DRG 时代的医保监管理念及监管体系建设［J］. 中国人力资源社会保障，2020（11）：59.

② 廖藏宜. DRG 付费改革的医保政策趋势及阶段目标［J］. 中国人力资源社会保障，2020（07）：55.

赖于大量的医疗数据进行分析，如果数据质量不高或数据收集不全面，可能会影响支付标准的制定。此外，对于 DIP、DRG 这类新型付费模式，如何确保在不同地区、不同级别的医院之间实施公平的支付标准也是一个需要解决的问题。

总体来说，初始监管时期的问题具体可能体现为：其一，提供过度服务，增加患者不必要的检查或治疗；其二，部分医疗机构虚报服务项目或夸大服务的数量、高编高套，以增加收入；其三，患者在信息不对称的情况下，难以充分理解医疗服务内容和价格构成，容易在不知情的情况下接受非必要服务；其四，制度激励机制在此阶段仍偏向服务数量，弱化了对服务质量的关注，导致资源配置不均、服务水平参差不齐。对于这些问题，医保基金监管未来的发展任重道远。

二、常态化监管时期（2020—2023 年 5 月）

（一）常态化监管时期的实施背景

1. 政策背景与顶层设计

本阶段医保支付制度改革的核心目标之一，在于加速构建高效且实用的医疗保险支付体系。自 2020 年起，国家医保局着手强化医疗保险基金的管理，陆续出台了一系列制度措施，旨在推进医疗保障基金使用的规范化与制度化。2021 年 11 月，国家医保局印发《DRG/DIP 支付方式改革三年行动计划》，详细规划了改革的分阶段实施步骤。2023 年 5 月，国务院办公厅公开发布《关于加强医疗保障基金使用常态化监管的实施意见》，并明确了加强医疗保障基金使用常态化监管的具体要求。

与前期采用的按项目付费和 DRG 付费模式相比，DIP 支付模式本质上是对单病种点数付费的进一步细化，将既定的医疗费用数据转换为各细分病种的分值，其操作简便性优于 DRG。对于尚未成熟实施 DRG 的统筹地区而言，优先选择 DIP 付费模式，有助于巩固改革基础，并为向 DRG 付费模式转变做好前期准备。此外，国家短期内推行 DIP 付费模式的另一关键原因在于，DIP 采用点数法，相较于费率法，更有利于控制医疗保险基金的超支风险[①]。在学术界，针对 DRG/DIP 付费异化行为的监管政策建议，首要任务是转变医疗保险基金监管和医疗机构运营管理模式的理念；其次，构建系统化、流程闭环的 DRG/DIP 支付监管体系；最后，还需全方位完善监管配套制度措施[②]，提升监管操作的实际可行性。

2. 政策实施与推进

在 2021 年国务院办公厅印发的《“十四五”全民医疗保障规划》中，国家首次提出了“积极探索将 DRG 付费纳入智能监控体系”的构想。随后，《DRG/DIP 支付方式改革三年行动计划》进一步明确要求“强化医保基金使用效率与效果的评价考核，围绕 DRG/DIP 付费的全流程管理链条，构建一个高效且实用的监测体系”。2022 年 3 月，国家医保局印发的《医疗保障基金智能审核和监控知识库、规则库管理办法（试行）》提出了“加强医疗保障基金智能审核和监控知识库、规则库的管理，以提升监管效能”的新要求。同年 5 月，全国医保信息平台的建成标志着 DRG/DIP 支付方式模块正式成为平台子系统的一部分[③]。

在常态化监管流程中，国家医保局着重强调了持续加强各参与方监管责任的重要性，以保障医疗保险基金的安全与高效运用。过往研究和实务经验揭示，数据质量控制环节的异常行为主要表现为病历资料质量低下、医疗保险结算清单的异常填写以及分组数据的不真实性；医疗行为环节的异常行为则包括选择性收治病人、治疗不足以及过度医疗等现象；医院管理环节的异常行为主要涉及编码的不恰当使用，如编码过高或过低等。地方政府正积极响应国家号召，将医疗保险基金监管工作纳入日常管理范畴，并通过多样化的方式实施具体的监管措施。一方面，通过综合运用飞行检查、专项治理等方法，对医疗保险基金的使用情况进行全面和深入的审查；另一方面，强调以零容忍的态度严厉打击各种欺诈和骗取医疗保险基金的行为，确保医疗保险基金使用的合法性与合规性。在当前阶段，基金监管工作更注重加强和完善智能化监管平台建设，提升监管工作的科技

① 廖藏宜，闫俊．我国医保支付方式的改革历程及发展趋势［J］．中国人力资源社会保障，2019（06）：13－15.

②③ 廖藏宜，张艺艺．DRG/DIP 付费下异化行为表现及监管建议［J］．中国医疗保险，2023（02）：27－34.

水平，推动现场监管与非现场监管相结合的工作模式，实现对医疗保险基金使用的实时监控。

（二）常态化监管的相关文件

1. 行政法规相关文件

行政法规相关文件是医疗保障基金监管的重要依据，具有普遍适用性和权威性。2021 年发布的《医疗保障基金使用监督管理条例》明确了基金监管的基本原则和工作机制，强调政府、社会、行业和个人的共同责任，为后续监管工作提供了纲领性指导。同年，国家医保局印发的《规范医疗保障基金使用监督管理行政处罚裁量权办法》和国家医保局、国家中医药局联合发布的《关于医保支持中医药传承创新发展的指导意见》，分别从规范行政处罚裁量权和促进中医药发展两个角度，细化了监管措施，确保行政处罚的公正性和合理性，同时鼓励将中医优势病种纳入医保支付范围，体现了政策的倾斜和扶持。而 2022 年修订的《医疗机构管理条例》则从医疗机构评审制度入手，通过专家综合评价医疗机构的执业活动和医疗服务质量，进一步强化了对医疗机构的监管力度，为提升医疗服务整体水平提供了制度保障（见表 5）。

表 5　常态化监管的行政法规相关文件

序号	发布年份	法规名称	主要内容
1	2021	《医疗保障基金使用监督管理条例》	本条例适用于中华人民共和国境内基本医疗保险（含生育保险）基金、医疗救助基金等医疗保障基金使用及其监督管理。医疗保障基金使用监督管理实行政府监管、社会监督、行业自律和个人守信相结合。县级以上人民政府应当加强对医疗保障基金使用监督管理工作的领导，建立健全医疗保障基金使用监督管理机制和基金监督管理执法体制，加强医疗保障基金使用监督管理能力建设，为医疗保障基金使用监督管理工作提供保障

续表

序号	发布年份	法规名称	主要内容
2	2021	《规范医疗保障基金使用监督管理行政处罚裁量权办法》	省级医疗保障行政部门制定行政处罚裁量基准和行使行政处罚裁量权，适用本办法。行使行政处罚裁量权，应当以事实为依据，行政处罚的种类和幅度应当与违法行为的事实、性质、情节、社会危害程度相当，与违法行为发生地的经济社会发展水平相适应
3	2021	《关于医保支持中医药传承创新发展的指导意见》	提出优先将国家发布的中医优势病种纳入按病种付费范围；对已经实行 DRG 和 DIP 的地区，适当提高中医医疗机构、中医病种的系数和分值；对康复医疗、安宁疗护等需长期住院治疗的中医优势病种，可按床日付费；探索对治疗周期长、风险可控、需持续治疗的中医病种开展日间中医医疗服务，实施按病种付费
4	2022	《医疗机构管理条例》	国家实行医疗机构评审制度，由专家组成的评审委员会按照医疗机构评审办法和评审标准，对医疗机构的执业活动、医疗服务质量等进行综合评价。医疗机构评审办法和评审标准由国务院卫生行政部门制定 县级以上地方人民政府卫生行政部门负责组织本行政区域医疗机构评审委员会。医疗机构评审委员会由医院管理、医学教育、医疗、医技、护理和财务等有关专家组成。评审委员会成员由县级以上地方人民政府卫生行政部门聘任

2. 部门相关文件

部门相关文件着重于医疗保障领域的具体操作和管理流程。2021 年国家医保局等八部门联合印发的《深化医疗服务价格改革试点方案》提出通过加强价格和成本监测等措施优化医疗服务价格管理，加快建立科学确定、动态调整的医疗服务价格形成机制。同年国家医保局办公室印发的《按疾病诊断相关分组（DRG）付费医疗保障经办管理规程（试行）》建立了 DRG 付费的稽核机制，强调对申报数据不实等问题的监管和处理，为 DRG 付费模式的规范运行提供了操作指南。2020 年 12 月国家医保局发布的《医疗机构医疗保障定点管理暂行办法》明确了医保行政部门、经办机构与定点医疗机构、药店之间的权责关系，完善了定点管理流程，有助于提升管理效率和服务质量。2022 年 1 月国家医保局发布的《医疗保障基金使用监督管理举报处理暂行办法》强调了畅通举报渠道和保护实名举报人信息的重要性，并要求对重大典型案例进行公布，以起到警示作用。而 2020 年 10 月国家医保局办公室印发的《区域点数法总额预算和按病种分值付费试点工作方案》则强调借助大数据技术加强医疗服务监管，防范高套编码等违规行为，确保医保基金的合理使用（见表 6）。

表 6　　常态化监管的部门相关文件

序号	出台年份	文件名称	重点内容
1	2021	《深化医疗服务价格改革试点方案》	加强公立医疗机构价格和成本监测；做好医疗服务价格改革评估；实行公立医疗机构价格责任考核制度；优化医疗服务价格管理权限配置；完善制定和调整医疗服务价格的规则程序；加强医疗服务价格管理能力建设
2	2021	《按疾病诊断相关分组（DRG）付费医疗保障经办管理规程（试行）》	建立 DRG 付费相关的稽核机制，加强事后管理力度。运用持续全面质量管理的理念，设计并执行监控体系，有效实施稽核程序，循迹追踪实现对 DRG 付费的全流程把控。重点稽核申报数据不实、高靠分组、推诿患者、分解住院、服务不足等情况，对因此造成的不合理费用进行追回等处理。稽核工作可委托符合条件的第三方机构开展
3	2020	《医疗机构医疗保障定点管理暂行办法》	明确医保行政部门、医保经办机构和定点医疗机构、定点零售药店之间的权责关系。医保经办机构和医疗机构、零售药店是协议的主体，医保行政部门对定点申请、专业评估、协议订立、协议履行和解除等流程进行监督
4	2022	《医疗保障基金使用监督管理举报处理暂行办法》	各级医疗保障行政部门应当畅通举报渠道，加强举报渠道专业化、一体化建设。举报人应当提供涉嫌违反医疗保障基金使用监督管理法律、法规、规章的具体线索。举报人采取非书面方式进行举报的，医疗保障行政部门工作人员应当记录。暂行办法鼓励举报人实名举报，医疗保障行政部门按本办法要求，履行相关告知程序，对实名举报人的信息予以严格保密。举报人实名举报的，有处理权限的医疗保障行政部门应当自作出是否立案决定之日起 5 个工作日内告知举报人 医疗保障行政部门对经查实且具有重大社会影响的典型案例，应当向社会公布

续表

序号	出台年份	文件名称	重点内容
5	2020	《区域点数法总额预算和按病种分值付费试点工作方案》	针对病种分值付费医疗服务的特点，充分发挥大数据的作用，制定有关监管指标，实行基于大数据的监管。加强基于病种的量化评估，促进地区医疗服务透明化，避免高套编码、冲点数等行为。加强重点病种监测，确保医疗质量

3. 地方性规范性文件

各地方根据自己实际情况，对国家政策进行了细化和补充，具有较强的针对性和可操作性。如天津市医保局印发了《关于调整〈2022年度糖尿病门诊特殊病按项目付费药品目录〉的通知》，日照市发布了《支持国家中医药综合改革示范区建设医保政策专项行动方案》，安徽省医保局办公室印发了《关于规范定点零售药店医疗保障服务协议管理的通知》，眉山市等地分别从医保费用结算、行政处罚裁量基准、特殊病药品保障范围、定点医疗机构补充协议、紧密型县域医共体监测督导与绩效评价、异地就医费用控制、按疾病诊断相关分组付费等方面进行了探索和实践。这些文件体现了各地在医保基金管理、支付方式改革、基金安全维护等方面的创新举措和监管力度不断加强的趋势。如徐州市对医保费用不合理增长设置了处罚措施，上海市细化了行政处罚裁量基准，天津市明确了糖尿病特殊病药品保障范围，眉山市规定了公立医疗机构外送检验费用的收取标准等。这些规定不仅规范了当地医疗保障服务，也提高了医保基金使用的透明度和公正性，为参保人员提供了更可靠的医疗保障服务（见表7）。

表7　　常态化监管的地方性规范性文件

序号	发布年份	法规名称	主要内容
1	2020	《徐州市基本医疗保险医疗费用结算办法》	设置不合理费用增长处罚措施，根据医疗机构实际发生住院医疗总费用较上年度增长情况，按照5%以内、5%～10%、超过10%的类型，设置本年度下达的总控指标的扣减比例

续表

序号	发布年份	法规名称	主要内容
2	2020	《上海市基本医疗保险行政处罚裁量基准适用规定》	罚款按照一定幅度确定的，参考情节并结合造成基本医疗保险基金结算的金额，在《监管办法》规定的最高额与最低额之间划分若干个幅度确定。从轻处罚的，指在规定的最低额以上低于确定的幅度处罚；减轻处罚的，指在规定的最低额以下处罚；从重处罚的，指在规定的最高额以下高于确定的幅度处罚
3	2021	《天津市医保局关于印发糖尿病门诊特殊病按项目付费药品保障范围的通知》	《国家基本医疗保险、工伤保险和生育保险药品目录》《国家基本药物目录》所列药品，说明书所列适应症明确用于糖尿病治疗，或列入糖尿病临床路径或权威临床指南的，纳入保障范围。中药饮片按现行政策执行
4	2021	《眉山市医疗保障定点医疗机构补充协议》	公立医疗机构按照《眉山市医疗服务项目价格表》规定的医学检验服务项目收费标准的90%收取患者外送检验费用，并按医保政策纳入报销范围。实行市场调节价的非公立医疗机构将可报销项目以不高于同类别、同级别公立医疗机构费用纳入医保报销范围 送检机构可选择1～2家符合条件的承检机构签订外送检验服务协议，明确双方遵守医疗保障相关法律、法规和政策等责任义务。“服务协议”应明确送检项目名称，不得约定送检量、送检金额、利润分成等 承检机构应无条件接受医疗保障部门的监督稽核，确保提供的资料和传输的各类数据真实、准确、完整
5	2021	《宿州市紧密型县域医共体监测督导与绩效评价工作方案（试行）》	加快推动各类信息系统的互联互通和共享应用，充分利用信息化手段，确保监测评价信息的可及性、真实性和实效性，提高工作效率，逐步建立紧密型县域医共体综合定期评价以及相关指标信息报送制度
6	2021	《宿州市异地就医定点医疗机构住院费用控制办法（试行）》	各异地就医定点医疗机构要强化行业自律，规范内部管理。建立内部定期分析通报制度，按照不同科室分别制定合理的费用控制指标，并将责任层层分解，落实到科室和医生个人，切实做到合理检查、合理用药、合理治疗，规范收费

续表

序号	发布年份	法规名称	主要内容
7	2021	淮安市医保局关于印发淮安市《区域点数法总额预算和按病种分值付费国家试点工作实施方案》的通知	通过医保智能监控系统对定点医疗机构高套编码、冲点数等违规行为进行严格监管。重点是：研究并制定我市DIP违规行为监管规则，对智能监控系统进行完善；完善病种诊断知识库，提高经办人员对定点医疗机构病种诊断升级及高套编码的审核效率；加强低标入院、分解住院的事后审核向事中拦截和事前提醒延伸，从机制上抑制定点医疗机构冲点数的行为。组织临床专家指导医保经办人员审核病种诊断，形成典型案例并推广学习
8	2021	《日照市疾病诊断相关分组付费病案质量稽核工作方案（试行）》	充分发挥医保在三医联动中的引领作用，切实加强试点医院病案质量管理，不断提高DRG结算病例的入组率、入组准确性和医保基金使用效率，确保DRG付费试点工作科学、平稳、高效、有序推进，确保医保基金安全，全面深化我市医保治理体系、治理能力现代化进程
9	2021	《关于深化医疗保障制度改革实施方案》	加强基金预算绩效管理和风险预警。落实“以收定支、收支平衡、略有结余”要求，科学编制医疗保障基金收支预算，加强预算执行监督，实施预算绩效管理，建立医保基金绩效评价体系。深入开展定点医疗机构医药费用监测分析，2021年实现公立定点医疗机构监测分析全覆盖，2025年前力争扩大至全市所有定点医疗机构。加强医保费稽核管理，优化中长期精算，建立收支平衡和合理结余机制。建立医疗保障基金运行风险监测体系，加强形势分析和风险预警
10	2021	《营口市关于定点医药机构基金监管“全覆盖”检查工作实施方案》	监管方式包括日常监管、专项检查（含各部门联合检查）、双随机检查、第三方审核、重点回头看检查、网络数据分析监测等方式
11	2021	《南京市基本医疗保险按疾病诊断相关分组（DRG）点数法付费暂行办法》	医保经办机构建立DRG病案审核专家库，由医疗机构推荐临床、医保、医疗等方面专家组成，通过组织专家集体研究评审，完成病案审核、培训指导、监督管理等相关工作

续表

序号	发布年份	法规名称	主要内容
12	2021	《2021年上海市开展打击欺诈骗保专项整治行动工作方案》	各区医保、公安、卫生健康、民政部门要完善线索通报、案件移送、研判会商、联合执法等工作机制；建立健全信息共享机制，加强部门间数据筛查、比对和共享，通过大数据筛查、多方数据集合分析等方式，查找、锁定可疑线索；加强日常联络，及时通报日常工作信息和重要工作情况及大数据筛查比对发现的问题；充分发挥医保、卫生健康、民政等部门专业知识与公安机关侦查手段的联合优势，加强“行刑衔接”，反查补漏，加强制度建设；综合运用司法、行政、协议等手段，加强欺诈骗保案件查处沟通协作
13	2021	《淮安市区域点数法总额预算和按病种分值付费国家试点工作实施方案》	通过医保智能监控系统对定点医疗机构高套编码、冲点数等违规行为进行严格监管。重点是：研究并制定我市DIP违规行为监管规则，对智能监控系统进行完善；完善病种诊断知识库，提高经办人员对定点医疗机构病种诊断升级及高套编码的审核效率；加强低标入院、分解住院的事后审核向事中拦截和事前提醒延伸，从机制上抑制定点医疗机构冲点数的行为。组织临床专家指导医保经办人员审核病种诊断，形成典型案例并推广学习
14	2022	《淮安市关于推进医疗保障基金监管制度体系改革实施方案》	到2025年，基本建成适应淮安高质量发展的医保基金监管责任体系、制度体系和执法体系，形成以法治为保障，信用管理为基础，多形式检查、大数据监管为依托，党委领导、政府监管、社会监督、行业自律、个人守信相结合的全方位监管格局，实现医保基金监管法治化、专业化、规范化、智能化、常态化，并在实践中持续发展完善，同时明确监管责任，健全监管制度，完善保障措施
15	2022	《2022协议年度天津市医疗保障定点医药机构医疗服务协议书签订工作实施方案》	医保服务协议签订工作由市医保中心统一组织，双方就医保服务协议签订事宜进行协商谈判。根据医保服务协议履行情况和绩效考核情况等决定是否签订医保服务协议。所有签订协议机构名单向社会公开，接受社会监督

续表

序号	发布年份	法规名称	主要内容
16	2022	《眉山市基于 DRG 付费监管现场核查指导手册》	DRG 监管线上审核的资料来源于医疗机构上传的病案首页及结算清单，可能出现填报失误等导致的数据错漏问题，因此，在线上审核规则适用的基础上，配合现场稽核，落实医疗机构违规违法行为相关证据，形成 DRG 线上 + 线下监督管理的完整闭环。眉山市医疗保障局针对 DRG 监管系统反馈的疑似案件组织进行了现场校验，并在校验过程中总结整理了现场检查指导手册，路径化指导现场稽核检查人员有针对性地开展工作
17	2022	《河南省医疗保障基金使用监督管理行政处罚裁量基准适用办法》	本《办法》共 5 章，22 条。分为总则（5 条）、基本规则（10 条）、行政处罚裁量权的实施（3 条）、对行政处罚裁量权行使的监督（2 条）、附则（2 条）。附件 1 个，即《河南省医疗保障基金使用监督管理行政处罚裁量基准》
18	2022	《江苏省医疗保障定点医药机构及参保人员失信行为惩戒办法》	该办法规定了定点医药机构有哪些行为会被认定为失信行为，包括医疗保障基金使用不规范行为，造成医疗保障基金损失的，诱导、协助他人冒名或者虚假就医、购药，提供虚假证明材料，或者串通他人虚开费用单据等等
19	2022	《徐州市基本医疗保险住院费用 DRG－PPS 点数付费监管工作方案（试行）》	提出构建 DRG－PPS 监管机制，提出“点面结合、立体防控”的思路，采取医保智能审核与人工审核相结合的方式，明确监管的范围、内容、方式和违规处理办法，公布 34 条监管规则和 28 项监管指标
20	2022	《徐州市基本医疗保险住院费用 DRG 点数付费办法》	以 DRG 分组技术为支撑，对定点医疗机构的医疗费用水平和医疗服务质量进行评价，利用评价结果有针对性地加强对定点医疗机构的管理。推动定点医疗机构加快建立以成本控制和质量控制为中心的现代医疗机构管理制度，强化医疗行为、病案编码、服务质量等方面的监管，健全内部激励约束机制，提高医务人员积极性，保障 DRG－PPS 点数付费平稳运行

续表

序号	发布年份	法规名称	主要内容
21	2022	《徐州市政府办公室关于推进医疗保障基金监管制度体系改革的实施意见》	到 2025 年，基本建成适应高质量发展的医保基金监管制度体系和执法体系，形成以法治为保障，信用管理为基础，多形式检查、大数据监管为依托，党委领导、政府监管、社会监督、行业自律、个人守信相结合的全方位监管格局，实现医保基金监管法治化、专业化、规范化和常态化
22	2022	日照市医保局《关于做好 2022 年度医保定点单位协议履行评价工作的通知》	日照市在执行此规定时发现了部分住院定点医疗机构存在医疗费用、处方信息上传不及时，且信息传输不完整、不准确；事前事中医保监控系统接入、上传率不足；“三个目录”、医保费用结算清单等国家统一编码落地实施不及时；国家谈判药品配备不足；病案首页书写不规范；挂账未及时处理；门诊次均费用、住院次均费用增长过快；药品使用不合理，超范围检查、治疗等问题
23		《日照市疾病诊断相关分组付费病案质量稽核工作方案》	强化日常稽核，建立费用极高病例补偿机制，实行日常结算、年终清算双重补偿，有效防范不良行为
24	2022	《天津市医保局关于调整〈2022 年度糖尿病门诊特殊病按项目付费药品目录〉的通知》	《2022 年度糖尿病门诊特殊病按项目付费药品目录（修订版）》（以下简称《目录》）自 2022 年 6 月 1 日起执行。对《目录》中列为剔除的药品，设置 6 个月过渡期，即在 2022 年 6 月 1 日至 2022 年 11 月 30 日期间，基本医疗保险基金继续按照现行政策支付
25	2022	《日照市支持国家中医药综合改革示范区建设医保政策专项行动方案》	建立健全灵敏有度的价格动态调整机制；建立目标导向的中医医疗服务价格项目管理机制；规范中药饮片、中药配方颗粒采购和销售；加强组织领导，强化协调配合；营造良好氛围等
26	2022	《安徽省医疗保障局办公室关于规范定点零售药店医疗保障服务协议管理的通知》	各市医保部门要充分利用智能审核、实时监控、现场检查等方式审核定点零售药店药品费用，定期和不定期开展日常稽核、专项稽核和重点稽核

续表

序号	发布年份	法规名称	主要内容
27	2023	《眉山市违法违规使用医疗保障基金举报奖励实施细则》	规定自然人、法人或者其他组织（以下简称举报人）向医疗保障行政部门反映涉嫌违法违规使用医疗保障基金行为并提供相关线索，经查证属实应予奖励的，根据该细则实施奖励，该细则详细规定了相关奖励原则、奖励条件、奖励标准、奖励资金、奖励发放、奖励领取、奖励兑付、奖励收回等问题

（三）常态化监管的主要特点

1. 系统性和综合性

医疗保险基金的常态化监管是一项复杂而全面的系统性工程，其内涵不仅局限于医疗保险基金的财务收支管理，还涵盖了医疗服务品质的控制、药品及医疗耗材价格的监管等多个维度。这些维度的监管需求不仅要求跨部门合作，而且需要构建一个覆盖全面、信息互通、响应高效的监管网络，以确保医疗保险基金的合理使用及医疗服务达到高质量标准。

2. 连续性和长期性

与临时性的检查和专项整治活动不同，常态化监管意味着监管工作是持续进行的，不会因某一阶段的完成而停止。这种长期性的监管有助于及时发现和解决问题，防止违规行为的发生。在实施常态化监管的过程中，监管机构需要建立一套完善的监管机制，确保监管活动的连续性和有效性。这包括但不限于定期的检查程序、风险评估，以及对监管数据的持续分析。此外，监管机构应加强与监管对象之间的沟通与协作，以促进双方在合规性方面的共同进步。

为了进一步提升监管效能，监管机构可以利用现代信息技术，如大数据分析和人工智能，实现对潜在违规行为的预测和预警。通过这些技术手段，监管机构能够更加精准地识别风险点，从而采取更为有效的预防措施。

3. 数据和技术驱动

常态化监管的实施依赖于以数据为基础、以技术为工具的治理范式重塑。随着信息技术的不断进步，医保基金监管领域广泛引入了大数据、云计算、人工智能等先进技术，显著提升了监管工作的效率和精准性。通过运用这些先进的技术手段，监管机构能够对医保基金进行实时追踪，从而确保资金的合理使用。此外，数据分析手段的应用使监管者能够迅速发现医保基金使用中的异常活动，及时采取措施进行干预，有效防止医保资金的滥用和损失。

4. 法治化和社会参与

为了确保医保基金监管工作能够依照法律和规章制度进行，必须构建一个健全的法律体系，从而保障监管行为的合法性和合规性。从制度层面看，监管机构应当制定一系列清晰的标准和程序，以规范整个监管流程，确保每一步骤都有明确的指导和依据。除了依靠政府的监督，还应积极鼓励和促进社会大众的参与，通过提高监管的透明度，增强外部监督的力度。这种做法将有助于形成政府与社会监督相结合的高效机制，共同促进医保基金的合理使用和管理。医保基金的持续监管不仅是为了构建一个更加公平、公正、透明的医疗保障体系，而且是为了确保每一位参保者的权益能够得到充分保障，进而推动整个医保体系的健康稳定发展。

（四）常态化监管的成效及问题

1. 治理成效

在常态化监管阶段，各级政府积极促进医疗保障基金监管相关法律法规的建设。例如，重庆市政府发布《重庆市医疗保障基金监督管理办法》，市医保局、市公安局联合印发《关于做好欺诈骗取医疗保障基金案件移送工作的通知》，为打击欺诈骗保行为提供了坚实的制度基础。在该阶段，实施了“点线面结合”的综合监管策略，通过结合多种手段，如大数据分析、飞行检查、日常巡查等，构建了多层次、全方位的监管网络。此外，还采用了 DRG—点数法作为支付模式，这不仅体现了 DRG—费率法在科学分组方法和 DIP 有效管控基金方面的优势，还避免了分组过细、临床参与不足和医保基金超支的风险，有利于建立统一的综合点数法管理体系，推动地方医保的精细化治理模式创新。

随着《医疗保障基金使用监督管理条例》的颁布与执行，政策进一步明确了医保基金常态化监管的核心要求。根据中国政府网的政策解读，医保基金监管常态化的措施包括“三个结合”和“五个常态化”，其中飞行检查、专项整治和日常监管有机结合，推进常态化监管，旨在到 2025 年底构建规范化、科学化、常态化的智能审核和监控体系，确保医保基金的安全、高效、合理使用。多部门协同执法力度不断增强，截至 2023 年 4 月，累计检查定点医药机构 341.5 万家次，处理 162.9 万家次，追回医保资金 805 亿元①。

综合分析表明，我国政府在医疗保险基金监管领域实施了多项有效策略，这些措施不仅有效遏制了恶性欺诈行为，也为应对更为隐秘的基金流失问题提供了坚实的基础。尽管监管环境依旧面临严峻而复杂的挑战，但上述成果反映出医疗保险基金监管工作正逐步向积极方向推进。

2. 存在问题

在 2020—2023 年这一时期，医保基金的常规监管虽然取得了一些成效，但同时面临着多方面挑战。尽管监管机构采取了多种措施，如加强审计、提高违规成本、实施更严格的准入标准等，但仍有部分医疗机构和个人存在虚假诊疗记录、过度医疗、冒名就医等欺诈行为，导致医保基金不合理流失。同时，随着医保覆盖范围的扩大和参保人数的增加，医保基金规模也在持续增长，这给监管工作带来了巨大的挑战。监管资源和技术手段有时难以适应监管需求的变化，难以实现对医保基金使用的全面有效监管。部分地区因健康扶贫、疫情防控等公共卫生支出增加，医保基金面临较大的财务压力。一些地区医保基金结余不足，可持续性面临一定风险。

第三方支付机制使医保基金的监管变得更加复杂，特别是在医疗费用的合理性审查方面，由于医保基金是直接支付给医疗服务提供者的，因此很难监控到具体的医疗服务是否符合规定。医保基金监管涉及多个政府部门，受限于信息壁垒和协同机制，监管效率和效果仍待提升，法规体系的系统性和适配性也有待进一步完善。未来，医保基金改革进程还需要医保部门、卫生健康部门、医院专家和第三方专业机构等各施所长，专业赋能，形成合力，实现改革的系统集成和协同高效。此外，应持续推动监管技术革新，依托大数据分析和人工智能提高监管的精准度和效率，确保医保基金的安全运行及合理使用。

---

① 廖藏宜，闫俊．我国医保支付方式的改革历程及发展趋势［J］．中国人力资源社会保障，2019（06）：13－15.

三、制度化监管时期（2023 年至今）

（一）制度化监管时期的政策背景

自 2023 年起，我国医疗保险支付方式改革进入了一个全新时期，制度化监管成为改革的核心特征。这一时期的政策背景，不仅为医疗保险支付方式改革的持续推进提供了坚实的制度基础，而且为实现医疗保障体系的高质量发展和可持续发展奠定了重要基石，可以说该时期的政策背景具备多维度的深入分析价值。

1. 政策背景与顶层设计

（1）党中央、国务院的决策部署

党中央和国务院对医疗保险支付方式改革工作给予了高度关注。习近平总书记多次就深化医疗保险支付方式改革作出重要指示，强调必须构建一个高效且有效的医疗保险支付机制。2020 年《中共中央 国务院关于深化医疗保障制度改革的意见》明确指出，推进以按病种付费为核心的多元复合式医疗保险支付方式，并特别提倡推广 DRG 付费模式。2024 年 7 月，党的二十届三中全会再次对“深化医疗保险支付方式改革”作出重要部署，为深化医疗保险支付方式改革提供了坚实的政策基础。

（2）医保支付方式改革的必要性

在当前的医疗保障体系中，传统的支付模式主要以“按项目付费”为主导，这种模式虽然在一定程度上能够满足基本的医疗需求，但存在明显的弊端。具体来说，这种支付方式容易导致医疗机构出现过度医疗的行为，比如进行不必要的检查和治疗，从而造成医疗资源的浪费。随着医疗费用的持续攀升以及医保基金支付压力的不断加大，这种传统的支付模式已经无法满足公众对高质量医疗服务日益增长的需求。为了应对这一挑战，实施 DRG 和 DIP 等创新支付机制已经成为医疗保障支付方式改革的必然趋势。这些新的支付模式旨在通过更加科学合理的费用分配，激励医疗机构提供更加高效、合理的医疗服务，从而在保障患者利益的同时，减轻医保基金的支付压力。

2. 政策实施与推进

（1）试点与推广

自 2019 年起，国家医保局启动了以 DRG/DIP 为主的支付方式改革试点项目。经过两年的试点实施，至 2021 年，试点区域已全面进入实际付费阶段，构建了全国统一的 DRG 核心分组体系与 DIP 核心病种目录，并对相关技术规范及操作流程进行了完善。自 2022 年起，国家医保局以全面推广 DRG/DIP 付费模式为战略目标，启动了 2022—2024 年支付方式改革三年行动计划。截至 2023 年底，全国超过 90% 的统筹区域已经实施了 DRG/DIP 付费模式，其中 190 个统筹区域实施 DRG 付费，192 个统筹区域实施 DIP 付费，天津市与上海市两个直辖市同时采用了 DRG 和 DIP 付费模式，26 个省份已实现省域内所有统筹区域的全覆盖。

（2）监管政策的出台

为切实回应各地区医疗保险机构及医疗机构的关切，并解决现行分组方法在精确度和临床适用性方面的不足，国家医保局依托医保信息平台，对医疗机构提供的真实历史数据进行了深入的统计分析。经过多轮论证和反复修订，国家医保局办公室于 2024 年 7 月印发了《关于印发按病组和病种分值付费 2.0 版分组方案并深入推进相关工作的通知》以及配套的《按病组（DRG）付费分组方案 2.0 版》和《按病种分值（DIP）付费病种库 2.0 版》。这一系列文件的发布，标志着医疗保险支付方式改革迈入了一个新的制度化监管阶段。

3. 主要措施与成效

（1）精准分组与动态调整

在 2.0 版本的分组方案中，核心分组与细分组均经历了显著的调整。具体而言，DRG 分组的核心分组数量扩充至 409 组，细分组数量增至 634 组，特别针对临床意见集中涉及的 13 个学科进行了重点调整，并对资源消耗较大的分组进行了细化。在 DIP 分组方面，核心病种数量达到 9520 种，覆盖率达到 95% 以上，显著提升了出院病例的覆盖率。这些调整显著提高了分组的精确度，并使其更贴近临床实践。此外，为保障分组方案的动态更新与适应性，国家医保局构建了面向医疗机构及医务人员的意见征集机制和 DRG/DIP 分组规则的调整机制，以确保医保支付方式的科学性与合理性。

（2）规范执行与统一标准

为确保新版分组方案的顺利实施，国家医保局规定，原则上 2024 年新开展 DRG/DIP 付费的统筹地区应直接采用 2.0 版分组方案，而已开展 DRG/DIP 付费的地区需在 2024 年 12 月 31 日前完成向新分组方案的过渡准备工作。该规定显著提升了支付方式的规范性和统一性，为各地医保机构及医疗机构提供了明确的执行标准。此外，国家医保局亦重视培训工作的开展，重点针对医保机构参与支付方式改革的工作人员以及医疗机构分管领导、医保办公室工作人员，实施分级分类培训策略，旨在增进相关人员对 DRG/DIP 支付方式改革的理解，共同为改革的完善贡献力量。

（3）提升结算清算水平与减轻资金压力

为提高结算清算效率，缓解医疗机构资金负担，国家医保局规定次年 6 月底前必须全面完成前一年度基金清算，并严格实施月度结算工作。同时，提倡利用基金预付机制缓解医疗机构资金紧张状况，各地区应根据基金结余情况向定点医疗机构预拨约一个月的资金。此外，全面清查应付未付费用，并探索将异地就医费用纳入 DRG/DIP 管理体系。这些措施显著提升了医保基金的流转效率，改善了医疗机构的财务运行环境，减轻了医疗机构的资金负担。

（4）加强改革协同与公开透明

为进一步加强改革的协同效应，确保整个过程的公开和透明，国家医保局特别重视来自临床一线的专业意见和建议，并将其作为改革优化的重要依据。通过多渠道收集与反馈机制建设，确保一线专业人员在支付方式改革中的参与度，提升政策制定的专业性与实践适配性。通过这种方式，医保支付制度不仅更加贴合医疗服务实际，也在服务质量提升与资源合理配置方面发挥更大作用。上述机制的落地有助于减轻患者的经济负担，激励医疗服务提供者提高服务质量，实现医疗资源的优化配置和医疗服务的可持续发展。

（二）制度化监管的相关文件

1. 规划文件

规划文件在医疗保障体系中发挥着宏观指导作用，为医疗保障改革提供了明确的方向。2023 年 7 月，六部门联合印发的《深化医药卫生体制改革 2023 年下半年重点工作任务》强调以人民健康为中心，聚焦医疗资源优化配置、深化公立医院改革、推动多层次医疗保障衔接等关键领域，旨在构建更加优质、高效、均衡的医疗卫生服务体系，提升全民健康水平。而 2024 年的《深化医药卫生体制改革 2024 年重点工作任务》在此基础上进一步强化了医改组织领导，推广三明医改经验，完善医疗卫生服务体系，推动公立医院高质量发展，促进多层次医疗保障体系构建，深化药品领域改革，统筹推进数字化赋能医改等，为卫生健康事业的高质量发展注入新动力，切实增强人民群众的获得感、幸福感和安全感。如表 8 所示。

表 8　　制度化监管的规划文件

序号	发文年份	文件名称	主要内容
1	2023	《深化医药卫生体制改革 2023 年下半年重点工作任务》	以人民健康为中心，促进优质医疗资源扩容和区域均衡布局，深化公立医院改革，推动多层次医疗保障有序衔接，加强医药领域改革和创新发展，健全公共卫生体系建设，发展壮大医疗卫生队伍。旨在进一步优化医疗卫生服务体系，提高全民健康水平，为人民群众提供更加优质、高效、便捷的医疗卫生服务
2	2024	《深化医药卫生体制改革 2024 年重点工作任务》	加强医改组织领导，推广三明医改经验，完善医疗卫生服务体系，推动公立医院高质量发展，促进多层次医疗保障体系，深化药品领域改革创新，统筹推进数字化赋能医改等其他重点改革。旨在推动卫生健康事业高质量发展，提升人民群众的获得感、幸福感和安全感

2. 部门相关文件

部门相关文件着重于医保支付方式改革和基金监管的细化落实。2024 年 7 月发布的《国家医疗保障局办公室关于印发按病组和病种分值付费 2.0 版分组方案并深入推进相关工作的通知》标志着医保支付方式改革进入新阶段，通过更新 DRG 和 DIP 分组方案，提升结算效率，鼓励基金预付，全面清理应付未付费用等措施，确保支付方式改革的规范性和统一性。同年 5 月的《国家医疗保障局关于进一步推广三明医改经验 持续推动医保工作创新发展的通知》则强调推广三明医改经验，提升医保管理服务水平，促进“三医”协同与改革发展，涵盖药品耗材集中采购、支持基层医疗机构、提升医保支付管理水平等多个方面，全面推进医保服务提质增效。2023年9月发布的《国家医疗保障局关于进一步深入推进医疗保障基金智能审核和监控工作的通知》则聚焦医保基金监管的智能化升级，全面推进智能审核和监控工作，构建事前、事中、事后全环节监管机制，确保基金安全高效使用，为医保基金监管提供了有力的技术支撑。

表9　　制度化监管的部门相关文件

序号	发文年份	文件名称	主要内容
1	2024	《国家医疗保障局办公室关于印发按病组和病种分值付费2.0版分组方案并深入推进相关工作的通知》	为深化医保支付方式改革，国家医保局发布新版DRG（按病组）和DIP（按病种分值）付费分组方案。要求新开展地区直接使用2.0版分组，已开展地区在2024年底前完成切换。强调提升结算清算效率，鼓励基金预付以缓解医疗机构资金压力，并全面清理应付未付费用。同时，加强改革协同，注重临床意见收集，健全谈判协商机制，确保支付方式改革工作的规范性和统一性
2	2024	《国家医疗保障局关于进一步推广三明医改经验 持续推动医保工作创新发展的通知》	强调各级医疗保障部门需加大医保改革力度，推广三明医改经验，提升医保管理服务水平，促进“三医”协同与改革发展。措施包括加快药品耗材集中采购、支持基层医疗机构、提升医保支付管理水平、加强医疗服务价格管理和基金监管，全面推进医保服务提质增效。要求持续弘扬三明医改精神，因地制宜探索改革举措，以增强人民群众获得感、幸福感、安全感
3	2023	《关于进一步深入推进医疗保障基金智能审核和监控工作的通知》	国家医疗保障局全面推进医保基金智能审核和监控工作，旨在通过大数据实时动态监控，构建事前、事中、事后全环节监管机制，确保基金安全高效使用。到2023年底前，实现全国智能监控子系统上线，全面开展智能审核。到2025年底，建立规范化、科学化、常态化的智能审核和监控体系，利用信息化手段赋能医保审核和基金监管，确保医保基金安全、高效、合理使用

3. 地方性政策文件

地方性政策文件根据各地实际情况，对国家政策进行了具体化和补充，展现了各地在医保基金监管和支付方式改革方面的积极探索。2024年的《关于加强医疗保障基金使用常态化监管的实施方案》提出构建全方位的常态化监管体系，推进飞行检查、专项整治、日常监管等多种监管方式，压实各方责任，强化大数据赋能和协同监管，确保医保基金的安全、合理、规范、高效使用，切实减轻群众就医负担。2023年的《黑龙江省违法违规使用医疗保障基金举报奖励实施细则》通过设立举报奖励机制，鼓励群众参与医保基金监管，维护基金安全，同时保障举报人的合法权益。而其他多个关于按病种分值付费（DIP）和按疾病诊断相关分组（DRG）付费的通知和方案，如河南省、郑州市的相关文件，旨在持续深化医保支付方式改革，规范医保支付行为，提高医保基金使用效率，确保基金安全、合理、有效使用，同时鼓励医疗机构优化病种管理，提高医疗服务质量，为参保人员提供更优质的医疗保障服务。

表10　　制度化监管的地方性政策文件

序号	发文年份	文件名称	主要内容
1	2024	各地关于加强医疗保障基金使用常态化监管的实施方案	各地在推进飞行检查、专项整治、日常监管、智能监控、社会监督等五个方面进行常态化监管，旨在构建权责明晰、严密有力、安全规范、法治高效的医保基金监管体系。该方案强调压实各方责任，包括医保行政部门、经办机构、定点医药机构等，同时强化大数据赋能和协同监管，确保医保基金安全、合理、规范、高效使用，减轻群众看病就医负担
2	2023	《黑龙江省违法违规使用医疗保障基金举报奖励实施细则》	举报奖励的目的、适用范围、奖励原则、条件、标准、发放流程等。该细则旨在鼓励群众举报违法违规使用医保基金行为，维护医保基金安全。细则规定，举报人提供有效线索并查证属实，将获得奖励，同时保障举报人合法权益，对举报信息严格保密。医保部门将对举报线索实施全过程管理，确保凡举必查、应奖必奖

续表

序号	发文年份	文件名称	主要内容
3	2023	《关于做好 2023 年按病种分值付费（DIP）相关工作的通知》（郑医保办〔2023〕64 号）	推进医保支付方式改革，建立健全以大数据病种分值付费为主的多元复合式医保支付体系。该通知要求各地根据河南省 DIP 病种主目录库，结合本地实际情况，制定具体实施方案，并加强病案质量管理，规范 DIP 付费结算流程，确保医保基金安全、合理、有效使用。同时，该通知还鼓励各地积极探索创新，不断完善 DIP 付费制度，提高医保服务质量和效率 发布河南省 DIP 病种主目录库（1.0 版），并要求各地医保部门依据此版本，结合本地实际，制定并执行 DIP 付费相关政策和标准。通知还强调了提高基础数据质量、规范 DIP 付费结算流程等措施，以确保医保基金的安全、合理、高效使用，同时鼓励医疗机构提高服务质量，优化病种管理 该文件旨在持续深化郑州市 DIP 改革，根据河南省医疗保障局的相关文件要求，结合郑州市实际情况，制定了 DIP 支付的相关政策。政策内容涵盖了 DIP 病种主目录库、基层病种目录、中医优势病种目录、中医住院病种目录、医疗机构等级系数等多个方面，并明确了 DIP 支付的具体操作细节和流程
4	2023	《河南省医疗保障局关于印发河南省医疗保障按疾病诊断相关分组（DRG）付费和按病种分值（DIP）付费结算办法（试行）的通知》	推进医保支付方式改革，确保医保基金安全、合理、有效使用。通知要求各地医保部门根据 DRG/DIP 付费原则，制定具体实施方案，并加强病案质量管理、规范结算流程等措施，以提高医疗服务质量和效率，保障参保人员权益
5	2023	《河南省医疗保障局关于印发河南省 DIP 病种主目录库（1.0 版）的通知》	主要内容是发布河南省 DIP（按病种分值付费）病种主目录库的第一版，该目录库包含核心病种和综合病种，旨在规范医保支付行为，提高医保基金使用效率。通知要求各地医保部门和医疗机构按照主目录库执行 DIP 付费，加强病案质量管理，确保数据真实准确，同时鼓励医疗机构优化病种管理，提高医疗服务质量

（三）制度化监管的主要特点

1. 制度设计的科学性与精细化

DRG 与 DIP 的制度设计均体现了高度的科学性和精细化特征。DRG 支付方式通过收集大量真实的历史数据，并借助统计学分析，构建更贴合临床实际的分组方案。这些分组标准综合考虑了疾病诊断、病情严重程度、治疗方法和患者个体特征等要素，确保了分组的科学性、精确性和适应性。随着医疗技术的持续进步和临床实践的深化，DRG 分组标准将不断进行动态调整，以满足新的医疗需求。

DIP 支付方式则基于“大数据 + 平均”原理进行支付，从临床诊疗实际出发，更加重视数据的关联性和逻辑性。通过将医保结算清单中的诊疗信息与费用结算明细信息等数据进行关联，DIP 能够形成逻辑性审核规则，从而识别出部分违规行为。该支付方式不仅提升了医保基金的使用效率，还推动了医疗服务的规范化和标准化进程。

在支付标准的制定过程中，DRG 与 DIP 均运用了大数据分析方法，结合医疗服务的成本和质量要求，科学合理地确定支付标准。这种支付标准既考虑了医疗机构的运营成本，又兼顾了患者的经济承受能力，为医疗机构提供了明确的支付预期。

2. DRG 与 DIP 支付方式的实施效果均显著，实现多方共赢

在医疗体系中，采用 DRG 和 DIP 支付模式能够促使医疗机构优化其运营机制，主动进行成本控制，并规范诊疗流程。医疗机构必须借助精细化管理策略来降低医疗服务成本，提升服务质量，以期在 DRG 或 DIP 支付体系中实现收益最大化。此类机制的转变不仅提升了医疗机构的管理效能，还推动了医疗资源的合理分配与高效利用。

对于医疗保险基金而言，DRG 与 DIP 支付模式通过科学设定支付标准和强化医疗行为监管，有效抑制了过度医疗和医疗资源的无谓浪费。同时，通过合理的预算控制和年终结算机制，保障了医疗保险基金的稳定运作和长期可持续性。这两种支付模式不仅提升了医疗保险基金的使用效率，还增强了医疗保险制度的公平性和可持续性。

对于患者群体而言，DRG 与 DIP 支付模式的实施促使医疗机构更加关

注医疗服务的性价比和患者需求。在提供医疗服务时，医疗机构将充分考虑患者的经济负担和治疗效果，避免不必要的检查和药物使用。这种转变不仅减轻了患者的经济压力，还提升了患者的满意度和对医疗机构的信任度。

3. 数据关联与逻辑性审核的重要性

在DRG与DIP的监管体系中，数据间的关联性与合理性成为揭示违规行为的关键。通过对医疗保险结算清单中的诊疗信息与费用结算明细数据进行深度融合与交叉检验，医保监管机构能够构建出一套逻辑清晰、规则完备的审核模型，用于识别潜在的违规行为。这种基于数据结构的逻辑审核方法，不仅提升了监管的精确度与效率，还推动了医疗服务的规范化与标准化进程。

此外，数据关联性分析与逻辑性审核为医疗机构提供了自我完善与提升的契机。通过对数据间关联性与逻辑性的深入分析，医疗机构能够识别出诊疗行为中存在的结构性偏差、成本控制漏洞和绩效考核盲点，推动管理流程优化与质量提升，最终实现从“被动接受监管”向“主动风险管理”的转变。

4. 专业知识与人才队伍建设

DRG与DIP监管工作涉及临床诊疗、病案编码、医保政策等多个专业领域的知识。因此，监管人员必须具备全面的专业知识储备和敏捷的思维能力。为应对这一要求，各地医保部门致力于加强专业知识培训和人才队伍建设。一方面，通过强化人员培训和能力提升，增强监管人员的专业素养和监管效能；另一方面，通过吸纳外部专家资源和构建专家团队，为监管活动提供技术支持和专业咨询。此外，各地医保部门也应重视本地专家团队的建设以及内部人员的培养，通过组织培训、交流研讨等方式提升本地专家团队的专业素养和业务水平，同时通过加强内部人员的培养和管理，打造一支素质过硬的监管队伍。整体来看，DRG与DIP支付改革的稳步推进，急需以专业化、制度化的人才建设为基石，确保改革路径清晰、落地有力、监管到位。

5. 标准化与规范化推进

当前，对于DRG与DIP监管工作中的违规行为的界定、描述、认定标准、责任边界及处罚措施等环节，尚未形成统一的规范标准。这种状况导致了医保监管部门在执行监管任务时存在执行尺度不一和认定标准模糊的问题，影响了监管效能和对医疗机构的合规性判断。为破解上述困境，医保监管部门正致力于推进监管工作的标准化与规范化。一方面，强化已有实践经验的归纳与数据分析，逐步构建和完善 DRG 与 DIP 监管的统一标准和规范体系；另一方面，加强宣传教育，提升医疗机构及医务人员对 DRG 与 DIP 监管标准和规范的认知与理解。

展望未来，随着经验的不断积累与总结，以及技术的持续进步与创新，DRG 与 DIP 监管工作预期将在制定国内统一标准方面取得显著进展。这将为医保监管部门有效开展 DRG 与 DIP 监管工作提供重要支持，降低医疗机构因缺乏指导而产生的违规风险。同时，统一的监管标准将促进医疗服务行为的透明化与规范化，为我国医疗卫生事业的有序发展与医保基金的可持续运行奠定坚实的基础。

（四）制度化监管的成效与问题

1. 治理成效

（1）推广范围广泛，改革力度强劲

截至 2023 年底，全国超过 90% 的统筹地区已成功实施 DRG/DIP 支付方式改革，标志着该项改革已实现广泛覆盖并取得阶段性成果。这一数据不仅彰显了政策执行的力度，也表明其在推动医疗服务体系重构方面已产生深远影响。从东部沿海经济发达地区至中西部经济欠发达地区，DRG/DIP 支付模式正逐步实现全国范围内的覆盖，为不同区域的患者提供更为公正、更为高效的医疗保障体系。在改革的具体执行层面，已有 14 个省份、67 个地级市实现了 DRG/DIP 功能模块的结算覆盖，表明这些地区的医疗机构已具备运用 DRG/DIP 工具进行费用管理和医疗服务优化的能力，从而促进了改革在地方层面的深入实施。

（2）医疗成本降低，患者负担减轻

采用 DRG/DIP 支付模式的改革，通过实施打包付费与病种分值付费机制，将医疗费用与医疗质量、服务效率等关键因素紧密结合，有效抑制了过度医疗和不合理收费现象。根据 2023 年统计数据，职工医保与居民医保的平均住院费用分别下降了 5.5% 和 5.6%。这一显著成果不仅减轻了患者的经济压力，而且为医疗保险基金的长期可持续运行提供了坚实支持。此外，通过改进诊疗流程和提升医疗服务效率，医疗机构在确保医疗服务质量的同时，能够降低医疗成本，实现社会效益与经济效益的双重提升。

（3）医疗资源优化配置，服务效率提升

在 DRG 与 DIP 监管模式的背景下，医疗机构必须更加重视医疗资源的合理配置与高效利用。通过实施精细化管理与科学决策，医疗机构能够避免不必要的医疗资源浪费，从而提升医疗服务的效率与品质。DRG/DIP 监管模式引导医疗机构在提供医疗服务过程中，根据疾病的严重程度、治疗手段以及患者个体特征等关键因素，进行医疗资源的合理分配，确保患者能够获得及时且有效的治疗。此外，DRG/DIP 模式亦促进了医疗机构内部不同部门间的协作与整合，推动部门间联动与信息共享，构建了更为紧密的医疗服务网络，为患者提供了更为全面与连贯的医疗服务，提升了患者就医体验。此类资源优化配置与服务效率的提升，不仅增强了患者对医疗机构的满意度与信任度，而且推动了医疗服务的规范化与标准化进程。

（4）医保基金稳定运行，可持续发展有保障

在实施 DRG 与 DIP 支付方式改革后，医疗保险基金的管理效率得到了显著提高。DRG 与 DIP 支付模式在有效抑制医疗费用的非理性膨胀、减轻医疗保险基金支付压力方面发挥了积极作用。同时，这两种支付方式也促进了医疗服务品质的提升和医疗资源配置的优化，为医疗保险基金的长期稳定运行奠定了坚实基础。通过精确的测算和合理的支付标准设定，医保管理部门确保了基金支出与医疗服务品质及效果的对等性，进而实现了医疗保险基金的精细化管理。这种精细化管理不仅提升了医疗保险基金的使用效率，而且为医疗保险基金的可持续发展提供了保障。

（5）医疗服务质量提升，患者满意度提高

在 DRG 与 DIP 监管模式的背景下，医疗机构必须更加重视医疗服务的质量与安全性。为实现更优的支付效果与评价结果，医疗机构积极采取多种措施以提升医疗服务水平，包括加强医护人员的培训、优化诊疗流程、提升诊疗技术等。这些措施的实施不仅促进了医疗服务的规范化与标准化进程，还显著提升了患者的满意度与信任度。同时，DRG 与 DIP 监管模式也推动了医疗质量的持续改进与医疗服务的创新。医疗机构通过引入新技术、新方法和新设备，不断提升自身的医疗水平与竞争力，致力于为患者

提供更优质、更高效的医疗服务。

2. 存在问题

尽管DRG与DIP在推动医疗保险支付及医疗服务领域改革进程中取得了显著成效，但在实施过程中仍暴露出一系列亟待解决的问题。这些问题主要包括：

（1）分组标准精准性需提升

DRG与DIP支付方式改革的核心在于通过科学合理的分组标准规范医疗行为及控制医疗费用。然而，在实际操作中，分组标准的精准性常受多种因素影响，如疾病的复杂性、治疗方法的多样性以及患者的个体差异等，这些因素均可能导致分组标准出现偏差，影响费用核算的准确性与质量评估的公正性。因此，如何进一步提升分组标准的精准性，成为当前DRG与DIP支付方式改革面临的关键挑战之一。

（2）医疗行为规范性监管需强化

DRG与DIP支付方式改革旨在通过打包付费及病种分值付费方式规范医疗行为及控制医疗费用。但在实际操作中，部分医疗机构和医务人员可能因追求经济利益而采取不合理的医疗行为，如过度检查、过度治疗和选择性收治等。这些行为不仅增加患者的经济负担，而且对医疗质量和安全产生负面影响。因此，如何加强医疗行为规范性监管，推动形成有效约束与正向激励并存的治理格局，成为当前DRG与DIP支付方式改革中亟待解决的重要问题之一。

（3）信息化建设需进一步完善

DRG与DIP支付方式改革依赖于完善的信息化平台来支持数据收集、分析及传输等工作。然而，目前部分地区的信息化建设尚存在一些问题，如数据质量不高、信息共享不畅等。这些问题不仅影响DRG与DIP支付方式改革的实施效果，亦对医疗服务的质量和效率产生影响。因此，如何进一步完善信息化建设，提高数据质量和信息共享效率，成为当前DRG与DIP支付方式改革中面临的关键挑战之一。

（4）专业人才队伍建设需加强

DRG与DIP支付方式改革涉及临床诊疗、病案编码、医保政策等多方面的专业知识。因此，需要一支具备丰富专业知识和实践经验的专业人才队伍来支持改革实施。然而，目前部分地区的专业人才队伍建设尚存在一些问题，如人员数量不足、专业素质不高等。这些问题不仅影响 DRG 与 DIP 支付方式改革的推进速度，亦对改革效果产生负面影响。为保障制度运行的规范性与科学性，亟须加强多层级人才队伍建设，通过系统培训、岗位实操、外部引才与专家团队建设等方式，提升执行人员和管理者的综合能力，为支付制度改革提供坚实的智力支撑与人力保障。

四、本章小结

本章从实施背景、核心文件及其内容、时代特征、成效与问题四个维度，对我国医疗保险支付方式从按项目付费向 DIP/DRG 付费改革的政策演进历程进行了系统梳理与综合评价。结论部分将围绕这四个维度进行阐述。

首先，就实施背景而言，传统的按项目付费模式导致了过度医疗、资源浪费和医保基金运行效率低下等问题，这促使我国政府开始寻求多元化的医疗保险支付方式，如按病种付费、按人头付费等。DRG 和 DIP 作为创新的支付模式，被广泛采用以控制医疗费用并提高医疗保险基金的使用效率。在政策实施层面，国家医保局发布了系列行动计划，如《DRG/DIP 支付方式改革三年行动计划》，目标在于加快支付方式改革的全面实施。同时，政府有关部门加强了对医疗保险基金的监管，建立了高效且实用的监测体系，并强调利用智能审核与监控技术提升监管效能。自 2023 年起，医疗保险支付方式改革已步入制度化监管阶段。党中央和国务院对此项改革给予高度重视，并作出重大战略部署。随着试点工作的成功和推广，全国超过九成的统筹地区已经实施了 DRG/DIP 付费。此外，国家医保局还发布了《按病组和病种分值付费 2.0 版分组方案》，标志着医疗保险支付方式改革迈入新阶段，更加注重精准分组和贴近临床实际。

关于核心政策文件，前文已详细列举，此处不再赘述。在时代特征方面，医疗保险基金监管经历了从初始阶段到常态化监管的转变，目前正向更加科学和精细的制度化监管迈进。初始阶段，监管方式结合了智能技术与人工核查，并引入第三方专业力量，构建了长效机制并保持高压态势。常态化监管强调系统性和综合性，依托数据和技术驱动，实现连续性和长期性监管，同时注重法治化和社会参与。制度化阶段则聚焦标准化、专业化与协同化，在分组精度、支付透明度和基金运营效率等方面取得了实质性进展。DRG 与 DIP 支付方式的制度设计科学精细，通过大数据分析形成贴近临床的分组方案，并动态调整以适应医疗需求。这两种支付方式显著提升了医疗保险基金的使用效率，促进了医疗资源的合理配置，减轻了患者的就医负担，实现了多方共赢。数据关联与逻辑性审核在监管中扮演了关键角色，提高了监管的准确性和效率，也为医疗机构提供了改进的机会。为应对监管挑战，各地医保部门加强专业知识与人才队伍建设，推进标准化与规范化工作，逐步制定和完善统一的标准和规范。未来，DRG 与 DIP 监管工作有望在制定国内统一标准方面取得更大进展，为医疗卫生事业的持续健康发展提供有力保障。

在改革成效与存在问题方面，三阶段监管体系分别解决了不同时期的核心矛盾，取得显著成效，但同时也面临诸多挑战。在初始阶段，监管提高了灵活性，但按项目付费模式易导致过度服务和资源浪费，DRG/DIP 模式虽有所改进，但仍受数据质量和支付标准公平性的制约。进入常态化监管阶段后，通过法律法规建设、综合监管策略和 DRG/DIP 支付模式，有效抑制了骗保行为，但监管资源和技术手段仍需加强，部门协同和信息共享机制也需完善。在制度化监管阶段，DRG/DIP 支付方式改革在全国广泛推广，有效降低了医疗成本，减轻了患者负担，优化了医疗资源配置，提升了服务效率，保障了医疗保险基金的稳定运行和可持续发展，同时提高了医疗服务质量。然而，在分组标准的精准性、医疗行为的规范性、信息化建设和专业人才队伍建设等方面仍需进一步加强。综上所述，尽管医疗保险基金监管已取得显著成效，但仍需不断完善法规体系、提升监管能力、加强信息化建设和人才培养，以应对新挑战，确保医疗保险基金的安全、高效和合理使用，推动医疗卫生事业的持续健康发展。

第四章

医保 DRG/DIP 付费引致的异化行为分析

医疗服务供给方的行为围绕患者在医疗机构接受的诊疗活动展开，不仅包括门诊及住院的医生诊疗行为，还包括非医疗性质的医疗数据质控行为和医院内部管理行为等，具有一定的技术性和专业性。作为医疗服务费用的偿付方，医保部门的费用支付方式会对医疗服务供给方的行为产生“引致效应”，即医疗服务供给方会根据医保部门的医保支付方式调整自身行为逻辑。但是，一旦这种行为触及医保基金监管红线，就会演变成异化行为①。

在 DRG/DIP 付费方式下，医保采用均值定价、打包支付机制，通过权重（分值）乘以费率（分值单价）确定每个 DRG 病组和 DIP 病种区域内医疗服务的“公允价格”，该“公允价格”形成了医保对各病组（种）打包付费的“支付天花板”。在“支付天花板”效应下，医疗服务供给方利益实现最大化主要通过三种行为方式：管控病组（种）的诊疗成本、提高收治病组（种）的权重（分值）和优化病源结构。

作为市场竞争主体和理性经济人，医疗机构追求经济利益无可厚非，但在医、患、保三方博弈的过程中，医疗机构在诊疗专业性和信息不对称方面具有天然优势，如果为了获得更多的 DRG/DIP 支付收入，刻意根据 DRG/DIP 支付方式的技术特点、本地医保支付标准和管理政策采取不合理的诊疗行为和管理策略，就会产生异化行为。比如，为控制诊疗成本而出

① 廖藏宜，闫俊．我国医保支付方式的改革历程及发展趋势［J］．中国人力资源社会保障，2019（06）：13－15.

现的医疗服务不足、为优化病源结构而出现的挑选病人等行为。

与此同时，在 DRG/DIP 付费改革实践地区，医疗机构在适应 DRG/DIP 付费改革政策过程中为了获得更多利益，除异化医疗行为之外，还会采取不合理的医疗数据质控行为和医院管理方式，比如为优化编码填写而出现的误填病案首页诊断信息、医保结算清单填写标准扭曲异化等数据问题；为提高收治病组（种）权重（分值）而出现的高套高编、制定与 DRG/DIP 病组（种）盈亏相挂钩的医生绩效收入分配方案、开发帮助医生做出最优诊疗决策的信息系统等问题。

从这个意义上讲，DRG/DIP 付费的“引致效应”不仅表现在异化医疗行为层面，而且延伸至异化医疗数据质控、医院管理行为层面，需要医保基金监管部门予以足够的重视。相较于按项目付费引致的过度医疗、虚假住院、违规收费、分解住院、超医保支付范围结算等异化行为，DRG/DIP 付费下的异化行为更具专业性和隐蔽性，监管难度和监管成本更高。因此，医保部门应提高对 DRG/DIP 付费的监管重视程度，全面梳理和清晰界定相关的异化行为，积极开展精准监管工作。

由于医保和医疗服务供方之间的信息不对称，违规医疗行为具有隐蔽性强、难以识别、难以量化的特征。DRG/DIP 支付方式是为解决按项目付费时代的过度医疗问题而诞生的，改革初期给医疗机构和医生带来了一定程度上的焦虑感和危机感，使其主动挤压医疗服务成本中的水分，缩短住院天数，改善医疗质量，虽然短期内呈现次均住院费用下降、医疗费用增长放缓、医保基金总体年末结余增加的效果①，但长期来看，“控费”效果并不显著②，并且产生了传统医保监管难以应对的新型欺诈骗保行为③。据此，本书认为对医保基金监管的研究应基于此类具有欺诈骗保属性的异化行为展开。本章结合 DRG/DIP 付费的原理和相关政策，对异化行为产生的原因进行详细阐述，并依托 DRG/DIP 付费的关键环节，详细分类总结医保实践与相关研究中已发现的异化行为类型及其具体表现形式，为后续构建

① 潘春燕. DRG 支付方式的实践探讨——以 JH 市试点情况为例［J］. 卫生经济研究，2019，36（08）：38 –41.

② 杨业春，李美坤，林圻，等. “按病种分值付费”控费效果研究［J］. 卫生经济研究，2021，38（06）：36 –39.

③ 王晖，张国俊，于发斌，等. DRG 付费的潜在风险及应对策略［J］. 卫生经济研究，2020，37（07）：14 –15 +21.

精准监管模型提供理论支撑与实践基础。

一、异化行为的成因分析

（一）医保端与政府失灵

在政府干预政策不适宜、力度不足或方法工具选择不当的情况下，政府这只有形的“手”难以有效纠正市场失灵问题，从而导致政府失灵现象。

1. 医保监管体系不健全

在实施 DRG/DIP 付费政策后，以医保部门为代表的政府部门遭遇了前所未有的挑战。医保基金监管工作成效有限，主要归因于我国医保监管基础薄弱、监管力量不足、监管力度不够以及监管方式不完善等问题尚未得到有效解决①②③。

在监管理念的视角下，新兴的支付方式带来了监管领域的新挑战。然而，我国在医疗保险基金监管方面尚未实现理念的及时更新，仍然沿用以项目付费为核心的监管模式，即重视“事后监管”。在此模式下，DRG/DIP 付费模式中的关键环节监管存在盲区，在一定程度上为医疗机构提供了实施“机会主义”行为的空间。

就监管重点而言，2021 年国务院颁布的《医疗保障基金使用监督管理条例》（以下简称《条例》）成为医保部门在基金监管方面的行动准则，其中明确了对违规使用医保基金行为的处罚措施及力度。然而，《条例》所涵盖的违规行为仍以项目付费时代的典型问题为主，如“过度医疗”

---

① 雷咸胜．我国医保基金监管现存问题与对策［J］．中国卫生经济，2019，38（08）：31－33.

② DeMARIA，E. J.，Merriam，M. A.，Casanova，L. A.，Gann，D. S.，& Kenney，P. R.（1988）. Do DRG payments adequately reimburse the costs of trauma care in geriatric patients?，Journal of Trauma and Acute Care Surgery，28（8），1244－1249.

③ 朱旭林，龚熠，郭丽娟，等．医保基金监管的方式、成效与困境［J］．卫生经济研究，2021，38（09）：49－52.

“重复收费”“虚假收费”等，而对于 DRG/DIP 付费模式下可能出现的“编码套高”“费用转嫁”等违规行为则未涉及。这使医保部门在实际操作中可能避重就轻，对发现的违规行为缺乏明确的处罚依据，从而削弱了行政监管对医疗机构的威慑作用。此外，我国医疗保险基金监管的上位法仅有 2010 年颁布、2018 年修订的《中华人民共和国社会保险法》，其余均为地方性政策文件，法律层面的约束力明显不足。

从监管方式来看，有研究指出我国现阶段仍有 10% 的地区未建立医保基金智能监管系统[①]。在多数推行大数据监管的地区，普遍存在系统功能单一化、碎片化以及监管工具应用不足的问题。医保部门在实际工作中，主要依赖于“人工审核为主”的监管模式，导致医保智能监管未能充分发挥其应有的效果。在医疗行为日益隐蔽的背景下，单纯依靠人工审查和简单的信息系统，已无法有效识别此类行为风险，从而导致监管效率低下。

从监管主体的角度来看，与国外专业医疗监管机构相比，我国的医保监管队伍建设起步较晚。目前，行政监管的主体主要局限于医保部门，缺乏专门监管机构和第三方监管力量的参与。监管队伍专业化程度不足，使其在执法过程中易受制于被监管对象，在与医疗机构的谈判中也容易处于不利地位。

2. DRG 支付工具存在缺陷

首先，DRG 付费的“平均定价”机制是依据平均资源消耗情况来确定病组的支付费用，其定价测算的依据是项目付费时代的历史数据。然而，由于历史数据中存在过度医疗等问题，导致数据水分较大、费用虚高，因此在 DRG 付费方式改革的初期（2 ~ 3 年内），病组定价普遍高于实际成本，医保部门难以通过价格控制来有效抑制异化行为。例如，部分病组出现了权重或基准点数“倒挂”的现象，其原因主要有三：一是当历史数据量不足时，例均费用测算结果易受异常值影响，导致定价过高或过低；二是在历史病例数据充足的情况下，高值耗材的使用量和价格会影响费用测算，导致定价过高；三是病案编码不准确或诊断填写不准确，导致病组的例均费用出现偏差。

---

① 朱敏，李红艳，魏倩如. 医疗保险基金智能监管模式建构和运作研究［J］. 卫生经济研究，2021，38（06）：40 – 43.

其次，DRG 定价工具能够对病例的诊断和治疗过程进行“精准画像”。病例根据主要诊断和主要手术操作进行入组，各细分 DRG 组在临床路径的指导下进行打包支付。通常，采用的手术级别越高，对应的病组等级和支付费用就越高，因此外科手术相关病组的费用支付标准要高于内科治疗相关病组。这种支付原则决定了以内科治疗为主的儿科、中医等学科必然面临权重低、费用低的困境，容易引发治疗中的术式升级等现象。而对于重症疾病、血液疾病、感染科等学科来说，收治的病患往往发病急、合并症复杂、伴有较多并发症，诊疗方案变异性极强，实际发生费用与基于临床路径“打包支付”的费用标准存在较大差异，在这种情况下，医疗机构会采取异化行为来避免亏损。

再次，合并症和并发症严重等级（Major Complication & Comorbidity，MCC；Complication & Comorbidity，CC）是资源消耗的重要影响因素之一，《国家医疗保障疾病诊断相关分组（CHS - DRG）分组方案（1.1 版）》根据合并症和并发症严重等级将核心疾病诊断相关分组（Adjacent Diagnosis Related Group，ADRG）进一步细化为 DRG 组。研究表明，细化 MCC/CC 等级分类有利于针对不同疾病严重程度进行费用调整，在成熟的 DRG 版本中，MCC/CC 等级分类多达 9 级。但在我国 DRG 技术规范中，仅划分了“不伴合并症或并发症”“伴一般合并症或并发症”“伴严重合并症或并发症”3 个等级，且等级之间费用差异很大。在这种情况下，过大的费用区间差异会增加医疗机构调高病组级别、骗取基金支付额度的风险，处于信息弱势的医保部门也很难对资源消耗的真实性予以鉴定。

最后，DRG 病组定价所依据的费用数据仅包含单纯的医疗资源消耗，不包含医疗服务成本之外的其他成本。但是，综合医院、大型医院的成本结构中，除医疗服务成本外，还要承担医院内部管理、教学科研、创新研发等层面的成本支出，这些费用在 DRG 病组支付标准中均无法体现，不合理的“支付合同”加剧了医保部门与医疗机构之间的利益冲突。

3. 地区配套政策诱发风险

首先，激励约束机制存在缺陷。在医疗机构采用 DRG/DIP 结算方式时，医保部门针对超支和结余问题设立了“超支不补、合理超支分担、结余留用”的激励与风险分担机制。结余留用机制作为 DRG/DIP 付费后医疗机构收入的主要来源，旨在激励医疗机构主动降低成本，努力增加结余以获取更多收入。然而，由于各地区结余资金补偿比例和方式不统一，结余留用政策的执行效果并未达到预期目标。医疗机构若过度追求结余，可能导致治疗不足和医疗质量下降等问题。如前文所述，费用超支问题在重症疾病、血液疾病、感染等学科中较为普遍。在“一刀切”的超支不补政策下，为避免较大亏损，医疗机构可能会调整收治病患的类型，导致推诿重症、挑选轻症的现象。一些地区的医保部门实施了“豁免支付”“除外支付”政策（如单病种支付、按住院天数支付等），与医疗机构共同承担超支费用，从而在一定程度上减轻了医疗机构的成本负担，并激励其收治重疾患者。然而，由于监管机制不完善，对豁免支付病例的审查存在执行宽松和疏漏现象，医疗机构过度利用政策红利来诱导医保对其亏损进行补偿，加剧了医保基金的超支和浪费问题。此外，基于平均资源消耗的 DRG 定价限制了医院和医生的使用偏好，医保部门对创新医疗技术和创新药物的使用激励不足，不利于医院服务能力和学科发展水平的提升，也难以满足部分患者的个性化需求。

其次，政府财政资金投入不足。政府财政资金投入不足导致的医疗服务供方代理问题，是政府失灵的重要表现。取消药品加成、集中带量采购等医改政策切断了医药行业的“灰色利益链”，药品和耗材成本大幅下降，同时医院和医生的收入也大幅减少。此时，应及时调整医院和医生的收入结构，以规避供方道德风险。然而，在 DRG/DIP 付费机制下，政府补偿机制未能及时完善。一方面，尽管近年来我国财政在医疗卫生领域的投入有所增加，医药卫生支出占比显著提升，但与医药费用和医疗服务需求的大幅上升相比，政府财政补偿仍显不足，难以满足医院基本运营需求，公立医院难以回归公益性轨道。另一方面，医生的人事编制和薪酬制度受到地方政府职能部门行政管制，医疗服务定价过低，无法支付医务人员的劳务价值，进一步加重了医院的运营负担。此时，医疗机构为维持获得的 DRG/DIP 支付额度不变，可能会通过提高其他方面的费用进行补偿，如“以检查养医”“以耗材养医”等。

最后，政策设置不利于分级诊疗的实施。为平衡不同级别、不同区域医疗机构的“成本—收入”差异，医保部门根据各医疗机构的资源消耗水平设置了 DRG 支付的级别差异系数（如表 11 所示），按照“病组支付标准 × 支付系数”的结果对医疗机构进行医保费用结算。支付系数政策更有利于大型三级医疗机构，对二级及以下基层医疗机构的激励性不足，降低了医疗机构提供优质医疗服务的积极性，与促进“分级诊疗”的政策目标存在较大冲突。一些地区设置了基础病组政策，即“小病小治，大病大治”，将收治基础病组的情况纳入医院考核，以此来引导医疗资源下沉，疏解大医院的“看病难”问题。但在某些医疗资源供给过剩的区域（即床位多、病人少），大型医疗机构为抢占资源可能采取高靠高编、术式升级等方式来规避基础病组，导致医疗资源浪费和政策负面效应。

表 11　　某地区医疗机构 DRG 支付系数

医院分级	级别差异系数
三级	1.0861
二级综合	0.8804
二级其他	0.8362

（二）医院医生端与供方道德风险

在医疗机构遭遇收入减少和政府财政补助不足的双重困境时，DRG 支付机制并未改变医疗服务提供者追求利润的经营策略。从医院角度分析，作为委托方的医疗机构在追求更多结余目标的驱使下，可能发生道德风险行为。具体表现为利用诊疗服务中的信息不对称，通过不正当手段骗取医疗保险基金的支付额度以实现利益最大化。例如，降低医疗服务的质量，拒绝接受那些“性价比”较低的患者，从而牺牲患者健康利益以获取不正当的经济收益。从医生个体层面来看，医生在承担患者健康权益责任的同时，还需顾及医院的绩效考核。当两者目标发生冲突时，医生往往会优先考虑个人利益，从而导致违背代理道德的医疗行为①。

1. 医疗市场的不完全竞争现象

① 伍琳，李梦颖．医保支付激励与医生多任务执行偏差——新的解释框架和政策启示［J］．中国卫生政策研究，2022，15（01）：37－42.

在完善的市场竞争机制下，医疗机构通常会主动降低医疗服务成本，提升服务品质与效率。然而，鉴于医疗服务行业所具有的高度科学性、技术密集性以及知识的私密性，参与市场竞争的医疗机构呈现出明显的等级分化，形成了带有垄断性质的不完全竞争市场结构。一方面，以三级医疗机构为核心的大医院凭借其在信息、技术、地理及医疗资源方面的绝对优势，吸引了大量患者优先选择就医，从而产生了医疗资源的“虹吸效应”，导致低等级和边远地区医疗机构面临患者和医生资源的流失。另一方面，DRG 付费的区域总额预算制度打破了以往机构总额预算的稳定状态，能够有效利用市场良性竞争激励医疗机构提高效率，但垄断竞争的现实使二级及以下医疗机构在资源争夺中处于不利地位，尤其是基层医院的生存空间受到严重挤压，难以有效参与良性竞争，进而导致了低标准入院、轻症入院等违规现象的发生。

2. 医院管理机制的不合理性

在 DRG/DIP 付费运行初期，医院产生了过度的危机感，由于缺乏科学的管理理念，将工作重心偏移到应对新的支付模式而不是更好地提供医疗服务上。在院、科两级的利益分配机制下，医院管理部门制定了不合理的激励机制和绩效分配方式，将医院、科室的 DRG 结算盈余和超支亏损与医生个人绩效相挂钩，迫使医生背离“合理诊疗、因病施治”的原则，参与到欺诈骗保的利益链条中来，产生了大量的套高诊断、错误填写医保结算清单等现象。此外，有研究表明，当前我国医务人员的整体收入水平仍然落后于国际水平①，许多公立医院的医务人员仍按照一般事业单位人员管理办法进行管理和考评，固定薪酬模式已经难以偿付医务人员面临的高强度工作压力和绩效考核压力②，容易引发医生诊疗不足和服务质量下降等问题。在此背景下，若医院不及时调整管理理念与绩效考核机制，未能建立适应 DRG/DIP 制度的新型运营体系，将进一步加剧医务人员的不满情绪与道德风险倾向，同时也可能导致医院在新制度环境下陷入系统性亏损的困境。

---

① 姚陈宁，吴昊，王飞．我国公立医院薪酬制度现状及改革探究［J］．中国卫生标准管理，2018，9（19）：30－33.

② 何宪．公立医院薪酬制度改革若干问题的思考［J］．中国人事科学，2021（01）：1－12.

二、异化行为的类型、内涵及表现

在诊断相关分组（DRG）付费体系的各个阶段，异化行为均有所显现并持续存在。根据 2019 年 10 月国家医保局发布的《国家医疗保障疾病诊断相关分组（CHS - DRG）分组与付费技术规范》，DRG 结算流程主要包含以下步骤：患者接受入院治疗并完成出院程序后，医院需在指定时限内完成病案首页等信息的审核与上传工作。随后，医保机构将对 DRG 分组情况进行审核并提供反馈，医院在根据反馈进行必要修改并确保符合规定后，方可进入医保 DRG 付费结算阶段。本书选取了 DRG 付费流程中的三个核心环节，将其归纳为"数据质控端""医疗行为端"和"医院管理端"，作为异化行为的分类维度。通过分析国家医保局等有关部门的政策文件、权威学者的学术文献以及地方稽核操作规程、日常监管和飞行检查中发现的违规案例，本书总结了异化行为的种类、内涵及其表现形式。

（一）数据质控端

在患者完成治疗并出院后，医院病案室负责对各科室提交的病案首页进行审核，并据此填写医保结算清单，随后上传至医保结算系统。结算流程的顺畅性高度依赖于"主诊断"和"主手术"选项的准确性，以及其与实际临床情况是否相符。病例的归档流程如图 4 所示。病案首页的编写主要依据临床病因诊断，而医保结算清单则以资源消耗最大为归档的首要标准，这两种主要诊断的选择在逻辑上存在差异。这种差异导致医院在依据主诊断和主手术进行归档时，可能会出现归档错误和填写不规范等问题。

病案首页与医保结算清单所包含的医疗数据构成了 DRG/DIP 付费体系的定价基础，其数据质量控制水平直接影响 DRG/DIP 分组的科学性以及权重（分值）的合理性。具体而言，数据质量控制的异化行为可归纳为三类①（见表 12）。

---

①　廖藏宜，张艺艺 . DRG/DIP 付费下异化行为表现及监管建议［J］. 中国医疗保险，2023（02）：27 - 34.

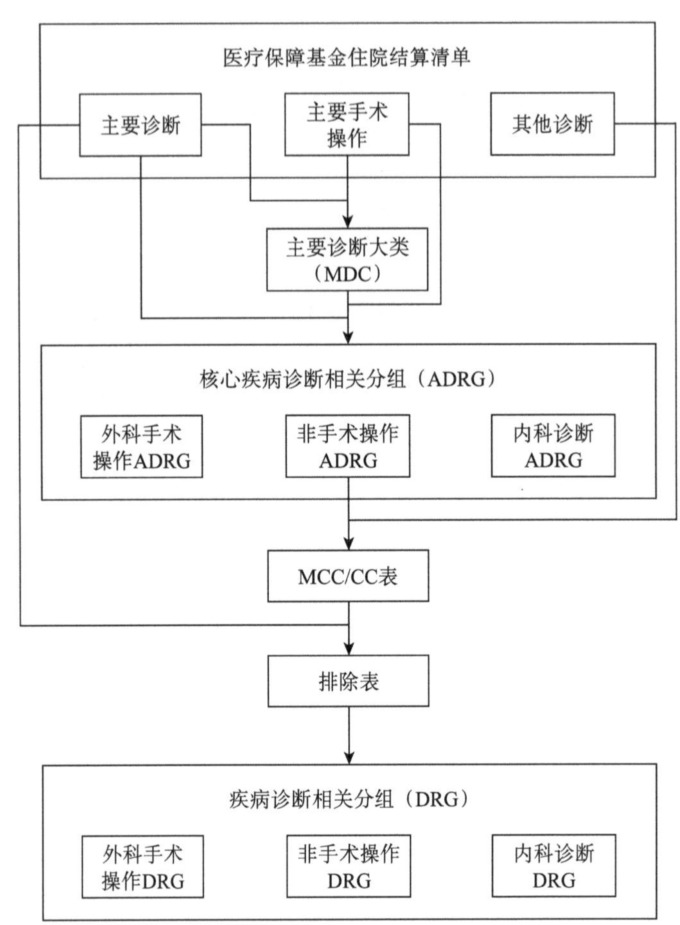

图4　病例入组流程

资料来源：《国家医疗保障疾病诊断相关分组（CHS－DRG）分组方案（1.1版）》（2021年）。

1. 病案入组质量低

在医保结算清单的填写过程中，操作人员在根据医生上传的病案首页进行操作时，由于对医保结算清单与病案首页之间的逻辑差异缺乏充分理解或熟悉度不足，可能会错误填写主要诊断和主要手术项目，从而导致填写内容与实际医疗资源消耗情况不符。此类现象多见于医保支付方式改革的初期阶段，并非操作人员有意为之，然而，它对病组均费和权重的测算产生了负面影响。从异化理论的角度分析，这种现象可被视为一种基于利益动机的主观故意行为，其直接后果是病案首页的合格率降低，进而影响病例的正确归类和医保审核的效率[①]。常欢欢等（2018）提出，当前实施 C－DRG 时病案管理仍存在使用的病案首页版本不统一、使用的相关标准不统一[②]、病案首页信息填写不完整、不详细或漏填[③]、病案首页信息填写错误等问题[④]。病案首页信息填写错误包括主要诊断或主要操作选择不准确、病例出现概念和逻辑错误、病案首页的填写流程造成信息人为错误[⑤]等。其主要表现为：①主要诊断或主要手术的选择与患者临床主要病因不符，简单地将诊断中权重较高的疾病诊断（可能是并发症或合并症诊断）作为主要诊断纳入研究组；②诊断编码的重复填写影响了正常的研究组纳入，例如主要手术和其他手术编码的重复；③病案首页的诊断信息和手术信息编码出现概念和逻辑错误，导致病例无法纳入研究组，例如“b01.900 水痘不伴有并发症”与“b01.801 水痘肝炎”之间存在概念冲突，“64.9200 阴茎切开术”与“女性”同时出现则为逻辑错误。

2. 医保结算清单异化填写

医疗保险结算清单必须满足医疗保险审核与结算的要求，两者在填报目的、规范性以及结算清单方面存在显著差异。主要诊断的 DRG/DIP 病例组合方法要求不同诊断对应不同的编码和支付标准。临床病因诊断主要依

---

① 廖藏宜，张艺艺．DRG/DIP 付费下异化行为表现及监管建议［J］．中国医疗保险，2023（02）：27－34.

② 全员参与度不够，本地化术语集有待完善。尽管自 2015 年以来，国家大力推进 DRG 收付费改革，但由于很多医院并未真正使用 DRG 收付费且宣传力度不够，导致很多医务人员对 DRG 知识知之甚少；此外，不同地区的诊断术语各有差异，例如某些辅助操作类项目，如超声刀等（国家术语集中无此类项目），因此，要实现本地化术语与 DRG 平台上的国家统一术语完全匹配，依然存在难度。

③ 如患者电话、住址、身份证号等为空，年龄或月龄填写不规范，在产妇及新生儿病案中存在新生儿入院或出生时的体重缺项、其他诊断或操作信息缺失、离院方式漏填等问题。以“其他诊断”为例，依据《质量规范》文件中的病案首页填报说明，其他诊断是除主要诊断外的疾病、症状、体征、病史等，包括并发症和合并症，同时填写时先写疾病较重、已治疗的诊断，后填写疾病较轻、未治疗的诊断，然而实际填写中常见“其他诊断”信息遗漏情况。

④ 常欢欢，杨兴宇，于丽华，等．C－DRG 病案首页管理和质量控制［J］．中国医院，2018，22（06）：68－70.

⑤ 医疗机构住院患者信息采集的工作流程中，“疾病诊断”和“手术操作”的中文（无全国统一标准）通常由临床医生自行填写在住院病案首页上（极少数医院有本院的诊断库可供医生选择），患者出院以后，由病案编码人员将医生撰写的“疾病诊断”和“手术操作”进行编码，而不同编码人员对分类编码体系的认知不一，且没有统一的疾病诊断或手术操作与分类体系的对应关系，导致同一疾病或手术操作对应的编码不同，数据质量存在较大的问题。参考：常欢欢，杨兴宇，于丽华，等．C－DRG 病案首页管理和质量控制［J］．中国医院，2018，22（06）：68－70.

据患者住院原因及所需手术操作进行填写，而医疗保险支付诊断则以医疗资源消耗情况为主要依据，两者在标准上并不一致。医疗保险结算清单的填写必须符合医疗保险审核与结算的要求，否则将影响数据上传的质量。在主要诊断的填写以及病案/清单的质量控制过程中，医疗机构可能会对“资源消耗”作为主要诊断唯一填写标准的规则的理解出现扭曲和异化问题。例如，在病例入组过程中，医疗机构可能会混淆不同医院、不同学科之间的诊断和编码差异，通过系统提示和人工审核等方式，有意识地对结算清单中的诊断编码和手术操作编码进行调整，使病例归入“更合适”的病组，以期减少亏损或获取更多的医疗保险基金结余①。当前病历资料的质量尚未达到作为支付标准的条件，因此，若要实施支付方式的改革，则必须与医疗机构进行协作，大力推行医保结算清单及医保信息业务编码标准的执行②。

3. 分组数据不真实

在 DRG/DIP 付费改革的初期阶段，分组数据主要基于项目付费模式，该模式下存在过度医疗、无效医疗和虚假医疗等问题，数据中包含大量不实成分。若未经过科学和规范的处理，这些数据将导致分组不科学，进而造成病组（种）的支付标准显著高于或不符合实际资源消耗的状况，在常见病、多发病以及权重较低的病组（种）中，问题尤为突出，表现为支付标准的“虚高”。此外，药品和耗材的集中采购政策导致许多收费项目的定价发生显著变动，而用于计算病组费用的历史数据未能充分考虑这一因素的影响，从而影响了支付标准测算的合理性。分组数据真实性的缺失，为医疗机构追求利益最大化提供了可乘之机。例如，某地医保部门发现部分医疗机构在 DRG 病组/DIP 病种的病例数出现异常增长，经过稽核，发现这些病组（种）的医保支付结余率相对较高，这表明医疗机构为了获取更多利益，有意识地将诊断与编码向这些病组（种）靠拢③。

---

①③ 廖藏宜，张艺艺．DRG/DIP 付费下异化行为表现及监管建议［J］．中国医疗保险，2023（02）：27－34.

② 王坚强，王奕婷．DRG 医保支付方式改革对医疗行为的影响［J］．湖南社会科学，2021（01）：133－139.

表 12　　数据质控端异化行为表现

维度	异化行为	内涵	外延表现
数据质控端	病案质量低	非因能力不足或客观大意导致的主要诊断或主要手术操作选择不正确、编码填写不准确等，造成病例入组错误或无法入组的行为	①主要诊断或主要操作选择不正确，将诊断中权重更高的疾病诊断作为主要诊断；②诊断编码填写不正确，与医保编码不统一；③重复填写或漏传诊断编码、手术操作编码；④病例出现概念和逻辑错误，造成诊断编码或手术编码与性别年龄不符，诊断与新生儿体重不符；⑤填报无效主诊断；⑥多个诊断编码或手术编码之间相互冲突；⑦诊断与离院方式不符等
	医保结算清单异化填写	医疗机构在医保结算清单填写过程中产生规则理解扭曲和异化问题，为获得更多支付额度，将资源消耗作为主要诊断唯一填写标准，对支付诊断进行“修改”或“纠偏”，造成填写不符合医保审核及结算需求的行为。由于按项目付费时期基础数据“水分”大，药品和耗材集采等政策影响收费项目价格，造成病组（种）的支付标准明显高于或不符合实际资源消耗的情况，从而引发异化行为	①主手术缺失；②主手术无对应治疗项目；③刻意调整主诊断、主手术或调整次序等①②
	分组数据不真实	非因能力不足或大意导致的主要诊断或主要手术操作选择不正确、编码填写不准确等，造成病例入组错误或无法入组的行为	①医疗资源消耗和入组标准不匹配③；②病组（种）支付标准不科学、定价不合理等政策端问题，导致医疗机构产生过大结余或超支偏差；③引发部分病组（种）病例数异常增长等现象

① 如副诊断填入主诊断进入内科组，均费少。

② 如住院费用中手术治疗有费用数据，而手术操作中为空，或已上传有效手术数据但未入手术组。

③ 如呼吸机使用时长与收费项目不符（经常出现上传呼吸机治疗时长大于等于 96 小时，有创辅助呼吸收费时长与之不符）等问题。

（二）医疗行为端

在患者接受治疗的整个过程中，从入院咨询、诊断、检查、治疗、用药、护理到出院结算，医疗行为异化现象贯穿始终。鉴于医疗活动的专业性以及医患保三方之间信息的不对称性，医保机构在对临床诊疗过程中医生的行为进行直接监管和实时监控方面面临困难。此外，由于这些行为的隐蔽性较强，医保基金监管面临严峻挑战。具体而言，医疗行为异化可归纳为七种主要类型（详见表13）。

1. 挑选病人

DRG/DIP的打包支付制度确立了针对特定病组（种）的预定支付额度。在床位和诊疗资源受限的条件下，医疗机构可能会有意识地调整其病源结构，导致其以病组（种）的“结余率”为基准，选择性地接纳轻症患者入院，同时可能推诿重症患者，甚至将患者转介至其他地区的医疗机构。这种做法反映出医院在收治病人时，有意识地调整了疾病的严重程度[①]。具体表现形式如下：①轻症患者的选择性收治，即在门诊就医患者中，选择疾病程度较轻的患者进行住院治疗。由于轻症患者具有较高的治愈率和较低的资源消耗，医院能够获得更多的医保支付差额；②重症患者的推诿现象，即对于门诊就医的重症患者，以能力不足或其他因素为由拒绝收治入院。这种现象表现为低级别医院向高级别医院推诿、专科医院向综合医院推诿、民营医院向公立医院推诿等。

例如，孟朝琳（2020）指出，在C－DRG支付体系下，当费用超出预定标准的三倍时，允许医院退出定额结算，转而实施按项目结算[②]。该政策在一定程度上确保了高成本危重症患者能够获得充分的经济补偿。然而，理论上存在两个潜在问题：首先，对于收治危重症患者较多的三级甲等医院，若患者费用接近但未达到预定标准的三倍，医院可能面临亏损风险。其次，医院可能为了避免亏损，对预估费用接近但未达到三倍的患者采取额外的非必要治疗措施，以满足退出定额结算的条件。通过与三级甲

① 廖藏宜，张艺艺．DRG/DIP付费下异化行为表现及监管建议［J］．中国医疗保险，2023（02）：27－34.

② 孟朝琳．DRGs支付制度实施效果评价研究［D］．中国医科大学，2020.

等医院的管理者和医生进行现场访谈了解到，由于三级甲等医院采用更多复杂和先进的诊断治疗手段，导致患者费用远高于二级医院，许多患者的费用处于预定标准的 2 ~ 3 倍之间，未达到退出标准，从而导致医院亏损。例如，一位三级甲等医院的糖尿病专科医生指出："对于伴有多个并发症的糖尿病患者，预定费用为 5500 元，但实际费用通常在预定费用的 2 ~ 3 倍之间，按预定费用结算会导致亏损。"通过访谈医保机构，我们确认了某些医生为了达到退出标准而采取非必要治疗措施的现象确实存在。人为退出定额结算标准的原因，一方面可能是因为某些医生出于经济利益的考虑，对部分重症患者实施过度医疗等消极应对措施；另一方面，也不能排除某些医生是为了在获得足额补偿后更好地满足患者的治疗需求。尽管目前 C－DRG 实施后患者总死亡率等数据反映出医疗质量的指标未出现显著变化，但如果高等级医院的补偿价格长期无法弥补其实际高成本，将使其面临较大的资金压力，从长远来看，缺乏可持续性。

2. 治疗不足

在 DRG/DIP"支付天花板"效应的影响下，医疗机构为了管控成本而过度控费，容易产生治疗不足问题，其结果一方面会影响医疗质量和康复水平，另一方面会引发住院天数过度下降、低倍率病例占比过高、医疗机构整体结余率过高等问题①。

有研究表明，9% ~ 48% 的住院患者在接受了充分治疗并达到合适的住院天数后，再入院的概率显著降低②。但 DRG 付费实施后，医生为避免医疗费用超支，过度压缩医疗服务成本支出会造成患者治疗不足。孟朝琳（2020）提到，在 C－DRG 定额付费的情形下，医疗机构可能因过度节省成本而减少必要③的检查项目。这种情形在影像检查方面是可能存在的。一名影像科医生反映，医生可能为了降低成本，没有考虑治疗的必要性，在有的患者必须要胸部正侧位片才能确认诊断的，出现了只做胸部正位片

---

① 廖藏宜，张艺艺. DRG/DIP 付费下异化行为表现及监管建议［J］. 中国医疗保险，2023（02）：27－34.

② Elsner, H., Bätz, B., Magerkurth, T., & Rüth, S. (2003). German diagnosis related groups: Problemfelder im Bereich psychischer Störungen am Beispiel der Krankenhausbehandlung Alkoholabhängiger. Der Nervenarzt, 74, 601－606.

③ "必要"的项目指的是明确诊断或进行有效治疗的必不可少的项目。在能够进行有效治疗和诊断的情况下使用低价设备或减少项目，不属于诊疗不足。

的情况。这提示我们，实施 C－DRG 之后，医生确实会有意识地减少滥开检查的行为，但也可能在无意识情况下减少了患者应该检查的一些项目①。2018 年中国社会保障学会医疗保障专业委员会组织的沈阳市 DRG 付费试点效果评价报告显示；医院在开展 DRG 付费试点后一直维持提高重症、减少轻症收治的趋势。其中，重症患者的比例由 2018 年 1 月的 55.1% 增长到 2018 年 6 月的 63.4%，而轻症患者的比例由 44.9% 降低到 36.6%，降低了 8.3 个百分点②。

在临床实践中，外科病例主要以缩短住院时长为特征，即在患者尚未满足出院标准的情况下，提前安排出院或转至康复治疗；而内科病例则通常在费用接近预设的支付限额时，即要求患者出院。此类行为多见于资源消耗较大的病种中，可能导致患者出院后的生存质量降低以及再入院率增加，从而引发医疗安全风险。例如，在"RE13 恶性增生性疾患的化学治疗和/或其他治疗，伴一般合并症或并发症"这一病种中，收费项目数据中缺少化疗药品明细，暗示存在削减必要服务项目的行为。

具体行为包括：①缩短住院时长，即在患者仍处于术后护理阶段或观察期时，提前安排出院，表现为住院时长显著低于平均水平；②提前转院，即将未达到出院标准的患者提前转入其他科室或医院继续治疗，以节约住院成本，常见于转至内科或康复科等；③压缩住院单元内服务成本，如不合规地减少服务项目、降低或替换临床用药、降低用药标准、减少出院带药量等。以费用较高的恶性肿瘤病种为例，医院因过度压缩住院床日和减少资源投入，导致患者出院后的生存质量下降和再入院率提升等问题。

3. 过度医疗

在 DRG/DIP 付费模式下，过度医疗问题依然存在，但其形成机制与按项目付费模式有所区别。医疗机构在适应 DRG/DIP 支付体系后，出于保持收入总额和提升病例组合指数（CMI）的考虑，可能不会严格控制医疗总费用，反而可能产生过度医疗的动机。这种动机通过增加医疗费用的方式，旨在提高基准病组（种）的权重（分值）和 CMI 值。同时，现行的

① 孟朝琳. DRGs 支付制度实施效果评价研究［D］. 中国医科大学，2020.

② 王坚强，王奕婷. DRG 医保支付方式改革对医疗行为的影响［J］. 湖南社会科学，2021（01）：133－139.

医疗保险价格政策也对过度医疗行为产生影响。在 DRG/DIP 病组（种）的成本构成中，药品和医疗耗材因谈判和集中采购政策而显著降价，然而，反映医务人员劳务价值的医疗服务价格调整并未达到预期。因此，医疗服务提供方为了维持总费用额度，可能会采取过度医疗的行为，导致医生在患者住院期间不合理地使用非必要的甚至过度的治疗项目，从而增加患者的住院医疗费用。

具体表征如下：①检查检验项目的过度使用导致病案首页费用明细中检查检验费用占比异常升高；②药物治疗、手术治疗及介入治疗等治疗项目的使用频率超出合理区间，或与患者临床主要诊断不相匹配；③医务人员对术后患者实施过度护理，导致住院天数异常延长等现象。

4. 术式升级

基于主要诊断的 DRG/DIP 分组体系中，不同诊断对应的支付标准存在差异。通常，手术治疗相较于保守治疗、外科治疗相较于内科治疗的支付额度更高。在患者入院初步诊断后，医生可能偏离治疗原则，违背临床路径和技术操作规范，对本应接受常规治疗的患者施以更高级别的治疗方案，导致其被归入更高权重的 DRG 组别进行结算。

因此，在治疗过程中，为追求更高的经济利益，医疗机构可能人为地调整治疗方案，改变病例的分组结果，从而导致手术方式的升级，这种现象通常表现为内科治疗的过度技术化、手术化以及外科手术方式的升级等。

不同学科的异化现象表现各异，如儿科、中医内科、康复科等由于分组较少、权重较低、费用较少，容易出现内科治疗的过度外科化；而重症、血液、感染等学科由于费用和诊疗方案的变异性较大，医疗机构可能利用 DRG/DIP 付费政策中对疾病风险等级（伴随并发症和合并症）的粗略认定，通过人为调整手术级别和手术数量来增加资源消耗，以获取更多的医保支付额度。例如，病例实际为肿瘤支持治疗，应归入内科组别，医院却上传为肿瘤化学治疗，上传静脉注射化疗药物操作，从而归入 RE1 恶性增生性疾患的化学治疗和/或其他治疗组别。

具体异化行为包括：①内科治疗的过度技术化，即将应归入内科病组的患者调整至权重更高的外科病组；②内科治疗的过度手术化，即对内科病组保守治疗即可痊愈的患者，采取西医化的手术治疗以增加资源消耗；③外科手术方式的升级，即提升治疗方案中的手术难度级别（通常分为一至四级，四级手术难度系数最高），这可能导致患者疾病严重程度增加和感染率增加，从而引发严重的医疗事故。

5. 分解住院

在医疗费用支付体系中，通常存在三种分解收费方式，包括分解住院、分解处方，以及分解项目收费。在实施 DRG/DIP 支付模式的背景下，分解住院问题尤为突出。

DRG/DIP 支付模式涉及对单次住院费用的打包支付。为防止实际费用超出预定的支付额度或追求更高的结余，医疗机构可能会采取分解住院的策略以降低平均住院费用或规避监管。具体而言，分解住院是指将一次完整的住院治疗或手术过程拆分为两次或多次，以实现多次 DRG/DIP 结算。这种行为在资源消耗较大的病种或伴有合并症、并发症的病例中较为常见。具体操作包括：在相同的医保结算周期内，医院通过人为手段将连续治疗过程拆分为多次住院，尽管患者实际上并不符合出院标准；在住院期间，对于需要转科的患者，要求其重新办理住院手续；以及在治愈出院后，以前次住院的合并症为由，在非急诊情况下重新入院进行治疗（此处指对合并症的治疗与前次住院的诊疗活动相关联）。[①] 此外，出院后 14 天内，若无合理理由未向相关机构报备连续住院情况，则可认定为分解住院。例如，患者因［r06.501］（鼾症）接受扁桃体及腺样体等离子切除术入院治疗 5 天，术后 24 小时内患者再次入院，被诊断为“t81.005 手术后扁桃体出血”，此案例明显是将术后治疗过程分解为两次住院。

分解住院现象在临床中，特别是在疑难危重症等资源消耗较大的病种中较为普遍。具体表现为：①将连续的手术方案拆分为两次或多次完成，导致多次住院结算；②将本应在院内完成的转科治疗或延续治疗的患者先办理出院结算，随后再次收治入院至其他科室；③频繁在医联体或院内科室间转诊，以规避单次治疗费用超出规定限额。

6. 费用转嫁

在实施 DRG/DIP 付费制度后，医疗机构为了增加支付结余或减少超

---

① 在病人住院一段时间达到医保所控制的费用阶段时，为病人办理出院手续，待病人超过医保规定的住院时间间隔后，再次办理入院手续。例如，过程性分解住院，术前检查住院一次，手术住院一次，术后再住院一次。或在规律性的化疗用药过程中，在手术阶段是化疗外科组，第二次住院不做手术变成化疗内科组，内外科组不断循环适用。

支，可能会采取费用转嫁策略，从而从患者和医保基金中获取额外补偿。常见的费用转嫁方式包括向门诊和自费部分转嫁。向门诊转嫁主要表现为将住院费用中的检查和检验项目转移到门诊自费支付；向自费部分转嫁则不仅包括常规的目录外转嫁，还包括引导患者和家属到院外购买药品等行为，如部分肿瘤患者入院后所需的化疗、靶向治疗、免疫治疗等高价值药品。

此外，考察费用转嫁行为时，还应关注医保高倍率和特病单议等政策漏洞的隐蔽异化行为。目前，许多地区已制定高倍率、特病单议、创新除外等按项目豁免的配套政策。在高倍率病例界定不严格、豁免支付门槛设置较低、医保审核宽松的情况下，医疗机构可能会利用这些政策红利，反向诱导按项目支付的费用转嫁现象。

实践中存在如下行为：一名结肠癌患者表示“以往做了结肠癌手术后可以住院的时间较长，出院后不再需要进行换药等操作项目，现在医生都希望尽早出院，大概两周，出院后大概 10 天每天需要进行 2 次换药，每次约 30 元，换药的费用均需要自费”[①]。

7. 医疗质量下降

在实施 DRG/DIP 付费体系的过程中，医疗机构面临控制医疗费用与保障医疗服务质量之间的矛盾。过度的成本控制可能导致医疗投入减少、诊疗行为不规范，进而引发医疗质量下降的风险，特别是在低倍率、伴有并发症或合并症、综合病种、超资源消耗等病例中，该风险尤为显著。

DRG/DIP 付费体系可能对医疗技术创新产生负面影响，从而不利于医疗服务竞争力的提升。在按项目收费的模式下，新技术和新产品的应用能够为医疗机构带来更高的收益，且投入与产出之间存在正相关关系。然而，在 DRG 付费体系下，医保基金更多地依据病例组合指数（CMI）进行支付，新技术的应用往往伴随着更高的成本投入，且在成本控制和疗效不确定的情况下，并不能为医生提供足够的正向激励，这严重削弱了医生研发新技术和新产品的积极性，不利于医疗水平的整体提升。

此外，在 DRG/DIP 付费体系下，大型医院的虹吸效应依然显著，这不利于分级诊疗制度的实施和推进。DRG/DIP 付费体系以质量为导向，医疗

① 孟朝琳. DRGs 支付制度实施效果评价研究［D］. 中国医科大学，2020.

服务能力的强弱直接影响医保统筹基金的支付水平。由于大医院在医疗服务能力上具有明显优势，且在短期内基层医疗机构难以在核心技术上与之匹敌，因此，DRG 支付方式的改革并未有效改变大医院的虹吸现象，这不利于分级诊疗制度的实施和推进，进而影响医疗质量。裘凯音等（2021）也指出，DRG/DIP 付费体系扩大了不同等级医院之间的医保支付差异①。DRG/DIP 付费体系的本质是对同一病组的患者，不论实际医疗费用的多少，均按照预先设定的标准进行支付。然而，在实际操作中，每个病组的支付标准并非固定不变，而是根据医院等级和历史费用设置差异系数，从而形成了具有差异性的支付标准。对于同一病组，医院等级越高，差异系数越大，相应的点数也越多，因此能够获得更多的医保支付。这种等级差异系数的设置，使大医院的竞争优势更加明显，可能导致医保支付的"马太效应"，阻碍基层诊疗水平的提升。在 DRG/DIP 付费体系的改革过程中，这一点应引起足够的重视。

表 13　　医疗行为端异化行为表现

异化行为	内涵	外延表现
挑选病人	调整收治病人的疾病严重程度，以病组（种）"结余率"为标准挑选病人的行为	①挑选轻症，挑选"结余率"更高的病患或病种收治入院；②推诿重症，减少收治易超支的重症患者，表现为低级别医院向高级别医院推诿、专科医院往综合医院推诿、民营医院往公立医院推诿及异地推诿等
治疗不足	由于成本节约过度或降低超支额度导致病患治疗不足的行为，一方面影响医疗质量和康复水平，另一方面引发住院天数过度下降、低倍率病例占比过高、医疗机构整体结余率过多等现象	①缩短住院时间，导致过早出院、超短时间住院；②提前转院；③压缩住院单元内的服务成本，如减少服务项目、降低替换临床用药、降低用药标准、减少出院带药量；④调整收治病人的疾病严重程度，如多个伴随性疾病只看其中部分疾病、从 MCC 降为 CC、综合病种减少服务投入等

① 裘凯音，王佳，王伟红，等．市级统筹背景下 DRG 付费的公平性研究［J］．卫生经济研究，2021，38（12）：33－36＋40.

续表

异化行为	内涵	外延表现
过度医疗	为维持费用总额度、提高基准病组（种）权重（分值）、提升CMI值，使用非必要或过度的检查或治疗来增加医疗资源消耗的行为	①过度检查、套餐式检查；②无效的康复治疗；③过度手术、无指征手术；④治疗项目超出合理使用范围或与临床诊断不符，包括药物治疗、手术治疗和介入治疗等；⑤过度麻醉；⑥过度护理造成超长住院等
术式升级	为获得更大利益，通过调整诊疗环节的治疗方案，使应入内科病组的病例进入权重更高的外科病组治疗，或更换权重（分值）更高的外科术式等行为	①内科医技化；②内科手术化；③内科操作化；④外科术式升级等
分解住院	未按照临床出院标准规定，人为将一次连续住院过程，分解成两次或两次以上住院治疗，或人为将参保人员在院际之间、院内科室之间频繁转科，以及拆解手术等行为。意在降低例均费用或分解高额收费以规避监管	①将应院内转科治疗的患者办理出院后再入院，包括同医院同病组（种）分解和同医院不同病组（种）分解；②将应延续治疗的患者办理出院后再入院，造成重复住院；③拆解手术造成二次或多次住院；④将患者在医联体和医共体之间、与其他医疗机构之间频繁互转，包括不同医院同病组（种）分解、不同医院不同病组（种）分解等
费用转嫁	为获得更大结余或降低费用超支，将 DRG/DIP 服务包中的住院费用转嫁至其他支付项目（门诊自费）或利用政策漏洞转嫁的行为	①住院期间要求患者在门诊或院外购药、检查，自费购买高值药品或医用耗材等①；②将患者术前所需的大型检查项目转移至门诊检查后，再办理手续收治患者入院；③住院期间将透析、康复等治疗转门诊治疗；④住院周转，对长期住院的患者人为分解住院，患者实际并未离开医院，动员患者自费住院一段时间后再以医保身份入院；⑤将本应入正常病组的病例转移到高倍率和特病单议政策，企图诱导医保按项目付费

① 部分医院将医保经办部门有可能会拒付的费用列入自费，或将不应该作为常规用药的大剂量、多种类辅药列入自费，以及将一些新型贵重检查作为普查项目列入自费；将费用转嫁、转移至非医保人群（含外地自费患者）或推荐医保人群更多使用自费服务。

续表

异化行为	内涵	外延表现
医疗质量下降	医疗机构为获得更大利益减少医疗投入或不按诊疗规范合理施治，造成医疗质量下降的行为，易在低倍率病例、有并发症或合并症病例、综合病种病例及超资源消耗病例等中出现	①治疗不足等行为造成患者出院后的生存质量下降；②分解住院等行为造成患者再入院率增加；③将未达到住院标准的患者收治入院，造成患者在院感染或产生并发症的概率增加（在低倍率病例中常见）；④将合理的治疗方案升级为权重（点值）更高的手术操作或治疗方式，引发严重的医疗事故，常见于有并发症或合并症以及超资源消耗的病例

（三）医院管理端

当前，我国医疗保险 DRG 支付模式主要应用于住院治疗的费用结算，而门诊治疗及其他医疗服务的支付方式仍以项目付费为主。DRG 支付模式对住院费用的补偿存在一定的局限性，医院为了追求更高的收益并规避费用超支的风险，可能会采取其他途径以获取额外的费用补偿。此类行为具有较高的隐蔽性，医疗保险管理部门仅凭病案首页信息难以有效监控。然而，这种行为会直接影响医疗保险基金的年度结算和结余状况，同时可能导致患者个人医疗负担的增加。

若医疗机构未能适时转变运营管理理念，并调整内部管理机制以适应按 DRG/DIP 的支付模式，将极易导致医院管理行为的异化（参见表 14）。在 DRG/DIP 付费体系下，编码套用不当、低标准入院以及医院绩效分配机制不合理成为医保部门与医疗机构亟须关注的核心问题。以下将对这些问题进行具体分析。

1. 编码套高

在 DRG/DIP 支付体系下，编码套高行为成为医保基金监管的难点之一。医疗机构为了获得更高的医保结算费用，通过编码员对诊断和编码的调整，故意违反 DRG 入组的诊断选择原则，进行“优化”诊断编码填写，导致支付标准较高的诊断或手术替代支付标准较低的诊断或手术，或上传未实际发生的治疗行为的诊断或手术高套编码，以及拆分诊断和手术编码等行为，以获取更高额度的医保支付和补偿。例如，病例上传的诊断编码为［I63.900］（脑梗死），经医保审核后实际诊断应为［I63.8011］（腔隙性脑梗死）；或在医疗费用明细中，缺少与诊断相关的药品耗材等项目，这些行为均属于编码套高。

在实施基础病组（基层病种）政策的统筹地区，大型医疗机构为了抢占资源、提高收入，可能会通过编码套高和术式升级等方式实现对基础病组（基层病种）“换马甲”的目的。这种行为容易导致医疗资源下沉受阻，脱离真实诊断数据；同时也不利于对 DRG/DIP 分组的调整和优化，进而影响次年的权重计算。

孟朝琳（2020）指出，对于患有多种疾病的患者，某些医生在符合病案填写质量的前提下，特别关注患者住院诊断的填写顺序，因为他们发现住院诊断填写顺序的不同会导致患者进入不同的 DRG 组别，从而尝试如何填写才能获得更高的补偿金额。一位参与访谈的医生表示：“我们医生看不到清单，但患者出院结算后，患者会有结算单，有时候我就让患者把结算单给我看看，时间长了，大概知道哪种情况会补偿得多，哪种情况补偿不足。”这表明，在没有违规的情况下，医生为了获得更多的补偿金额，采取了最有利于自身利益的行为。然而，也有医生表示，出于基本的职业道德素质，不管患者被分配到哪个 DRG 组别，只要是患者确实需要的，都会进行治疗，在满足病案书写的要求下，采取补偿金额高的病案首页记录行为，是为了保证医院在未发生亏损的情况下，为患者争取最好的治疗方案①。

具体表现包括：①高套诊断现象，涉及主诊断或主要手术与收费项目不一致、主诊断与用药不匹配、手术或诊断与治疗缺乏相关性、入院与出院诊断不一致等问题。②编码拆分行为，表现为将联合诊断、联合手术的编码进行拆分填写。③过度编码现象，包括高套合并症/并发症，即在缺乏临床证据的情况下选择病情较重的编码，以归入合并症并发症病组等。

2. 低标准入院

在按项目付费时期，低标准入院问题未能得到有效解决，此现象在 DRG/DIP 时代得以延续，并被赋予了新的含义。该问题主要表现为医疗机

① 孟朝琳 . DRGs 支付制度实施效果评价研究［D］. 中国医科大学，2020.

构为了提升住院率，违规收治不符合病组指征或疾病严重程度未达到住院标准的参保人员。此类行为在低级别医院，尤其是基层医疗机构中较为普遍，且在 DRG 结算中被归类为低倍率病例。降低出入院标准具体包括：①以各种理由将不符合住院标准的参保人员收治入院；②以各种理由让不符合出院标准的参保人员办理出院。在当前控制平均住院日的背景下，第一种异常诊疗行为较为常见。

若政策设计未能充分考虑对二级和一级医疗机构的支持力度，可能导致市场出现不完全竞争现象，即“优胜劣汰”的竞争格局。大型三级医院在区域内拥有诊疗技术、管理能力、学科和专家等方面的绝对竞争优势。若区域总额预算一步到位实施，而不对大型三级医院进行总额约束，可能会压缩低级别医疗机构的生存空间。为了生存和发展，低级别医疗机构可能会被迫采取填充床位的低标准入院策略，如无指征入院、体检住院、轻症入院、门诊住院等方式增加收治患者数量。调研发现，某些医院降低收治住院患者的门槛，大量收治“小费用”患者。例如，某三级医院全年服务量超指标 60% 以上，以床日费用统计，住院费用在 3 日之内的患者达到 33.2% 。由于住院服务人次的大幅增加，主要的二级指标均被拉低，次均费用更是低于指标 20% 以上。这种做法虽然规避了主要考核指标超标的风险，但变相提高了医保基金支付的额度。患者入院 3 天后出院，上传诊断为泌尿系结石，其间未发生任何手术及操作，住院期间未进行有效治疗，医疗费用中检查检验费占比极高，存在低标准入院行为。

具体表现形式包括：①除放化疗病例外，患者住院费用明细中检查检验费用占比极高（ >90% ），属于体检住院、无指征入院；②除放化疗病例外，患者住院费用明细中药品费用占比极高（ >90% ），属于住院配药；③收治仅需门诊治疗的轻症患者入院治疗，导致超短时间住院，且住院总费用异常低于平均水平等。

3. 医院不合理的绩效分配

由于缺乏科学管理的理念和方法，医院的管理机构实施了一些不恰当的激励政策和绩效分配机制。具体来说，医院将 DRG/DIP 结算病例的盈亏情况与医生的绩效评估和薪酬直接挂钩，这种做法在一定程度上扭曲了医生的治疗初衷。更甚者，某些医院还实行科室间的“连坐制”，以此来共同承担超支的费用。这种制度导致科室和临床医生在治疗过程中偏离了

“合理治疗、针对病情进行治疗”的基本原则，进而对病人实施了不恰当的诊断和治疗措施。这种行为的异化现象在那些正在适应 DRG/DIP 付费改革的医院绩效管理中变得越来越普遍（见表 14）。因此，医保监管机构应对此类问题给予更多的关注和干预，以确保医疗服务的质量和公平性。

表 14　　医院管理端异化行为表现

异化行为	内涵	外延表现
编码套高	人为地改变诊断和编码，以支付标准较高的诊断或手术替换支付标准较低的诊断或手术，或上传实际未发生治疗行为的诊断或手术，使病例进入更高权重（点值）组，以获得更多医保付费额度的行为	①高套诊断，包括主诊断或主手术与收费不匹配、主诊断和用药不匹配、手术或诊断与治疗无关联、入院诊断与出院诊断不一致等；②编码拆分，将联合诊断、联合手术编码拆分填写；③高套合并症/并发症造成过度编码（含重复编码），即在缺乏临床证据条件下选择病情较重的编码以进入合并症并发症病组等
编码套低	为了减少低倍率病例，上传不精确的诊断或手术编码，或选择不正确的主诊断和手术，使病案入组到权重（分值）较低的病组（种），以获得更大结余或降低超支额度等行为	①上传不精确的手术编码造成笼统手术；②上传不精确的诊断编码造成笼统诊断；③入组错误造成主诊断与收费项目冲突，④漏传重要并发症或合并症等
分解收费	将本应合并收取的诊疗服务项目费用分解成多项费用分别收取，或将诊疗项目内涵中已包含的内容单独计费、重复计费，或为达到控费/更多结余目的而不收和少收等行为	①按照主诊断入组的治疗费用中，包含其他治疗项目费用；②两项或多项收费项目属于不可同时收费的同类型项目，造成重复收费；③缩短住院天数、在床住院却未收费以减少住院费用
病程编撰	虚假编撰患者的病程记录，对诊断资料进行不适当的编码和分类，造成病例进入更高权重（分值）病组的行为	①上传实际未发生的主要诊断或手术项目，或增加不存在的并发症和合并症；②将已经发生的主要诊断和手术进行编码拆分，造成联合诊断、联合手术；③病例造假

续表

异化行为	内涵	外延表现
串换项目	无视项目内涵，将实际发生的治疗项目串换为未发生的项目收费，包括用低标准的收费项目套用高标准的收费项目，或用无收费标准的项目套用相近相似的收费项目，或将不能报销的项目变通为能报销的项目上传并实现医保报销的行为，以达到控费或更多结余的目的	①将医保目录外项目串换为医保目录内报销项目收费；②将实际使用的药品耗材串换为医保目录内价格更高的药品耗材收费；③将实际使用的治疗项目串换为价格更高的项目收费；④违反诊疗规定，使用价格更高的治疗项目，造成患者实际情况与收费项目不符；⑤无医嘱收费
低标准入院	降低入院指征或将不符合入院标准的参保病人收治入院的行为，在低级别和基层医疗机构中较为常见	①出院结算费用明细中，检查检验占比极高，无药品和治疗相关费用，属于体检住院、无指征入院；②收治仅需门诊治疗的轻症患者入院治疗；③挂床住院；④日间手术住院；⑤门诊治疗住院等
冲量行为	在疾病谱没有明显变化的情况下，医疗机构结合自身的服务能力，针对“盈余率”更高的病组冲量，使医疗服务总数量和总权重大幅增加，导致住院人次数、RW总值增长异常的行为	分为“明冲”和“暗冲”两种类型：①DRG点数法和DIP支付中的“明冲”现象，表现为月预结算和年末清算分值点值下降；②DRG费率法中的“暗冲”现象，表现为年末清算时固定费率的结算标准与清算总额间出现偏差，即基金超支①②
减少病患收治总量	主动减少医院收治病患的数量来控制医疗总费用的行为，此种情况并非为提高诊疗质量或引导分级诊疗，而是为了避免费用超支造成亏损	①不合理地提高入院标准和控制入院数量，导致短期内住院率环比明显下降、门诊费用明显增加；②疑难危重症患者转院率上升；③不合理地裁撤科室或床位等
不合理的绩效分配方案	医院为激励医生创造更多“利润”、减少费用超支，按照传统的绩效分配方式，制定不合理的绩效激励和分配方案的行为	①将DRG/DIP病例盈亏直接与医生绩效挂钩；②要求科室和医生分摊DRG/DIP超支费用的“连坐制”现象等

续表

异化行为	内涵	外延表现
不合理的辅助诊断和决策信息系统	为达到控费或更多结余目的，使用不合理的辅助诊断和诊疗决策系统等行为，干扰医生正常诊疗	①将辅助诊断系统嵌入医生诊断操作平台，提醒医生填写“最优诊断”“利润率更高”诊断或修改诊断等；②推测医保 DRG 月度每点数费用，用信息系统指导医生按照预付费用标准进行诊断决策和收治病人

注：①例如，对于一例患肠结核的患者，上传不精确的诊断“结核病”将入组到“呼吸系统结核”病组，而上传准确的诊断“肠结核”将正确入组到“其他消化系统诊断”病组，获得的 DRG 支付费用存在较大差异。

②廖藏宜．DRG/DIP 付费的医疗服务冲量行为思辨［J］．中国人力资源社会保障，2022（04）：57.

三、本章小结

本章在第三章所构建的理论基础之上，系统且深入地剖析了 DRG 支付体系下医疗服务提供方可能出现的异化行为及其成因，并对其类型进行了详尽的阐释与分类。这一分析的核心目的在于回应 DRG 支付机制下“监管什么”的关键问题，即明确医保监管部门应当关注的重点领域和行为模式。

在委托代理理论的框架下，本章聚焦于医疗服务提供方（代理人）与患者及医疗保险委托方（委托人）之间的利益冲突和行为偏离。通过对政府失灵、支付工具缺陷与政策配套不足等制度性因素的揭示，系统分析了异化行为的生成土壤；并进一步将异化行为细分为数据质控端、医疗行为端与医院管理端三个环节，归纳出涵盖病案入组质量偏差、医保清单扭曲填写、术式升级、治疗不足、费用转嫁、分解住院等多类表现形式，精准勾勒出异化行为的具体机制和运行逻辑。为了实现患者与医疗保险委托方的共同目标——提供高质量、成本效益合理的医疗服务，同时有效管理支付风险，监管机构必须设计并实施恰当的激励规制策略。这些策略旨在引导医疗服务提供方的行为，使其符合规范，确保医疗服务的合理性和医保基金的安全性。

本章进一步指出，对 DRG 支付流程中的各个环节实施全面监督是实现有效监管的必要条件。这包括但不限于医疗服务的提供、费用的计算与结算，以及医疗机构内部的管理流程。监管的全面性有助于及时发现并纠正可能的异化行为，如过度医疗、资源浪费、服务不足等问题，从而保障医保基金的合理使用和医疗服务的质量。因此，明确医疗服务提供方异化行为的分类及其具体表现形式对于监管实践具有至关重要的意义。只有准确识别和理解这些异化行为，医保监管部门才能制定出有针对性的监管策略，以应对 DRG 支付模式下可能出现的风险和挑战。

综上所述，识别异化行为、分析成因机制、厘清行为路径，是医保监管由经验主导走向体系化、制度化的关键前提。为进一步验证理论分析的适用性与可操作性，本书下一章将以徐州市 DRG 付费改革与医保基金监管为实证案例，探讨地方实践中异化行为的实际表现与应对机制，并尝试提炼可复制、可推广的监管模式与制度经验。

第五章

徐州市医保 DRG 付费监管效果的实证测度

在全面推进 DRG 付费改革的背景下，探索具有地方特点的医保基金监管路径已成为制度化监管的重要任务。本章选取江苏省徐州市作为典型案例进行深入研究。徐州市作为国内医保基金监管及医保 DRG 付费改革的先行者之一，被选为国家医保基金监管“两试点一示范”改革试点城市，已经建立起一套较为完善的医保基金精准监管体系，并率先在国内推出针对医保基金异化行为的靶向监管政策。本章旨在深入探讨徐州市在 DRG 付费模式下的医保基金监管机制，总结其创新经验与政策实践，为医保监管部门转变监管策略、优化监管政策以及提高监管效能提供参考。

本章内容分三部分展开。第一部分对徐州市医保基金监管机制进行了全面的梳理与阐述。首先，概述了徐州市 DRG 付费政策的背景与改革进程，并重点阐释了该市在强化配套政策方面的实践经验。其次，从法治建设、行政监管、协议管理以及信息化监管四个维度，详述了徐州市医保基金监管制度的构建情况。最后，介绍了徐州市针对行为监管的 DRG 付费专项政策，包括监管策略、规则设定、监测指标的构建，以及违规行为的处理措施。综合上述经验，形成了 DRG 付费模式下医保基金监管的“徐州模式”，解答了医保基金“如何监管”的问题，并为后续监管效果的实证分析提供了研究框架。

本章第二部分首先阐述了实证研究的数据来源与研究方法，构建了 DRG 付费模式下医保基金监管的评估框架与回归模型，并基于前文提出的委托代理目标与异化行为，选取了 16 项监管指标。其次，根据实地调研数据进行实证分析，对描述性分析与实证测量结果进行政策解读。最后，结合实证分析结果，对研究中识别的问题进行讨论。本部分回答了医保基金监管“成效如何”的问题，并为提出针对性的监管政策建议提供了量化的依据。

本章第三部分基于前述案例研究与实证研究的成果，从完善 DRG 付费政策体系、构建全链条监管模式、优化监管要素、强化医疗机构内部监控四个维度，提出了具体的政策建议，旨在为医保基金监管规则与指标的进一步完善和优化，以及监管效能的提升提供政策参考。

一、如何监管：徐州市 DRG 付费改革及医保基金监管的政策经验

徐州市作为国内医保基金监管和医保 DRG 付费改革的先行城市之一，已被选为国家医保基金监管“两试点一示范”试点改革城市。该市已建立起一套较为完善的医保基金精准监管体系，并率先实施了针对医保基金异化行为的靶向监管政策。本章旨在深入探讨徐州市在 DRG 付费模式下的医保基金监管机制，提炼其创新经验和政策实践，以期为医保监管部门迅速调整监管策略、优化监管政策并提高监管效率提供参考。

（一）徐州市 DRG 付费改革背景及政策介绍

1. 政策背景

徐州位于江苏、山东、河南、安徽四省交界处，其经济结构较为单一，参保人员结构复杂，医疗保险筹资率较低。由于交通便利和大型医疗机构集中，吸引了大量外地患者就医，导致医疗费用特别是住院费用迅速增长。在以往的医保按项目付费制度下，医疗保险基金承受巨大压力。为缓解基金压力，控制医疗费用的持续增长，防止资源浪费，徐州市在上级政策的指导下，率先实行了单病种付费政策，并建立了总额控制下以按病种付费为主、其他付费方式为补充的复合支付体系。

2011 年 5 月，人力资源社会保障部印发的《关于进一步推进医疗保险付费方式改革的意见》中提出，应“探索实行以按病种付费为主的付费方

式”，并指明了从单一病种起步的改革路径。根据本地参保情况和实际需求，徐州市人力资源社会保障局于 2013 年 9 月印发了《徐州市开展城镇基本医疗保险部分重大疾病按病种收付费试点工作方案》，推行单病种付费政策，首批确定了城镇基本医疗保险儿童白血病等 7 种重大疾病的按病种收付费试点。单病种付费政策的实施有效减轻了医疗保险基金的支出负担，在规范临床路径、控制费用增长方面取得了显著成效。

2015 年 5 月，国务院办公厅印发《关于城市公立医院综合改革试点的指导意见》，其中明确了“深化医保支付方式改革，建立以按病种付费为主的复合型付费方式”的改革目标。徐州市积极推进医保支付方式的改革，截至 2021 年 10 月，按病种收付费病种达到 542 种，结算标准 1517 个，实施医院达到 340 家，按病种付费统筹基金结算金额占所有住院统筹基金结算金额的比例为 39.81%，复合式支付机制已基本形成。

单病种付费政策的探索和以按病种收付费为主的复合式支付机制的本地化实践，为徐州市推行 DRG 付费改革奠定了坚实基础。近年来，按病种付费基金支出在总控基金中的比重持续增加，有效减轻了参保群众的经济负担，规范了医疗服务行为，医疗费用的不合理增长得到了有效控制。

2. 改革历程

为推进医疗保险支付方式改革，我国精心挑选了 30 个城市作为 DRG 付费的试点城市，旨在通过“以点带面”的策略，加速推进 DRG 付费改革进程。自 2020 年起，徐州市在遵循国家医疗保险支付方式改革目标的基础上，结合本市实际情况以及前期实践经验，确立了 DRG－PPS（Diagnosis Related Groups－Prospective Payment System）点数付费与按病种付费并行的改革路径。

改革的实施分为三个阶段。第一阶段，选定市区内 10 家三级医疗机构作为试点单位，开展模拟 DRG－PPS 点数付费。在模拟运行期间，遵循“有利于医院”的原则，至 2020 年底，医院可自主选择结算方式，而从 2021 年开始，进入实际付费阶段。第二阶段，启动 88 家二级以上医疗机构（包括 42 家市本级医院和 46 家县区医院）的试点工作，并于 2021 年底全面实现实际付费。第三阶段，启动 DRG 大数据基金监管系统的建设工作。该系统基于 DRG 分组技术原理，采用云平台架构、人工智能、大数据分析技术，旨在实现反欺诈管理、重点病种的深度挖掘以及费用趋势的分析，以辅助增强医保部门的监管能力，并提升医保基金的使用效率。

3. 配套政策

(1) 结余留用和超支分担办法

2020年4月8日，徐州市医保局印发《徐州市基本医疗保险统筹基金总额控制指标综合考核办法》，对总额预算下的结余留用和超支分担办法作出规定，保障医疗机构DRG付费下的结余收入，对医疗机构亏损进行合理超支分担。执行标准和实施办法如表15所示。

表15 执行标准和实施办法

	执行标准	实施办法
结余留用	1. 定点医疗机构的统筹基金发生额低于总控指标，且次均住院费用、人次人头比指标和百门诊人次住院率均等于或低于下达的考核指标时，出院人次达到上年实际出院人次的80%以上，统筹基金发生额与总控指标的差额部分（简称差额部分，下同），按以下比例结转留用，在下年度总控指标外追加使用 2. 定点医疗机构的统筹基金发生额低于总控指标20%以内，且次均住院费用低于下达的考核指标，差额部分按30%比例结转留用。 3. 定点医疗机构的统筹基金发生额低于总控指标，但次均住院费用高于下达的考核指标，据实结算，不予结转留用	1. 统筹基金发生额为总控指标90%～100%的，差额部分按70%比例结转留用 2. 统筹基金发生额为总控指标80%～90%的（含90%），差额部分按50%比例结转留用 3. 统筹基金发生额在总控指标80%以下的（含80%），差额部分不予结转
超支分担	定点医疗机构实际统筹基金发生额高于总控指标，次均住院费用、人次人头比和百门诊人次住院率均等于或低于下达的考核指标，差额部分分段按比例由统筹基金超支分担	1. 超总控指标5%（含5%）以内的部分，按70%分担 2. 超总控指标5%～10%（含10%）的部分，按50%分担 3. 超总控指标10%～20%（含20%）的部分，按30%分担 4. 超总控指标20%以上的部分，不予分担

资料来源：徐州市医保局《徐州市基本医疗保险统筹基金总额控制指标综合考核办法》（2020年）。

（2）基层医疗机构 DRG 付费政策

为稳步推进医保支付方式在基层医疗机构的改革进程，积极引导分级诊疗体系建设，2021 年 12 月 13 日，徐州市医保局印发《关于一级医疗机构住院医疗费用推行 DRG 付费的通知》（徐医保发〔2021〕106 号），在一级医疗机构按病种收付费的实践基础上，创新建立具有徐州特色的一级医疗机构住院医疗费用 DRG 付费机制，在具有住院资质的医保定点一级医疗机构全面实施 DRG 付费，并选取 7 家一级医疗机构从 2022 年 1 月 1 日起进行试点。具体病种设置及激励措施如表 16 所示。

表 16　　病种设置和激励措施

	具体内容
病种设置	1. 试点一期设定病组数量为“35 + 1 + X”。“35”指白内障等 35 个在一级医疗机构开展较为普遍、路径明确、执行过程中变异率较小的病组；“1”指综合病组，即：一级医疗机构开展的、在 35 个病种之外的所有病例，合并设置为综合病组；“X”指一级医疗机构将来开展的新技术和新病种（以外科为主）。结合历史数据，谈判确定“35 + 1”结算标准，具体病组及医保支付标准见附件。在分析研判一期试点进展情况、充分吸取各地一级医疗机构意见的基础上，适当增加病组、合理调整结算标准，适时全市推行 2. 精神病治疗、生育相关医疗费用不纳入上述病种结算，仍按现行政策执行
激励措施	医保经办机构可以根据统筹基金结余情况和考核结果，对具备以下情形的医疗机构，经集体协商后适当增加当年总控指标，并用于当年结算： 1. 住院医疗总费用增长率小于 5% 的 2. 出院人次数增长率小于 5% 的

资料来源：徐州市医保局《关于一级医疗机构住院医疗费用推行 DRG 付费的通知》（2021 年）。

（3）新技术和特病单议流程

2021 年 5 月 27 日，徐州市医保局发布《徐州市 DRG – PPS 点数付费医疗新技术应用申报流程》和《徐州市 DRG – PPS 点数付费特病单议申报流程》（徐医保发〔2021〕44 号），对首次应用的医疗新技术和特殊病例进行除外支付，支持和鼓励医疗机构将创新技术应用于临床治疗，对医疗机构收治的高资源消耗患者的医疗费用予以补偿。具体的评议标准和结算方式如表 17 所示。

表 17　评议标准和结算方法

	评议标准	结算方法
新技术应用	DRG 结算年度年终清算开始前，针对提交备案的新技术情况，根据卫生健康部门公布的当年度医疗机构引进新技术评审结果，市医保行政部门对新技术应用范围进行确定。市医保行政部门会同医保经办部门从全市 DRG 管理专家库中随机抽取专家，对符合条件的新技术应用进行评议；根据评议结果组织医保经办机构和医疗机构进行谈判，并将评议谈判结果及时向医疗机构公布	专家评议确定的新技术应用按合理医疗服务费用确定相应 DRG 分组及具体点数，并在年终予以清算。同时纳入结算年度次年点数用于月度预结和年终清算
特病单议	结算年度次年 2 月底前，市医保行政部门会同医保经办部门从全市 DRG 管理专家库中随机抽取专家进行评议。根据专家评议结果组织医保经办机构和医疗机构对评议结果进行谈判，并将评议谈判结果及时向医疗机构公布	申报特病单议的病例不纳入 DRG - PPS 当月预结算，年终清算时按特病单议后确定的点数，作为医保经办机构年度清算依据。符合 DRG 分组原则的特病单议病例，按合理医疗服务费用确定相应 DRG 分组及具体点数，并纳入结算年度次年点数，用于月度预结和年终清算

资料来源：徐州市医保局《徐州市 DRG - PPS 点数付费医疗新技术应用申报流程》（2021 年）；《徐州市 DRG - PPS 点数付费特病单议申报流程》（2021 年）。

（二）医保基金监管制度建设

徐州市医保局根据《国务院办公厅关于推进医疗保障基金监管制度体系改革的指导意见》等，制定了《关于推进医疗保障基金监管制度体系改革的实施意见》（徐政办发〔2022〕62 号），在法治建设基础上，构建了行政监管、协议管理与信息化监管三位一体的医保基金监管模式。

1. 法治建设

医疗保障基金监管的法治化建设是全面依法治国的必然要求，亦是推进全民医保制度公平与可持续发展的重要保障。当前，徐州市医疗保障基金监管的主要制度基础为《医疗保障基金使用监督管理条例》及《中华人民共和国社会保险法》，其他监管依据则涵盖《中华人民共和国基本医疗卫生与健康促进法》《医疗机构管理条例》《中华人民共和国药品管理法》以及《零售药店医疗保障定点管理暂行办法》等多项法律法规与政策文件。

为深化医疗保障基金监管法治化建设，徐州市制定并颁布了多项规章制度，构建了综合性的监管法规体系。本书对徐州市近年来出台的医疗保障基金监管相关政策文件进行了梳理，详细内容见表 18。

表 18　　2019 年以来徐州市医保基金监管相关政策文件

标题	文号	内容简介
《关于印发〈徐州市欺诈骗取医疗保障基金行为举报奖励实施细则〉的通知》	—	加大对欺诈骗保行为的打击力度，鼓励社会各界举报欺诈骗取医疗保障基金行为，给予举报人最高额度 10 万元的举报奖励
《关于印发〈徐州市基本医疗保险医疗费用结算办法〉的通知》	徐医保发〔2020〕35 号	设置不合理费用增长处罚措施，根据医疗机构实际发生住院医疗总费用较上年度增长情况，按照 5% 以内、5% ~10% 、超过 5% 以上、超过 10% 以上的类型，设置本年度下达的总控指标的扣减比例
《关于印发〈徐州市基本医疗保险住院费用 DRG – PPS 点数付费暂行办法〉的通知》	徐医保发〔2020〕116 号	医保经办机构应对病案质量进行全面监管，基金监督机构定期组织专家和定点医疗机构有关人员对病案进行交叉人工抽样检查，引入第三方监管服务，逐步提高对 DRG – PPS 点数大数据的挖掘分析能力，切实提升医保智慧监管水平
《关于印发〈徐州市城乡居民医疗保险办法〉的通知》	徐政规〔2020〕2 号	全面推行总额预算下的多元复合式医保支付方式，切实加强基金管理，控制医疗费用不合理增长，保障参保人员基本医疗，确保基金运行安全
《关于印发徐州市医疗保险智能监控规则的通知》	徐医管发〔2021〕51 号	加强对定点医药机构医疗行为的监督，确保医保基金的合理支付，制定医疗保险智能监控第一批刚性规则 29 条，涉及单项目限价和分解住院

续表

标题	文号	内容简介
《关于进一步完善医保支付有关事项的通知》	徐医保发〔2021〕39 号	结合推进医保支付方式改革，以高值耗材集中带量采购落地为突破口，进一步完善医保支付激励约束机制，使集中带量采购成果惠及参保群众
《关于一级医疗机构住院医疗费用推行 DRG 付费的通知》	徐医保发〔2021〕106 号	各级医保经办机构要每月开展费用分析，加强基金支付费用常规监测，及时发现异常行为线索，不断完善监管手段
《关于印发徐州市基本医疗保险住院费用 DRG – PPS 点数付费监管工作方案（试行）的通知》	徐医保发〔2022〕3 号	提出构建 DRG – PPS 监管机制，提出“点面结合、立体防控”的思路，采取医保智能审核与人工审核相结合的方式，明确监管的范围、内容、方式和违规处理办法，公布 34 条监管规则和 28 项监管指标
《关于印发〈徐州市基本医疗保险住院费用 DRG 点数付费办法〉的通知》	徐医保发〔2022〕4 号	以 DRG 分组技术为支撑，对定点医疗机构的医疗费用水平和医疗服务质量进行评价，利用评价结果有针对性地加强对定点医疗机构的管理。推动定点医疗机构加快建立以成本控制和质量控制为中心的现代医疗机构管理制度，强化医疗行为、病案编码、服务质量等方面的监管，健全内部激励约束机制，提高医务人员积极性，保障 DRG – PPS 点数付费平稳运行
《关于推进医疗保障基金监管制度体系改革的实施意见》	徐政办发〔2022〕62 号	到 2025 年，基本建成适应高质量发展的医保基金监管制度体系和执法体系，形成以法治为保障，信用管理为基础，多形式检查、大数据监管为依托，党委领导、政府监管、社会监督、行业自律、个人守信相结合的全方位监管格局，实现医保基金监管法治化、专业化、规范化和常态化

资料来源：根据相关资料整理。

2. 行政监管

依据上级指示及部门职能，将监管事项细分为权力清单、监管事项清单及政务服务清单。通过强化内部工作衔接机制，明确行政监管与经办机构协议管理的差异与联系。明确行政科室、市医保中心及市医保监管中心的职能分工，确保各部门各司其职、相互协作，从而提升医保监管工作的效率与质量。市医保监管中心的主要职责包括：一是制定医保基金检查流程及实施细则，依法查处医疗保障领域的违法行为；二是运用信息化平台监测医疗保障基金的安全性，并受理举报投诉，落实举报奖励；三是配合市医保局开展专项检查、联合检查及飞行检查等任务；四是协助市局推进医疗保障领域信用体系建设。在查处过程中，若发现定点医疗机构存在违反协议但无须行政处罚的情况，或在行政处罚后需进行协议处理的，及时移交市医保中心处理。对于需要专业力量及相关部门协助的案件和专项检查，采取联办机制，由市局行政科室牵头，市医保监管中心及市医保中心联合办理。此外，每月初由局主要负责同志主持召开医保监管工作例会，确保监管工作协调一致。

3. 协议管理

（1）发展进程

自 2016 年起，徐州市全面取消“两定资格审查”，遵循“属地管理”原则，实行经办机构协议管理模式。2019 年，结合群众就医需求变化及优化营商环境工作要求，将定点医疗机构和零售药店两个协议管理经办规程合并，统一为定点医药机构服务协议管理经办规程。自 2021 年 2 月 1 日起，依据国家医保局《医疗机构医疗保障定点管理暂行办法》和《零售药店医疗保障定点管理暂行办法》相关规定，规范执行定点医药机构的审核与管理。截至 2025 年 6 月底，徐州市医保定点医疗机构共计 888 家，定点零售药店共计 2158 家。

在协议管理中，医保部门作为委托人，有权通过现场检查、智能监控、资料审核或委托第三方审查等方式，对医药机构的政策执行情况和责任履行情况进行监管，对发现的违约行为依照协议规定处理，确保协议管理公开透明、公平公正和规范高效。

（2）分类分级管理模式

目前，徐州市对定点医药机构实施了协议准入、分类、分级管理的方案。对定点医疗机构主要按照其级别和机构类型，分为二三级、一级和未定级三个管理级别，对定点零售药店主要根据其基础管理、协议履行、公众信誉等分为 A、B、C 三个管理类别。对不同级别、类别的定点医药机构，设定不同的医保服务范围、基金支付范围、违约行为认定标准及处理办法等，分别签订对应层级的服务协议。在具体实施过程中，事前通过座谈会的形式与定点医疗机构进行协商谈判、征询意见，采取主体协议为主、补充协议动态完善的方式与医药机构签订协议。例如，对医疗机构实行专项补充协议管理机制，根据不同的险种、特定的专项服务，先后制定、签署了按病种收付费工作专项协议、门慢门特被委托鉴定医疗机构专项服务协议等专项补充协议，细化、明确对医疗机构开展专项服务的要求和对应的违约责任。事后建立服务协议内容动态完善机制，坚持每年一修订，针对出现的违约行为，不断完善和细化协议内容。

（3）实施信用等级评定制度

2013 年，徐州市医保局印发《徐州市基本医疗保险定点医疗机构和定点零售药店信用等级评定管理办法》，从基础管理、协议履行、公众信誉等方面设置考核指标和评价体系，对医药机构进行信用等级评定，评定结果向社会公示，评定结果与年终考核、考核保证金预留、基金预付等挂钩，加大信用等级违规成本。例如，AAA 级、AA 级、A 级、未定级医疗机构预留考核保证金比例分别为 4%、6%、8%、10%，费用结算定期预拨比例分别为 95%、90%、85%、70%。2020 年 2 月，制定发布《徐州市医疗保障定点医药机构失信惩戒实施细则（暂行）》，建立守信激励“红名单”和失信惩戒“黑名单”，促进定点医药机构加强行业自律，自我约束行为规范，营造诚信自律的医疗行业风气。

（4）实施考核激励机制

对医疗机构和零售药店实行年度考核激励机制，分为自我考核和经办机构考核两个方面。建立第三方医疗费用审核机制，委托专业性、权威性机构审核医疗费用和医疗服务行为。同时，将考核结果与医疗费用结算和医保协议管理直接挂钩，激励定点医药机构和医务人员加强自我约束。

4. 信息化监管

面对海量的医保数据，受限于人力物力，医保部门往往无法对医药机构提供医疗服务和参保人员享受待遇过程中的相关行为及费用实施全面监控。抽查或飞行检查对违规行为的覆盖面过窄，惩罚力度难以掌握，导致违规成本过低，而大数据等信息化工具的介入，可以帮助医保监管部门大幅提升监管工作的效率和精准度。

在 2019 年国家医保局开展的“两试点一示范”工作中，徐州市获评“国家医保智能监控示范点”。2012 年以来，徐州市医保部门立足本地实际，研发出“药品进销存管理系统”“云视频监控管理系统”“医疗数据挖掘系统”“高值药品管理系统”“实名就医认证系统”“OCR 单据管理系统”“远程住院核查系统”“移动稽核系统”八大智能监管系统，覆盖所有定点单位，能够及时发现并处理违法违规行为。智能监管体系改变了以往的事后监管模式，从源头介入，实现了“事前—事中—事后”的全流程监管，医保监管的职能得到充分发挥。如“药品进销存系统”对定点药店经营的全过程（采购、销售、库存）通过信息录入进行后台监管，便于发现冒刷盗刷他人医保卡、串换药品等违规行为；“远程视频监控系统”对刷卡结算的数据实现无盲区、24 小时在线监控；“医疗服务数据挖掘系统”不仅可以对医院的大处方、大检查等违规行为进行管控，还能够在患者剩余药量、大型检查同城互认结果等方面给予提醒，尽可能避免因重复检查、重复开药而造成的资源浪费。

徐州市医保局通过打造智能化的监管信息系统、专业化的监管队伍、系统化的监管法规来行使监管职能，对违法违规行为保持高压态势、严厉打击，大大提高了医保违法违规行为的成本，形成“不能骗、不敢骗”的医疗保障生态环境。截至 2019 年底，通过“事先提示”功能查实违规金额 1143.93 万元，追回 1143.93 万元，追回率 100%。

按照工作安排，2023 年 9 月至 2024 年 1 月，徐州市医保中心组织开展 2023 年度医保出院病历抽查。2023 年度检查采取聘请第三方机构协助监管的方式，根据招标合同，此项工作重点检查 2023 年市本级二级、三级医疗机构 DRG 结算病例、按病种收付费病例。每季度检查出院病例数不低于 1000 份（DRG 结算病例不低于 800 份，按病种收付费病例不低于 200 份）。通过数据分析定位异常指标、异常病组和异常医疗机构，有针对性地抽取相关病例进行现场检查。实际共检查二级以上医疗机构 42 家，出院病例 4095 份，其中 DRG 付费病例 3465 份，按病种（床日）收付费病例 630 份。

经查，发现部分医疗机构病例存在编码高套、低标准入院、转嫁费用、病历中未记载或记载不一致的医药服务（医嘱、检查、检验凭证等）

进行收费、使用医保基金支付医保政策范围外费用、违反医保医药价格收费政策等违规行为。审核发现违规疑点病例1366份。

编码高套主要表现为上传的主诊断与手术操作与病历首页不一致（与实际病情和治疗情况不符）；将未治疗或对资源消耗没有影响的疾病作为其他诊断上传，从而进入合并症并发症病组。转嫁费用责任主要表现为让患者在住院期间外出自费购药、检查等。低标准入院主要表现为将病情稳定、轻微的常见病、慢性病收治入院进行体检式检查和常规诊疗。这些通过“点”的监管很难发现查实的问题，在“面”的监管面前原形毕露，监管范围和监管效率得以有效提升。

医保中心工作人员对检查结果进行复核，排除部分依据不足的违规疑点，按照协议案件办理流程进行处理，包括违约行为告知、申诉反馈、重大案例集体审核、下发处理决定等。共处理定点医疗机构37家，追回不予支付费用517.08万元，处违约金28.03万元，合计545.11万元。其中，部分三级医院下半年病例检查处理工作正在进行，待案审会讨论确定最终处理意见。

2023年5月9日至5月25日，徐州市医保局稽核科牵头组织居民大病保险中标机构开展对2023年度高额病例和特病单议病例的审核工作；5月30日至31日，稽核科根据工作安排，抽派6名工作人员到徐州市传染病医院，开展2023年医保结算病例抽查工作。共审核市本级（含铜山区、贾汪区）29家医疗机构2475份病历（高额病例2063份，特病单议病例212份，传染病院病例抽查200份），初步审核涉嫌违规金额1003.23万元，经申诉反馈后确认违规金额708.75万元。具体来说，徐州市医保局根据高额病例特点（重症监护及长期住院病人），结合国家飞检重点领域，确定检查审核重点和方向为重症监护室的合理检查、合理用药和合理收费情况。一是与第三方机构商讨，制定审核计划和方案。现场审核时，首先提取数据进行统计分析，查找违规疑点，做到有的放矢；二是根据违规疑点，开展现场病例检查，发现新的违规线索后形成规则，筛查共性问题；三是对编码高套、分解住院、过度诊疗等个案问题进行核查。主要违规情形如下：串换收费——开展各类病原体DNA定性检查按照定量项目收费；开展C反应蛋白检查按超敏C反应蛋白收费等。重复收费——开展纤支镜治疗同时收取纤支镜检查和纤支镜治疗费用；开展呼吸机辅助呼吸治疗同时收取呼吸机辅助呼吸、氧气吸入、加压给氧费用等。过度诊疗——套餐式检查，无指征开展糖类抗原检测、甲肝、戊肝抗原抗体检测等。病历记录与收费不一致——血一氧化碳分析、心电事件记录等收费项目无医嘱、无报告、无记录。超合理数量收费——特殊物理降温治疗应“按次”收费，部分医疗机构按小时收费，每天收取 24 次。超范围诊疗——西医医师开具鹿血晶等中药饮片。编码高套（低套）——上传的其他诊断无依据或未开展相关诊疗；开展呼吸机辅助呼吸治疗，且治疗时间大于 96 小时，但医疗机构未上传相关操作编码。

（三）DRG 付费专项监管政策

2022 年 1 月 27 日，徐州市医保局发布了《徐州市医疗保险住院费用 DRG－PPS 点数付费监管工作方案（试行）》（以下简称《方案》），明确把 DRG－PPS 点数付费监管纳入医保基金监管工作任务中，制定具体的监管工作方案。重点对 DRG 付费下可能出现的申报数据不实、推诿重症患者、高靠分组、分解住院、医疗服务不足、低标准入院、将住院费用分解至门诊结算等行为进行稽核监控。将监管的重点从医疗费用扩展到医疗服务质量，从服务过度转向服务不足，强化医保对医疗服务行为的监管。

1. 监管思路

徐州市以全国智能监管终期评估现场会为契机，适应 DRG 付费后监管重心变化的实际，开发了“徐州市 DRG 大数据监管系统”用于 DRG 付费专项监管。采取医保智能审核与人工审核相结合的监管思路，具体监管流程如图 5 所示。每月底，集中对本月内医疗机构上传的结算清单进行疑点筛查，通过系统自动稽核，将触发违规预警的病例筛选出来并先行扣除点数，然后反馈至各定点医疗机构进行自我审查，若对审核结果有异议，则提交申诉及相关证明材料，由专职稽核人员对申诉情况进行初审，难以判定是否违规的，组织复审会议逐一分析研判，通过审核的病例进入 DRG 结算给予返点，判定违规的病例则扣除相应点数，不予返点，并作出相应处罚。

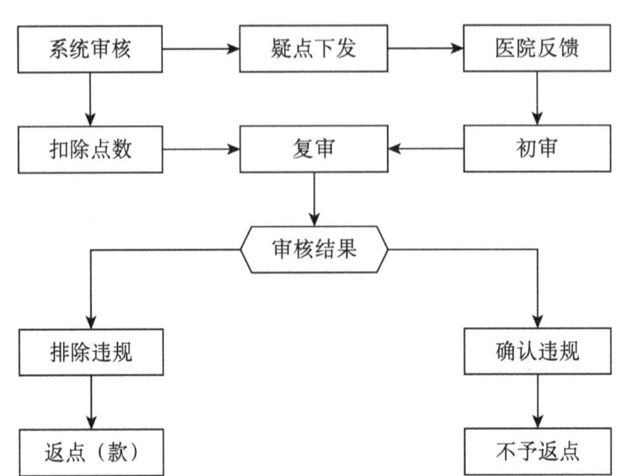

图5　DRG大数据监管系统规则疑点稽核工作流程

资料来源：根据相关资料整理。

2. 监管规则和监测指标

实施“点面结合”的监管策略。所谓“点”的监管，即通过将监管内容细化为一系列刚性规则，并将其纳入“徐州市DRG大数据监管系统”。定点医疗机构在上传使用DRG付费结算的结算清单后，若大数据分析结果表明存在违规行为，则会触发相应的规则预警，并按规定程序进行处理。

在“点”的监管层面，初期设定了34条规则，这些规则被划分为“合规性规则”“反套高规则”和“反套低规则”三大类。这些规则主要针对DRG付费模式下较为普遍的“病案入组质量低”“编码套高”和“编码套低”等异常行为进行审查。通过与医保机构和医疗机构协商、专家咨询以及平台试运行等方式，逐步明确并完善了每条规则的具体内容。截至2023年1月，已对其中15条监管规则进行了修订，并新增了1条监管规则。

“面”的监管则侧重于运用大数据分析技术，对DRG－PPS运行相关的关键指标进行监控。通过对比医疗机构的病案质量、医疗服务质量和效率等关键指标，对数值异常的医疗机构实施重点监控和专项稽核。在“面”的监管中，从“费用发生情况”“医疗服务质量与能力”“入组情况”以及“病组病例异常变化”四个维度进行监管。首批选取了28项关键指标进行监控，具体指标详见表19。

表 19　　　　监管维度与监测指标

监管维度	监测指标
费用发生情况	总费用
	次均费用
	次均费用增长率
	实际报销比例
	自费费用占比
	亏损和盈利前三病组
	平均费用变化较大（前三）病组
	检查检验占比
医疗服务质量与能力	病例组合指数（CMI）
	药占比
	医用耗材占比
	时间消耗指数
	费用消耗指数
	平均住院日
	入出院诊断符合率
	30 天再住院率
	病例数前三病组名称及病例数
	人次人头比
入组情况	出院人次
	出院病例入组率
	覆盖 DRG 组数
	按项目付费人次占比
	严重合并症并发症占比
病组病例异常变化	高倍率病例占比
	低倍率病例占比
	病例数在 50 例以上且增长率或下降率为 50% 以上的病组数量、名称
	高倍率病例主要病组（前三）
	低倍率病例主要病组（前三）

资料来源：徐州市医保局《徐州市医疗保险住院费用 DRG－PPS 点数付费监管工作方案（试行）》（2022 年）。

3. 违规处理办法

医疗保险执行机构对协议管理内容进行了完善，将 DRG－PPS 点数付费管理专项内容纳入医疗机构服务协议及考核内容中，或签订相应的补充协议。依据协议及考核细则，对医疗机构在 DRG－PPS 监管过程中出现的违规行为进行处理。方案将违规行为的严重程度划分为五个等级，并为每个等级的违规行为规定了相应的处理措施，详细内容见表 20。方案实施的前三个月，对医疗机构的违规行为仅采取反馈处理，不执行实际的处罚措施，保证医疗机构有足够的时间适应平台规则并进行自我检验与调整。分级分类的处理机制设计，在确保医疗保险基金安全的基础上，提供了适度的容错空间，强调了自我约束的重要性，有效避免了在 DRG 付费监管工作中出现“一刀切”现象。

表 20　　违规行为处理方式

行为类型	处理方式
轻微违规行为处理	对病案首页填报不正确、不规范、不完整，如使用无效主诊断、参保人基本信息异常、主要诊断、其他诊断、主要手术（操作）、其他手术（操作）等信息填写错误等情况，未造成基金损失的，责令定点医疗机构整改
一般违规行为处理	对因病案首页主要字段填写不规范，如上传笼统/联合诊断、笼统/联合手术（操作）编码等情形造成基金损失的，其对应 DRG 病例点数不予计算
较严重违规行为处理	对查实的因套高套低缩减必要诊疗服务行为，如呼吸机使用时长不足、手术与收费项目不符、病组与收费项目不符等，造成基金损失的，其对应 DRG 病例点数不予计算，并按该病例对应 DRG 基准点数的 20% 扣除该医疗机构病例点数
严重违规行为处理	对查实的因低标准入院（含住院配药、体检住院）、分解住院、挂床住院、推诿危重病人、转嫁费用责任以及弄虚作假等行为套取医疗保障基金的，其对应 DRG 病例点数不予计算，并按该病例对应 DRG 基准点数的 30% 扣除该医疗机构病例点数
涉嫌欺诈骗保	移交医保行政机关进行查处，查实医疗机构某一行为同时违反以上多条规定的，按最高处罚条款处理。定点医疗机构因违法违规行为被扣除的点数不纳入本单位当年可分配的医保基金总额

资料来源：徐州市医保局《徐州市医疗保险住院费用 DRG－PPS 点数付费监管工作方案（试行）》（2022 年）。

（四）小结

本部分针对前文所述医保基金监管存在的问题，系统性地梳理了徐州市医保监管的先进政策机制与实践经验，并对 DRG 付费模式下医保基金监管的策略进行了深入探讨。具体而言，针对 DRG 改革配套机制可能导致政策风险的问题，本书梳理了徐州市实施效果显著的三类激励性配套政策；针对监管体制机制不完善的问题，本书从法治建设、行政监管、协议监管和信息化监管四个维度，详述了徐州市医保基金监管的政策实践；针对前文总结的异化行为，重点介绍了徐州市 DRG 付费专项监管政策，涵盖了监管流程、规则设定、指标体系建设以及分类处罚的相关内容。

基于前述分析，本书总结出徐州市医保基金监管的经验模式：以法治建设为保障，以行政监管为基础，以协议管理为手段，以大数据监管为支撑，多主体协同监管，构建了 DRG 付费下医疗费用与医方行为的双向监控体系，实现了 DRG 付费改革与医保基金监管的相互促进，形成了一个全方位、全流程闭环、具有鲜明地域特色的基金监管“徐州模式”。

进而，在“徐州模式”下，医保基金监管的成效如何？专项监管政策和规则的实施是否对 DRG 付费下的异化行为产生有效的约束作用？在下一节中，本书将利用徐州市 2021 年和 2022 年 DRG 付费运行以及医保基金监管的相关数据资料，对本案例中的监管模式和政策实施成效进行量化评估。

二、成效几何：DRG 付费下医保基金监管效果测度

本书提出了医保基金监管效果的测度思路，即以委托代理目标的实现程度作为衡量标准。换言之，监管效果的优劣取决于医保委托方（医保部门）在多大程度上通过制度设计与执行，引导代理方（医疗服务提供者）达成既定政策目标，降低异化行为的发生概率。基于以上研究，本节将进一步构建以委托代理三大目标维度（即控制成本、保障质量、提高效率）和异化行为控制维度为核心的评估体系，分别从宏观制度层面和微观策略

层面对徐州市医保基金监管模式及DRG付费专项监管政策的实施成效进行系统测度与分析。通过“由整体到局部”的研究路径，综合考察徐州模式在制度构建、执行机制、指标监测及行为干预等方面的实际效果，进而为我国其他地区的医保基金监管实践提供可量化、可借鉴的政策依据与路径参考。

（一）资料与方法

1. 数据来源

2022年至2025年2月，笔者多次通过实地调研的形式对徐州市医保局、徐州市医保基金监管中心进行了走访，与从事医保基金监管工作的政府工作人员、第三方信息技术公司开展座谈会和访谈，并就疑点问题与几家三级医疗机构进行会议研讨，了解医保支付方式改革和监管政策等相关情况。基于实地调查和初步分析，本书选取了徐州市DRG-PPS付费改革首批10家试点医疗机构作为研究对象（均为三级医疗机构），基于不同维度收集2021年DRG-PPS付费模拟付费至2022年12月徐州市本级统筹区内的病案首页信息，提取有关数据计算后得到10家三级医院在医疗费用、政策运行、基金管理以及医方行为方面相关指标的年度数据和月度数据。以上数据均来源于徐州市DRG大数据监管系统和徐州市DRG-PPS结算平台。

2. 研究方法

本书采用描述性分析和回归分析相结合的方式开展研究。一是使用Excel软件对各项指标数据进行处理，通过描述性分析整体观测徐州市医保基金监管工作的开展效果，重点对患者负担、医保政策、基金管理三大目标维度的指标水平进行分析研判，各维度指标数据统计情况及对比结果以图表形式展示。二是对异化行为维度的测度指标采用断点回归设计进行统计分析，并绘制断点回归图像，直观展示变量之间的关系，同时设置不同带宽进行稳健性检验，评估DRG专项监管政策的实施效果，该统计分析过程通过Stata 16.0软件包实现，$P<0.05$则认为具有显著性差异。

3. 断点回归设计模型构建

断点回归设计（Regression Discontinuity Design，RDD）这一方法由

Thistlethwait 和 Campell 最先提出并应用于教育心理学领域①，是社会科学研究中的一种准自然实验方法，其基本原理是：假设某种干预（处理）会对结果变量产生影响，这种干预必须依靠一种连续变量的取值来体现，如果结果变量与连续变量之间是连续性关系，那么受干预的结果变量在连续变量的临界值处会出现跳跃，即变量的分布呈现出断点，说明干预变量在断点处产生了影响②。断点回归设计可以解决政策效果实验中无对照组的问题，使研究对象在政策实施断点前后的情况互为对照。目前，这种方法已经被广泛用于评估公共政策的因果效应。在卫生领域的政策效果评价中，可以观察某一卫生政策的实施是否产生了断点，以此来评价政策实施的效果③。

断点回归又分为精确断点回归（Sharp Regression Discontinuity，SRD）和模糊断点回归（Fuzzy Regression Discontinuity，FRD），两者的区别是，在精确断点回归中，研究的结果变量在断点处受影响的概率是从 0 直接跳跃到 1，变化是确定的；而在模糊断点回归中，研究的结果变量受影响的概率在断点处不是从 0 直接跳跃到 1，而是不规则地从 a 跳跃到 $b(0<a<b<1)$，变化具有不确定性。本书将上一章中提到的《方案》作为对医方异化行为进行监管的干预政策，该政策自 2022 年 1 月 1 日起在统筹区内符合条件的所有医疗机构同步执行，本书选取的 10 家三级医疗机构皆符合政策执行条件。所以，作为研究个体的 10 家三级医院受到该监管政策干预的概率是从 0 到 1 的确定性跳跃，因此本书采用精确断点回归方法展开研究。本书选取的是各医疗机构的月度数据，因此将政策断点设置为 2022 年 1 月，引入虚拟变量 D_i 来表示研究个体 i 是否受到该政策干预：

$$D_i=\begin{cases}0, & T<T^*\\1, & T\geqslant T^*\end{cases} \qquad \text{式（1）}$$

在式（1）中，T 的取值范围为 2021 年 1 月至 2022 年 12 月，T^* 表示监管政策实施干预的日期，当 $T<T^*$ 时，表示个体对象未受到监管政策干

① Thistlethwaite，D. L.，& Campbell，D. T.（1960）. Regression - discontinuity analysis：An alternative to the ex post facto experiment. Journal of Educational Psychology，51（6），309 - 317.

② 赵西亮．基本有用的计量经济学［M］. 北京大学出版社，2017：233.

③ 冷安丽，唐彬，王健．断点回归设计在卫生经济领域的应用与进展［J］. 中国卫生经济，2018，37（07）：8 - 11.

预，此时 D_i 等于 0；反之，当 $T \geqslant T^*$ 时，表示个体对象受到监管政策干预，此时 D_i 等于 1。基于此，本书构建断点回归模型表达式如下：

$$Y_i = \beta_1 (T - T^*) + \alpha D_i + \beta_2 D_i (T - T^*) + \varepsilon_i \quad \text{式 (2)}$$

在式（2）中，Y_i 表示个体对象在时间 T 上结果变量的值，$(T - T^*)$ 的系数 β_1 表示时间变量 T 对结果变量 Y_i 的影响大小；D_i 代表个体在时间 T 处接受政策干预的情况，其系数 α 代表该政策在断点处对结果变量的因果效应；添加 $\beta_2 D_i (T - T^*)$ 这一项可以使断点两边的回归方程有不一样的斜率，其中 β_2 表示该项的斜率调整系数；ε_i 表示研究观测不到的白噪声。

断点回归估计模型的运行是对干预点两侧的样本数据分别进行线性回归，通过回归系数的比较来反映差异性。在此之前，需要先确定所需的 RDD 模型的带宽（Bandwidth）。带宽选择越大，则包含的样本量越大，参数估计越准确，但会降低样本的随机性；反之，带宽选择越小，则包含的样本量越少，但随机性会增强，结果的可信度更高。本书选择 6 个月作为基准带宽估计结果，同时设置 0.5、1、2 倍带宽进行模型估计结果的稳健性检验。

4. 指标选择

在上文中，本书总结出了医保基金监管的三个主要预期目标，即患者负担有效减轻、医保政策平稳运行、基金管理绩效良好。本章将基于结果导向，对目标的实现情况进行评估，从患者负担、医保政策、医保基金三个维度选取 6 个测度指标（见表 21），整体评估徐州市医保基金监管模式的效果。具体指标含义如下：

（1）患者负担维度

本书主要从医疗费用角度来评价。次均住院费用指标可以反映医院的医疗费用控制情况[①]。次均住院费用下降表明住院患者的医疗负担在一定程度上得到减轻，次均住院费用上升表示该医疗机构收治患者的住院成本较高，不排除存在过度医疗等行为。

（2）医保政策维度

本书重点关注的是 DRG 付费政策的实施范围和质量。DRG 病案数可

① 王峰，郑建刚，陈尚文，等. 贵溪市住院次均费用控制模式的效果研究［J］. 中国卫生经济，2011，30（12）：46－48.

以反映医院按 DRG 结算的病例数情况，覆盖 DRG 组数可以反映医院收治病例所覆盖疾病类型的范围和服务能力①。DRG 支付方式能够帮助医疗机构主动控制成本，合理科学地节约医保基金，所以医保部门鼓励医疗机构在符合入组条件的情况下使用 DRG 支付方式结算。

（3）基金管理维度

本书主要关注医保基金的支出情况。基金结余率指标可以反映医保基金收支盈亏情况，住院费用基金实际支付占比指标可以反映医保基金支出的质量，而 DRG 结算基金金额占比可以反映医保基金支付管理绩效②。DRG 支付方式通过激励医疗机构主动控制医疗费用，进而提升医保基金管理绩效水平。

表 21　　医保基金监管模式效果测度指标

维度	指标	指标说明
患者负担	次均住院费用	住院患者总住院费用/同期患者入院人数
医保政策	DRG 病案数	DRG 结算病案总数
	覆盖 DRG 组数	DRG 组的个数
基金管理	基金结余率	基金盈余金额/基金预算金额 ×100%
	住院费用基金实际支付占比	基金实际支付住院费用/住院总费用 ×100%
	DRG 结算基金金额占比	DRG 结算基金金额/基金结算支出总额 ×100%

资料来源：根据相关资料整理。

（4）异化行为维度

在分析目标实现程度的基础上，针对本书第二章中总结的异化行为，结合徐州市出台的 DRG 专项监管政策，进一步对监管政策是否影响了医方的异化行为进行测度，选取 10 个测度指标（见表 22），对徐州市 DRG 专项监管政策效果进行验证，重点是政策中涉及的 DRG 付费后的编码套高、编码套低及病案入组质量问题，具体指标含义如下。

住院患者 30 天再入院率是医疗质量评估的重要指标，通过监测住院患

① 国家医疗保障疾病诊断相关分组（CHS - DRG）分组与付费技术规范，中国政府网，https：//www. gov. cn/zhengce/zhengceku/2019 - 11/18/5562261/files/d1e38788efee4493b732fdcb0776a2b7. pdf.

② 傅鸿翔，陈文．医保基金管理绩效评估指标构想［J］．中国医疗保险，2013（09）：33 - 36.

者30天再入院率可以达到提高医疗服务质量、保障患者就医安全的目的[①]。同时，DRG付费政策实施后，医疗机构通过适度缩短平均住院日等方式可以节约成本，但过度的成本节约造成的诊疗不足也可能会导致再入院率上升。

检查检验占比、药占比可以用来反映医疗机构收治患者住院的医疗资源消耗情况，如果占比异常升高，表示可能存在过度使用检查检验项目或过度用药的诱导需求动机[②]，导致过度医疗行为；另外，通常检查检验费用占比大于90%时，可能存在体检住院的违规行为，属于低标准入院的范畴。

DRG住院人次人头比代表平均每人的住院次数，通过对指标的观测可以实现对分解住院行为的分析，指标上升则认为可能存在分解住院的情况[③]。

病例组合指数（CMI）可以反映医院收治病例的资源消耗程度[④]，数值越高则说明医疗机构收治病患的疾病严重程度越高，反之则说明医疗机构收治病患的疾病严重程度越低。

合规性规则违规病案数占比、反套高规则违规病案数占比、反套低规则违规病案数占比这三项指标，是徐州市《方案》中针对病案入组质量低、编码套高、编码套低三类异化行为所制定的刚性规则指标，可以直接反映医保监管政策下医疗机构的行为变化。

高倍率病例占比、平均自费费用反映资源消耗超平均水平的情况和住院患者自付费用水平，指标变化可以反映出医疗机构将费用转嫁至高倍率病例[⑤]和患者自付的行为倾向。

---

① 陶成琳，陈妍，林德南，等.DRGs风险分析及对深圳市试点工作的启示［J］.中国卫生质量管理，2019，26（02）：31－35.

② 朱铭来，王恩楠.医保支付方式改革如何减轻道德风险？——来自医保基金支出的证据［J］.保险研究，2021（04）：75－90.

③ 谢岱仪，王前.广州市某三甲医院职工医保患者恶性肿瘤门诊费用与住院费用比较［J］.医学与社会，2018，31（01）：14－16.

④ 国家医疗保障疾病诊断相关分组（CHS－DRG）分组与付费技术规范，中国政府网，https：//www.gov.cn/zhengce/zhengceku/2019－11/18/5562261/files/d1e38788efee4493b732fdcb0776a2b7.pdf.

⑤ 杨松，吴婧文，余丽君，等.DRG高倍率病例现状与政策优化思考［J］.卫生经济研究，2022，39（04）：24－27＋32.

表 22　　DRG 专项监管政策效果测度指标

维度	指标	指标说明	相关行为
异化行为	住院患者 30 天再入院率	30 日内因同病再次入院患者数/同期住院患者总数 ×100%	医疗质量下降、诊疗不足
	检查检验占比	住院患者检查检验费用/住院患者住院总费用 ×100%	过度医疗、低标准入院
	药占比	住院患者药品费用/住院患者住院总费用 ×100%	过度医疗
	DRG 住院人次人头比	DRG 住院人次/DRG 同期住院人数	分解住院
	病例组合指数（CMI）	DRG 总权重/同期入组病例数	挑选病人
	合规性规则违规病案数占比	违规病案数/同期病案总数	病案首页质量低
	反套高规则违规病案数占比	违规病案数/同期病案总数	编码套高
	反套低规则违规病案数占比	违规病案数/同期病案总数	编码套低
	高倍率病例占比	高倍率病例数/同期出院病例数 ×100%	费用转嫁
	平均自费费用	住院患者自费总费用/同期住院患者人数	费用转嫁

资料来源：根据相关资料整理。

（二）实证分析及结果

1. 数据的描述性统计分析

（1）患者负担

本书提取 10 家医疗机构 2021 年、2022 年的病案首页住院费用数据，包含药品费、耗材费、检查检验费、护理费、床位费及其他综合服务费用，计算出年度次均住院费用并进行比较，数据统计情况见表 23。

表 23　　次均住院费用数据统计情况

	2021 年	2022 年	同比（%）
次均住院费用（元）	14190.17	14541.06	2.47

资料来源：根据相关资料整理。

如表 23 所示，10 家医疗机构的整体次均住院费用均值没有出现较大浮动，2021 年为 14190.17 元，2022 年为 14541.06 元，比 2021 年增加了 350.89 元，增长率为 2.47%，说明监管干预下患者医疗负担并未产生较大差异性变化。国家卫生健康委统计信息中心发布的统计公报显示，2022 年前三季度，我国三级公立医院次均住院费用为 13914.7 元①。徐州市 10 家三级医疗机构 2021 年的次均住院费用略高于全国平均水平，但差异不大。

为了进一步分析次均住院费用在 2022 年有所上涨的原因，分别计算 10 家医疗机构的年度次均住院费用进行对比，各医疗机构名称分别用字母“A～J”表示，数据统计情况如图 6 所示。

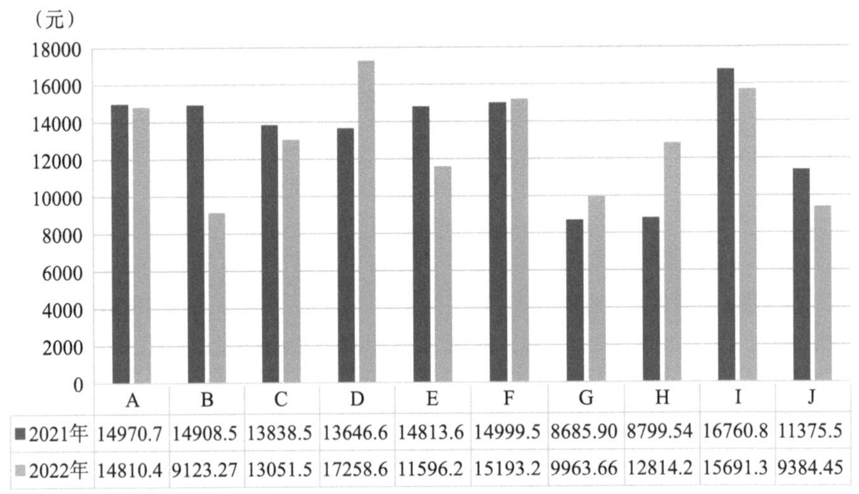

	A	B	C	D	E	F	G	H	I	J
2021年	14970.7	14908.5	13838.5	13646.6	14813.6	14999.5	8685.90	8799.54	16760.8	11375.5
2022年	14810.4	9123.27	13051.5	17258.6	11596.2	15193.2	9963.66	12814.2	15691.3	9384.45

图 6　各医疗机构年度次均住院费用统计情况

资料来源：根据相关资料整理。

由图 6 可知，有 6 家医疗机构（A、B、C、E、I、J）在政策实施后的 2022 年次均住院费用有所下降，其中 B、E 两家医疗机构费用下降明显，分别下降了 5785.29 元、3217.44 元，降幅达 38.81%、21.72%；而有 4 家医疗机构出现费用上升的情况，其中 D、H 两家医疗机构出现较大增幅，分别上涨了 3612.03 元、4014.69 元。

（2）医保政策

① 2022 年 1—9 月全国二级及以上公立医院病人费用情况，中国政府网，http://www.nhc.gov.cn/mohwsbwstjxxzx/s7967/202302/9ad5294e4d9541e0afda14836689caff.shtml.

本书对 10 家医疗机构 2021 年、2022 年出院的 DRG 结算病案数据进行筛选，对 DRG 病案数、覆盖 DRG 组数进行比较，数据统计情况见表 24。如表 24 所示，共选出符合条件的病案 505515 例，其中，2021 年 DRG 病案数为 182973 例，2022 年为 322542 例，显示 2022 年各医疗机构按 DRG 结算的病案数有显著增长，同比增长 76.28%。

表 24　　医保政策运行数据统计情况

病案	2021 年	2022 年	同比（%）
DRG 病案数（个）	182973	322542	76.28
覆盖 DRG 组数（个）	965	1040	7.77

资料来源：根据相关资料整理。

2021 年徐州市共覆盖 975 个 DRG 组，2022 年相较于 2021 年覆盖范围扩大了 37 个，共覆盖 1012 个 DRG 组。如图 7 所示，2021 年覆盖 DRG 组数为 965 个，入组率达 98.97%；2022 年覆盖组数为 1040 个，同比增长 7.77%，入组率达 99.80%，显示各医疗机构覆盖 DRG 组数在 DRG 付费实施后的两年间一直处于较高水平，2022 年已接近 DRG 组全覆盖的水平。

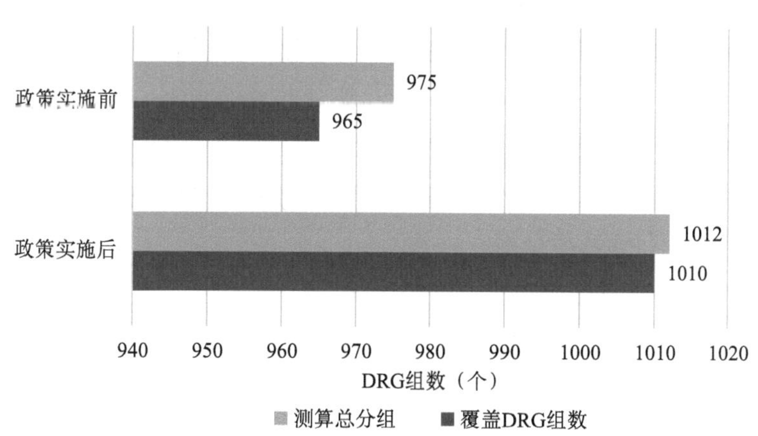

图 7　覆盖 DRG 组数统计情况

资料来源：根据相关资料整理。

（3）基金管理

本书根据徐州市医保局公布的医保基金年度运行情况，提取基金预算和基金支出（包含住院费用、DRG 结算费用）相关数据，计算住院费用基金实际支付占比、DRG结算基金金额占比指标数值，对2021年和2022年徐州市市本级统筹区内医保基金（包含职工和居民两种参保类型）的管理绩效情况进行比较评价，数据统计情况见表25。

表25　　基金管理数据统计情况

	基金结余率（%）	住院费用基金实际支付占比（%）	DRG结算基金金额占比（%）
2021年	10.08	62.18	48.79
2022年	11.77	61.35	61.35
同比	16.77	-1.33	25.74

资料来源：根据相关资料整理。

由表25可知，2021年徐州市当期医保基金结余率为10.08%，在2022年上升至11.77%。根据国务院的相关文件可知，基本医疗保险基金管理的基本原则是“以收定支、收支平衡、略有结余”①，基金结余过高或过低都不利于医保基金健康可持续发展，应保持在较合理水平为宜，但是有研究指出，目前我国虽然出台了相关指导意见，对于基金结余率的控制标准却无最佳参考值②。本书参考了国家医保局《2021年全国医疗保障事业发展统计公报》中的统计结果，数据显示2021年全国基本医疗保险的当期结余率约为16.3%③，徐州市基金结余水平较全国水平略低，但不存在赤字风险。住院费用基金实际支付占比无明显差异性变化，住院费用中基金实际报销比例均在60%以上。DRG结算基金金额占比2022年较2021年有明显上升，同比增长25.74%，医疗机构基金结算中使用DRG支付比例已经超过其他支付方式的总和。

（4）异化行为

在医方的异化行为层面，本书通过提取的病案首页信息和DRG运行数据，计算出10家医疗机构各项行为监测指标的年度数值，对比DRG专项监管政策实施前后的年度均值变化情况来分析政策对异化行为的约束效果，

① 国务院关于开展城镇居民基本医疗保险试点的指导意见，中国政府网，https：//www.gov.cn/zwgk/2007-07/24/content_695118.htm.

② 傅鸿翔，陈文．医保基金管理绩效评估指标构想［J］．中国医疗保险，2013（09）：33-36.

③ 2021年全国医疗保障事业发展统计公报，国家医疗保障局官方网站，http：//www.nhsa.gov.cn：8000/art/2022/6/8/art_7_8276.html.

并为后续开展断点回归实证分析提供数据基础。数据统计情况见表 26。

表 26　　政策实施前后异化行为数据统计情况[1]

	政策实施前	政策实施后	同比（%）
住院患者 30 天再入院率（%）	11.87	11.66	-1.77
检查检验占比（%）	30.35	31.28	3.06
药占比（%）	27.58	26.52	-3.84
DRG 住院人次人头比（%）	1.37	1.36	-0.26
病例组合指数（CMI）	1.10	1.22	10.77
合规性规则违规病案数占比（%）	2.71	0.18	-93.46
反套高规则违规病案数占比（%）	3.40	1.13	-66.79
反套低规则违规病案数占比（%）	5.86	0.73	-87.60
高倍率病例占比（%）	2.13	2.07	-2.82
平均自费费用（元）	1191.14	1018.46	-14.50

注：政策实施前取 2021 年均值，政策实施后取 2022 年均值。

由表 26 可知，政策实施后，合规性规则违规病案数占比、反套高规则违规病案数占比、反套低规则违规病案数占比分别下降了 93.46%、66.79%、87.6%，低至 0.18%、1.13%、0.73%，表明这三项指标受到监管政策的正向影响极大，且违规率已降至极低水平。病例组合指数（CMI）由政策实施前的 1.10 上升至 1.22，表明医疗机构收治病患的难易程度有明显提升。反映费用转嫁行为的高倍率病例占比和住院患者的平均自费费用指标均有下降，其中平均自费费用较政策实施前减少 172.68 元，同比下降 14.5%。此外，住院患者 30 天再入院率、药占比、DRG 住院人次人头比也出现下降，但下降幅度不明显。值得注意的是，检查检验占比指标未出现预期下降的结果，而是较政策实施前上升了 3.06%，需要进一步验证监管政策实施对该指标变化趋势的影响。

通过以上描述性分析可知，DRG 监管政策实施后，患者负担、医保政策、基金管理三个维度的指标都出现了较为明显的变化，说明医保基金监管产生了预期效果。而在医方的异化行为层面，除检查检验占比出现负向效应小幅上升外，其他指标变化均符合预期，说明医方的异化行为基本上都受到了监管政策的约束，为下文展开实证分析奠定了基础。

2. 异化行为指标的断点回归实证分析

（1）回归结果

为了进一步验证行为指标的变化是否是由于监管政策效应而产生的，以及该监管政策对测度指标影响系数的大小，本书基于医方行为维度，通过前文构建的断点回归实证模型进一步分析监管政策的有效性，以充分评价监管政策的实施效果。本书根据该政策长期效应的特点，选择 6 个月作为基准带宽估计结果，数据回归结果见表 27。

表 27　　各指标断点回归模型参数结果

	Coef.	Std. Err.	z	P > |z|	[95% Conf. Interval]	
住院患者 30 天再入院率	-0.8511	2.9161	-0.29	0.770	-6.5665	4.8643
检查检验占比	0.6396	1.8381	0.35	0.728	-2.9631	4.2423
药占比	-0.1818	31.8587	-0.06	0.955	-6.4260	6.0624
DRG 住院人次人头比	-0.5889	0.5604	1.05	0.293	-0.5095	1.6872
病例组合指数（CMI）	0.0537	0.0938	0.57	0.567	-0.1302	0.2377
合规性规则违规病案数占比	-4.5203	0.7622	-5.93	0.000	-6.0141	-3.0264
反套高规则违规病案数占比	-3.3477	0.5037	-6.65	0.000	-4.3350	-2.3604
反套低规则违规病案数占比	-4.1662	0.4897	-8.51	0.000	-5.1260	-3.2064
高倍率病例占比	-0.2187	0.4734	-0.46	0.644	-1.1465	0.7092
平均自费费用	-37.9633	162.3098	-0.23	0.815	-356.0846	280.1580

资料来源：根据相关资料整理。

模型结果显示，合规性规则违规病案数占比、反套高规则违规病案数占比、反套低规则违规病案数占比均在政策实施节点处存在断点，表现出明显的向下跳跃，分别下降了 4.52%、3.35%、4.17%，回归参数具有统计学意义（$P<0.05$）。除此之外，其他指标在政策实施节点未发生明显的断点，但是从回归系数来看，住院患者 30 天再入院率、药占比、DRG 住院人次人头比、病例组合指数、高倍率病例占比及平均自费费用均出现符合预期的变化，说明监管政策的干预在一定程度上产生了正向结果。而检查检验占比则在节点处上升了 0.64%，进一步验证了上文中统计数据显示的结果，说明该政策未对检查检验费用产生影响。

（2）断点回归图像

本书基于以上结果，绘制合规性规则违规病案数占比、反套高规则违规病案数占比、反套低规则违规病案数占比的断点回归图像。断点回归图以时间节点（月）作为横轴，2022 年 1 月为政策实施时间点（x = 0），纵轴表示指标数值，即百分比（%），通过断点回归图像，可以更直观地反映测度指标受监管政策的影响情况和变化趋势。

如图 8 所示，合规性规则违规病案数占比在政策实施前呈明显的上升趋势，2021 年末略有下降，在 x = 0 处产生明显断点，且瞬间降至极低水平，政策实施后呈现平稳下降趋势，表明监管政策对病案入组质量低产生了非常显著的正向影响。

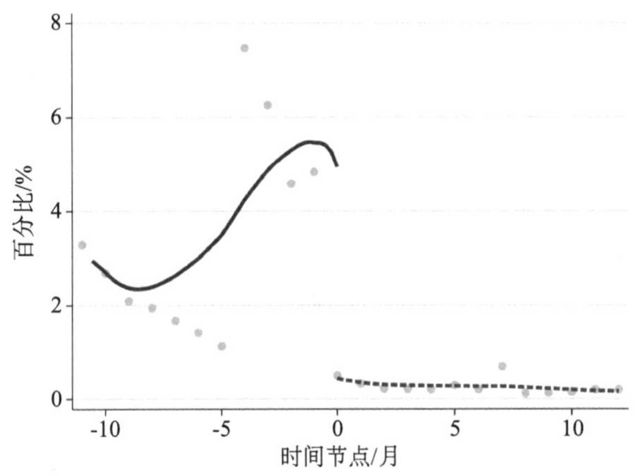

图 8　合规性规则违规病案数占比断点回归图

如图 9 所示，反套高规则违规病案数占比在政策实施前呈明显的上升趋势，在 x = 0 处有明显断点，政策实施后保持缓慢下降趋势，至 2022 年末降至较低水平，表明监管政策对编码套高行为产生了显著的正向影响。

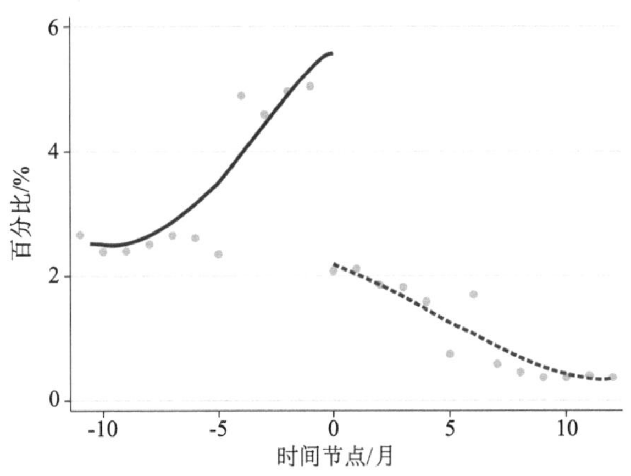

图 9　反套高规则违规病案数占比断点回归图

如图 10 所示，反套低规则违规病案数占比在政策实施前较高，呈缓慢下降趋势，在 x = 0 处有明显断点，下降 2 个百分点左右，政策实施后保持快速下降趋势，至 2022 年末降至较低水平，表明监管政策对编码套低的行为产生了显著的正向影响。

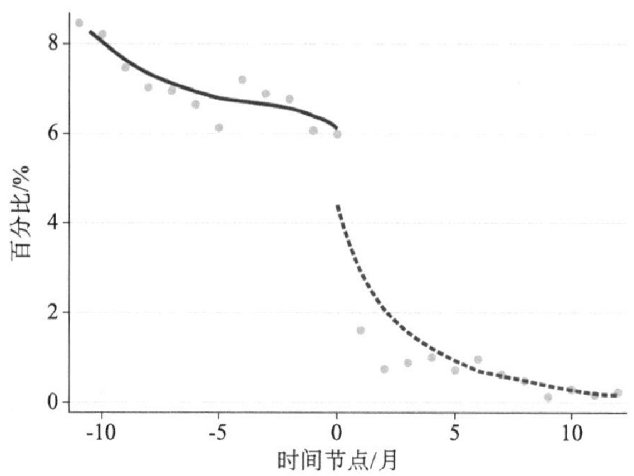

图 10 反套低规则违规病案数占比断点回归图

（3）稳健性检验

基于以上回归估计结果，还需要对断点回归模型进行稳健性检验，以保证结果的准确性。对上述三项指标分别设置 0.5、1、2 倍带宽进行稳健性检验，结果如表 28 所示。由表 28 可知，指标在 3 个月（lwald50）、6 个月（lwald）、12 个月（lwald200）带宽下的回归参数结果均具有统计学意义（P < 0.05），提示模型稳健性较好，回归估计结果可作为政策效果评价的参考。

表 28 断点回归模型的稳健性检验

	合规性规则违规病案数占比	反套高规则违规病案数占比	反套低规则违规病案数占比
lwald	-4.52*	-3.35*	-4.17*
	(0.76)	(0.50)	(0.49)
lwald50	-4.62*	-2.91*	-4.05*
	(1.39)	(0.95)	(0.87)
lwald200	-5.68*	-3.28*	-4.70*
	(0.51)	(0.34)	(0.33)

注：* 表示 P < 0.05，括号内为稳健标准误。

（三）结论与讨论

1. 结论

本书收集了徐州市 10 家三级医疗机构 2021 年 1 月至 2022 年 12 月的资料和数据，通过描述性统计分析和断点回归设计评估了医保基金监管的效果。根据描述性分析的结果来看，监管政策的实施对患者医疗负担、医保政策运行、医保基金管理都起到了一定的促进作用，尤其是在支持 DRG 付费政策在医疗机构运行层面，起到了提质扩面的良好效应。在对异化行为的影响效果上，除检查检验占比指标出现非预期上升外，其余指标均显示出与预期变化相符的结果。通过断点回归估计结果进一步发现，监管政策对病案首页质量、编码套高、编码套低三类行为的约束效果十分显著（$P<0.05$），对其他行为可能有一定的干预效果，但不明显。

2. 讨论

本章的实证结果证实了徐州市医疗保险基金监管模式及相关政策的有效性。针对在测量过程中出现的非预期结果，可以做进一步讨论：

（1）次均住院费用异常增长

2022 年次均住院费用的增长主要受到 D、H 两家医疗机构的影响。本书在对各医疗机构的详细资料和数据进行分析时发现，医疗机构 D 作为徐州市大型综合性医疗机构，在区域医疗市场竞争中占据较大优势，高值病组的住院人次数高于其他同类型医疗机构，收治患者的疾病严重程度也相对较高且常伴有严重并发症合并症；而医疗机构 H 作为面向特殊群体的医疗机构，住院人次数较其他同类型机构偏少。除收治疾病程度较严重的病患导致住院成本上升外，两家医疗机构还可能存在术式升级、过度医疗、编码套高等异化行为的动机，通过增加资源消耗程度来提高医疗费用或使病例进入更高权重病组，以获得更多 DRG 预算和支付额度，进而导致次均住院费用大幅上涨。

（2）检查检验占比不降反升

通过数据比对发现，此现象在各医疗机构中普遍存在，分析其原因，一方面，徐州市现行的监管政策中仅对体检住院、配药住院行为作出了明确的判定标准，即检查检验费用或药品费用大于 90% 则为可疑违规住院，低于该标准则没有明确的违规认定；另一方面，医疗机构受政策影响无法从药品费用中获取利润，在保证 DRG 费用不超支的情况下，可能通过增加不必要的检查检验项目来增加医疗收入，从而导致检查检验占比、手术耗材占比上升。如何有效判定此类违规行为，需要医保部门在政策制定过程中设置相应的阈值（标准值），一旦超过该阈值，则提示可能存在过度医疗、低标准入院的异化行为倾向。

（3）监管政策对异化行为的影响效果不显著

结合医方行为指标的描述性统计和模型参数结果来看，监管政策实施后各指标虽然出现了预期变化，但仅有 3 项指标的显著性具有统计学意义。分析其原因，一方面，徐州市 DRG 监管政策中目前仅针对病案入组质量低、编码套高、编码套低三类异化行为制定并运行了刚性规则，而对医疗质量下降、分解住院、过度医疗、挑选病人、费用转嫁等行为尚未出台科学的判定规则，仅对这些行为基于面上的指标进行监测，同时结合线下人工稽核进行监管。这种方式不仅难度大，而且监管成本高、效率低，医疗机构很容易刻意隐匿行为、规避监管，需要尽快出台靶向监管政策，完善行为监测的知识库和规则库。

“我们的三类 34 条刚性规则只是大类（目前已经增加到 35 条），其实这些大类下面还有数万条、数十万条详细的规则，基本上可以做到对病组的全覆盖，但是也有个别病组因为很难识别而没有放到里面运行，也就是说我们的规则不是完美的，医疗机构临床的治疗路径也会有所变化，现阶段想完全识别是一件很难的事，需要不断地去细化。”徐州市医保局基金稽核科科长 2023 年 2 月表示。

在 DRG 支付体系下，各医疗机构在面临压力时会主动采取成本控制措施，并通过自我约束来减轻监管压力。通过对监管政策实施前后行为指标的观察，本书推测部分指标的当前水平可能已经达到了相对合理的区间，因此变化幅度较小。然而，这一假设尚需与科学的目标值进行对比验证。

（4）其他影响因素

本书是在较为理想化的前提下进行测度，关于监管政策实施前后可能存在的其他影响因素对结果的作用，尚需进一步探讨。

首先，本书选取的数据为 2021 年和 2022 年的数据，未将新冠疫情对研究可能产生的影响纳入考量范围。由于疫情防控政策的实施，监管政策的执行和监管工作的开展可能遭遇了一定程度的阻碍，医疗机构的住院人数和住院医疗费用也可能因此出现与预期不符的波动。此外，在整理初始数据时发现，2022 年 12 月医疗机构的各指标数值与平均值之间存在显著差异，这可能与疫情防控政策的调整有较大关联。

其次，通常情况下，住院患者数量在每年的 1 月 1 日前后会经历一定程度的波动，而年终结算的影响可能导致医疗机构采取策略调整收治病患的数量，这一现象在学术界被称为“年关效应”①。鉴于徐州市政策的执行日期恰逢 2022 年 1 月 1 日，且政策执行后的数据序列仅涵盖了一个完整的年度周期，因此无法完全排除特定节点的瞬时变化是否受到该因素的影响。然而，从 DRG 付费监管政策执行后的长期趋势分析来看，“年关效应”对于总体结果的影响似乎并不显著。

三、基于徐州实践对提升 DRG 付费监管效能的政策建议

徐州市医疗保险基金监管模式及按疾病诊断相关分组（DRG）专项监管政策的实施成效显著，为解决医疗保险监管领域现存问题提供了有效的解决策略与独特经验，具备在其他地区推广的价值。同时，本书通过实证分析揭示了现行监管政策尚存的改进空间。基于前述理论分析与实证研究的结果，本书提出以下四项旨在提升 DRG 付费监管效能的政策建议。

（一）健全 DRG 付费政策体系

医保支付方式带来的政策风险，是 DRG 付费模式下欺诈骗保行为产生的根本原因之一。健全 DRG 付费政策体系，从政策层面防范异化行为发生，是提升医保监管效能的基础保障。经过多方走访和资料收集得出的结

① 马超，杜妍蓉，唐润宇，等．DIP 支付方式改革、医疗费用控制与医院短期策略性应对［J］．世界经济，2022，45（11）：177－200.

论是，必须重视当前DRG支付政策在实践中暴露出的缺点和问题，重点关注医院、医生和患者的合理诉求，从医保支付关系中多个相关方的角度出发，对政策进行进一步优化和补充。

首先，对本地不同类型和级别的医疗机构的DRG分组使用情况进行研判，在国家版本DRG技术分组基础上进一步优化本地DRG技术分组和支付标准。重点解决三级医院对基层医疗机构的生存挤压严重问题。医保支付政策的优化应重点向基层医疗机构倾斜。建议适当调整不同级别医疗机构的支付系数，适当提高医保支付结余以形成对基层医院和医生的收入激励；制定更加符合基层住院病患结构的病组体系，简化DRG入组的资料填写和审核流程，推动DRG付费政策在基层医疗机构落地。在DRG付费政策推进的同时，应强化分级诊疗制度运行，层次清晰、合理有序的分级诊疗系统能够避免医疗机构编码套高或套低的违规行为，一方面把症状较轻的患者集中在基层治疗，不给大医院挑选病人的机会，另一方面拒绝对医院违规编码套高造成的高倍率病例按项目支付，仍然维持DRG标准支付、超支不补，从源头上确保DRG入组的正确性，引导医疗资源合理配置。

“目前，我们徐州和其他地方正在探索的、执行的所有的DRG付费，都是按照国家要求在二级以上医疗机构中实行，二级以下的一级医疗机构、基层医院中很少。基层医院不可能那么容易实现信息化，看病的医生都不够哪来的信息化？这是上面制定政策的时候没有考虑到的。基层也没有那么多病人，入不了那么多组。所以，我们准备从2023年1月起，稳妥地开展DRG付费在二级以下医疗机构中的推广运行，我们在所有的基层医疗机构、所有的乡镇卫生院全部实行‘35+1+X’的本地化DRG支付模式，现在这项工作已经在国家医保局报备。”徐州市医保局局长2022年7月表示。

其次，完善与DRG支付方式相关的配套政策，对DRG支付标准中未体现的非住院医疗成本进行合理补偿，主要关注综合医院的技术创新成本、教学科研成本、管理运营成本等。在医保与医院谈判中不免提到创新药和创新医疗技术的使用，DRG按照平均资源消耗打包支付的原则对其产生了潜在的限制，不仅医院和医生为避免费用超支不得不放弃使用，而且患者在追求个性化医疗服务过程中也会受到医生有形的约束和医保费用的无形约束，对于急难危重症病患的医治更是不利。控成本不应该导向低疗效，本书建议医保部门单独划拨部分医保基金预算，开通额外补偿渠道，用于对符合条件的创新医疗技术或创新药物进行补偿支付，鼓励医院和医生不断革新临床诊疗方案，提升患者治疗疗效和就医体验。

“所有的创新药，只要有疗效，符合价值医疗的概念，对老百姓有意义就可以用。当然价格可能贵，那么对医院来说我们可以走按病种收费，可以给你 40% 的价格空间来调整，参保人来说还可以用补充保险，我们专门设立了商业健康保险业务，你只要买了就可以享受，就在多层次保障里面给你解决，这个是药品不进目录的情况。”徐州市医保局局长 2022 年 7 月表示。

此外，医保结算清单与病案首页诊断原则的不一致性对 DRG 分组的精确性产生了负面影响，这不仅增加了医院病案填写人员的工作难度，同时也增加了医保部门监管的人力与物力成本。本书建议，应由国家层面对医保结算清单统一进行优化调整，例如，统一 DRG 分组诊断与疾病临床诊断的编码填写规范，以减少因主诊断差异导致的异化行为，进而促进病案首页与基础数据质量的提升。同时，建议建立针对 DRG 分组的绩效考评机制，采用以激励为主、处罚为辅的管理策略，以激励医疗机构进行正确编码。

（二）构建医保基金全过程监管模式

长期以来，医疗保险基金监管的焦点主要集中在“事后”阶段，大部分违规行为是在医疗保险管理部门进行飞行检查或根据社会举报线索进行排查时被发现的，随后对违规机构或个人采取追回资金和罚款的措施。然而，从医疗保险管理部门公布的典型案例和查处金额来看，强制性的“事后”监管并未达到预期的威慑效果。监管应遵循结果导向、过程管理、全面客观和科学精准的原则。医疗保险基金的损失不能仅依赖于“事后”处罚来弥补。因此，本书建议将监管范围从“事后”扩展至“事前—事中—事后”的全过程监管。在按 DRG 付费监管中，医疗保险部门应特别关注“事前”分组环节，制定能够精确识别行为风险的监管规则，对医疗机构提交的病例数据进行全面而细致的筛选，及时发现违规行为并发出预警和提示，如是否存在编码套高、分解住院等问题，从而从源头上避免医疗保险基金的不合理结算，最大限度地保障基金安全。同时，应加强“事后”分析，在对关键指标进行监测的基础上，进一步扩展指标体系，开展医疗机构之间、统筹区域之间的横向和纵向比较，从关注医疗机构的“控费”效果，转向对费用、质量、效率、能力和患者满意度的全方位监管。但必须明确，异常监测指标仅能提供初步警示，并不能直接揭示具体问题，因此必须结合人工抽查和稽核，对医疗机构的行为风险进行深入分析。

“我们医保监管的原则是，对医疗机构监管一定不要以处罚为目的，而是以规范医疗机构的行为为目的，避免违规行为的产生。按照国家医保局 13 号文件要求，在医疗机构监管中发现的所有违规线索都要进行移交，移交的量太大，所以说我们工作起来压力也很大。因此我们基本上把能在事前解决的问题都提前解决，那么在基金没有支付之前，就把整体的一些违规行为通过扣点数过滤掉，这样就避免基金在支付过程中再出现较大损失。只要基金没有支付，那么就不算损失。”徐州市医保局稽核科科长 2022 年 7 月表示。

需要特别指出的是，不同地域的违规行为表现形式存在差异，医保监管部门的监管重点亦各有侧重，因此不能简单地复制其他地区的监管规则与方法。必须基于本地实际情况，对监管规则及指标进行相应的调整与完善。对于已经构建监管规则的先行地区，应根据规则的运行状况，及时进行调整与补充，持续更新规则库与知识库内容，以增强监管规则的科学性与权威性，确保监管效能得到保障①。

（三）完善医保基金监管要素

一是关于人员要素。目前政策层面尚未构建起针对异化行为的详尽且全面的监管规则体系②。医保部门作为专业职能部门，其专业能力存在局限性，难以对异化行为进行明确界定。因此，医保部门需与卫生健康部

① 朱旭林，龚熠，郭丽娟，等．医保基金监管的方式、成效与困境［J］．卫生经济研究，2021，38（09）：49－52.

② 朱敏，李红艳，魏倩如．医疗保险基金智能监管模式建构和运作研究［J］．卫生经济研究，2021，38（06）：40－43.

门、相关行业协会、医疗机构及专家团队等多方协作，共同研究异化行为的判定规则，并制定合理的超支甄别及病案质量判定标准。建议医保部门广泛吸纳社会及行业人才，以充实专家库，并完善专家库的点对点沟通及动态管理机制，以发挥专家审核在违规行为评审、论证和评估中的关键作用。同时，医保部门应培养一支具备政策理解能力、技术掌握能力、管理能力及大数据分析技能的监管人才队伍。有计划地招录医学和信息技术等相关专业的人员，成立专职监管小组，负责疑点病例的分析与审核工作，以弥补智能监控的不足和漏洞，构建线上与线下相结合的智能监管模式。此外，第三方和社会力量参与监管体系也是医疗保险监管未来发展的方向。在政府购买服务的过程中，第三方信息公司应更全面地参与医疗保险监管信息系统的建设与完善，包括对监管人员实务工作流程的了解，以使监管平台的开发应用更贴合实际、监管工具的使用更加便捷智能，从而提高政府资金投入的效益。广泛动员社会力量参与监管，包括非政府医疗保险从业人员、职工和居民参保人等人员，以及商业保险公司、新闻媒体和社会卫生团体等组织，拓展社会公众参与医疗保险基金监管的途径，构建更为规范化的投诉举报激励机制，以充分调动广大群众的智慧与力量。

二是信息要素。信息化监管体系是加强医保基金监管的关键保障。建议在医保端持续探索构建多元化的医保智能监控系统，如基金反欺诈系统、DRG 大数据监测与分析系统、病案质控系统等，开发重点指标分析、风险自动预警以及病例信息查询等功能模块，以实现数据挖掘和信息利用的最大化。建议在医保层面探索建立全过程的数据收集平台，消除医保部门与医院间的信息壁垒，简化卫生健康部门与医保部门间的数据交互流程，加强时效性，便于医保监管部门同步开展住院数据和门诊数据的对比分析，精准识别和监测住院层面难以根除的违规行为，如住院费用转嫁门诊行为的捕捉，从而强化医保对医生行为的过程监管。

三是管理要素。协议管理与行政监管是医保部门对医疗机构进行监管的主要手段，但在实际操作中，协议管理和行政监管容易出现混淆。对此，应进一步明确二者的职责界限，在工作方案中对涉及的部门、人员、内容进行明确区分，形成既相互配合又各自独立的工作模式。针对目前协议管理约束力不足的问题，建议经办机构根据本地监管规则库细化协议条款，畅通医、患、保三方的诉求表达渠道，在协议制定中平衡各方利益[①]。同时，应加大对医疗机构违规行为的经济处罚力度。例如，对于经过审核确认的30天内违规再入院案例，应实行对第二次入组结算的全额拒付。此外，可参考美国Medicare对再入院率的限制措施[②]。然而，必须强调，无论是行政监管还是协议管理，对于违规行为的惩处，均应重视手段与力度的适宜性，避免采取“一刀切”的监管策略。在这点上，徐州市目前针对监管结果进行的分类和分级处理值得肯定。

（四）加强医疗机构院内质控

医疗保险机构无法直接干预医院及医务人员的医疗服务行为，必须借助行业自律促使其自我约束。医疗保险机构应预先向医疗机构明确监管规则，并提供适当的适应期与缓冲期，以便医疗机构有针对性地完善内部质量控制和调整工作流程，从而促进医疗保险与医院监管的协同效应。DRG仅改变了医疗保险与医院的结算方式，若过度强调其对医院收入和运营的潜在负面影响，则可能导致医疗机构误入歧途，甚至错误地将管理部门的职责转嫁给医务人员。因此，医疗保险机构应注重引导医疗机构正确认识改革带来的利益与限制，科学地转变运营理念与经营模式，坚持以规范诊疗、合理施治为首要原则，以公益性与医德为核心，实施科学管理、控制成本、提高效率，确保医疗质量安全。制定与医疗保险管理目标相匹配的医生绩效评价体系和奖惩机制，提高薪酬结构中医生劳动价值的支付比例，激励医生主动采取DRG支付方式。制定院内临床路径规范和优势病种方案，引导医生选择低成本、高质量的诊疗方案，并对绩效评价完成度高的科室和医生给予实质性奖励，但应避免将医院盈亏与医生收入直接关联，以实现内涵式、精细化的发展。

同时，医疗机构应加强院内宣传教育工作，举办各类专业讲座和院外交流合作。一方面，深入理解DRG付费相关政策文件和技术规范，对病案

---

① 黄华波．浅议医保基金监管的体制性特点、机制性问题与长效机制建设［J］．中国医疗保险，2020（04）：20－24.

② 陶成琳，陈妍，林德南，等．DRGs风险分析及对深圳市试点工作的启示［J］．中国卫生质量管理，2019，26（02）：31－35.

室编码员、科室病案填写人员、医疗保险结算人员及医护人员进行培训，减少数据上传和病例入组环节的错误率，加强院内审核环节的质量控制，避免因入组错误导致的医疗保险拒付和医院亏损。另一方面，深入理解《医疗保障基金使用监督管理条例》等监管法规和协议中的约束性条款，以此为基础构建一套完善的院内监管制度，如成立院内 DRG 改革监管专项领导小组，对可能涉及管理部门和临床科室的异化医疗服务行为进行自主排查和监督。

四、本章小结

医疗保险基金作为民生福祉的重要组成部分，其安全直接关系到公众的生命财产安全。在 DRG 付费模式下，医疗保险基金监管面临新的挑战，需将监管重点聚焦于 DRG 付费模式下的异常行为，通过行为监管促进医疗机构行为的合理化与规范化，进而推动减轻患者负担、深化医疗保险制度改革以及提升基金管理水平，以期构建一个有效的基金监管新环境。徐州市医保局经过多年实践，形成了一套具有地方特色的医疗保险基金监管模式——“徐州模式”，并率先采用大数据监管规则实施 DRG 专项监管工作，致力于解决当前最为棘手的异常行为识别问题，如编码套高和编码套低等。初步研究表明，徐州市医疗保险基金监管成效显著，行为监管政策的实施效果亦是积极的。然而，该模式在政策内容的深度与广度上仍有待深入挖掘与完善，监管政策效果的进一步验证亦是必要的。

本书对徐州市医疗保险基金监管的制度建设与政策实施进行了系统性总结，并利用徐州市医保局提供的数据资料，采用实证分析方法，从三大目标实现维度和异常行为维度出发，对徐州市医疗保险基金监管模式及 DRG 专项监管政策效果进行了评估。本部分的主要结论如下：

第一，患者医疗负担有所减轻，但部分医疗机构出现费用反弹现象。本书采用次均住院费用作为患者医疗负担的衡量指标，分析结果显示，10 家医疗机构中大多数的患者次均住院费用呈现下降趋势，说明在医疗保险监管的干预下，医疗机构能够实现自主控费和成本节约的目标。然而，研究也发现个别医疗机构存在费用显著增长的问题。目前尚无法确定费用反弹是否与过度医疗等异常行为有关，因此需要监管部门对这些医疗机构的住院费用结构和明细进行详细核查。

第二，医疗保险支付方式改革政策在医疗机构中得到广泛实施，执行情况良好。本书对 505515 份有效 DRG 结算病案进行分析，结果显示，各医疗机构按 DRG 结算的病案数显著增长，超过七成，且 2022 年覆盖的 DRG 组数接近全覆盖水平。这表明各医疗机构在监管政策的引导下能够积极适应 DRG 付费政策，进一步验证了我国推行 DRG 支付改革的科学性和正确性，对引导公立医疗机构调整收入结构、回归公益性具有积极意义。从研究对象来看，三级医疗机构对 DRG 付费政策的适应能力较强，但同时需警惕大型医疗机构可能通过学习支付原理和监管规则进行“二次变异”，产生更隐蔽、更难识别的异常行为，从而规避医保部门监管。

第三，医疗保险基金管理绩效良好，DRG 支付方式成为主导。本书对徐州市自 2021 年实施 DRG 正式付费以来的医疗保险基金年度决算数据进行了统计分析，结果显示，医疗保险基金当期结余率总体保持在 10% 以上，表明基金利用效率较高，且从增长趋势来看暂无基金赤字风险，处于基金盈余管理中等偏上水平。住院费用基金实际支付占比维持在 60% 以上的合理区间，而 DRG 结算基金金额占比增长至 60% 以上，表明在监管干预和改革推进的双重作用下，DRG 支付正逐渐成为徐州市医疗保险复合支付方式中的主要选择，基金管理水平不断提升。需要强调的是，医疗保险基金管理的目标并非追求更多结余，而是最大化基金效用。医疗机构在使用医疗保险基金结算中更倾向于使用 DRG 支付，有助于实现患者、医疗保险基金和医院的多方共赢。

第四，监管规则对特定异常行为具有显著约束效果，但仍有待进一步完善与优化。本书对政策实施前后的 10 项异常行为指标进行了统计分析，结果显示病案入组质量低、编码套高、编码套低三类行为受到监管政策干预的影响极大，表明徐州市针对这三类行为出台的监管规则效果显著。然而，监管规则对其他异常行为的干预效果并不明显，尤其是检查检验占比普遍偏高，表明存在过度医疗或低标准入院等行为风险，监管部门需尽快采取应对措施。同时，应继续沿用当前有效的监管思路，尽快研究并出台针对其他异常行为的大数据监管规则，争取早日实现行为监控的“全覆盖”和“无死角”，防止医疗机构将风险转嫁至其他行为上，从根本上遏制欺诈骗保现象的发生。

第五，结合案例分析与实证分析结果，本部分进一步提出了提升医疗保险基金监管效果的政策建议：首先，完善 DRG 付费政策体系，优化本地 DRG 付费机制及配套政策，重点推动基层医疗机构 DRG 改革和分级诊疗工作，提升非医疗成本的补偿力度；其次，强化全过程监管模式，实施“事前—事中—事后”的全过程监管，在“事前”分组环节设置行为精准监管规则，在“事后”分析环节强化监测指标的多向对比分析，不断完善规则和指标细节；再次，完善基金监管要素，注重人员要素、信息要素、管理要素的协同发展，实现监管主体多元化、专业化，监管手段信息化、智能化，监管模式清晰化、高效化全面提升；最后，加强医疗机构院内质控，积极引导行业自律，促进医疗机构自我约束、规范诊疗，引导医院转变管理理念，制定科学的管理机制，同时强化宣传教育与内部监督，实现内涵式、精细化发展。

第六章

典型国家的DRG异化行为监管实践

有效利用资源、提升资源调配效率及改进资源整合模式，是加速全民健康覆盖进程的关键①。20世纪90年代以来，以DRG为基础的支付方式已逐渐成为大多数高收入国家报销医院急性住院治疗的主要手段②。该支付方式是1983年由耶鲁大学提出的，主要是为了提高住院护理效率和医院活动的透明度。后来，这一支付系统逐渐被引入其他国家③。DRG系统是一个强大的管理工具，用于统计注册、聚合和监控医疗保健活动和绩效。在世界范围内，DRG系统被用于医院的行政事务和财政管理，将医疗活动数据的统计、登记和汇总与基于活动的融资相结合。DRG已被证明是一个强大的、基于激励的绩效管理系统，对更广泛的医院治理具有重大影响④。DRG付费的实施，为医保与医院间的费用结算提供了一种新模式，在医保基金总量控制下，能够提升基金使用效率，倒逼医疗机构提质控费增效，并保障患者的就医体验和相应权益。

但如本书前部分所述，随着DRG付费的推行，由于其自身的技术漏

---

① Mihailovic, N., Kocic, S., & Jakovljevic, M. (2016). Review of Diagnosis – Related Group – Based Financing of Hospital Care. Health services research and managerial epidemiology, 3, 2333392816647892.

② Cashin, C., Langenbrunner, J., & O'Dougherty, S.. (2009). Designing and implementing health care provider payment systems: how – to manual. The World Bank.

③ Mathauer, I., & Wittenbecher, F. (2013). Hospital payment systems based on diagnosis – related groups: experiences in low – and middle – income countries. Bulletin of the World Health Organization, 91, 746 – 756A.

④ Neby, S., Lægreid, P., Mattei, P., & Mitra, M. A. H. I. M. A. (2013). Same cheat, different wrapping: DRG scandals and accountability in Germany and Norway (Vol. 4, Issue 2013, pp. 1 – 28). Stein Rokkan Centre for Social Studies.

洞，各统筹区将面临比以往按项目付费更加严苛的监管要求，主要包括以下两大方面：在诊疗端，实施 DRG/DIP 付费后，主要会产生危重疾病的医疗质量下降、医生医疗行为异化（推诿重症、挑选轻症、慢病未治疗）、医疗资源“虹吸”（间接影响）等问题；在付费端，相比以前的按项目付费，医院基于成本收益的考量，过度医疗、分解项目收费等医疗异化行为不断减少，反之，编码高低套、分解住院、低标准出入院、转嫁成本等行为不断增加。总之，DRG/DIP 付费改革引发的医疗服务不良行为，无论是医疗机构通过高套病组、低标入院等方式获取更多非正当收入，还是通过分解住院、转移费用、推诿患者等方式不合理地降低成本，本质上都是对原有医保各类违法违规行为的“延续”，是 DRG/DIP 明确病种组合支付标准前提下医疗机构的消极应对行为，使本就不足的医疗资源进一步陷入不合理利用的困境，在浪费医疗资源的同时加重了患者的费用负担，损害了参保人的合法权益。因此，医保部门应加强对 DRG/DIP 付费下医保基金使用的监管，在 DRG/DIP 规范标准的指引下对医疗机构的行为进行合理引导，从而保障医保基金的安全和有效使用。如何强化 DRG 时代的医保监管，利用沉淀的 DRG 大数据为医保治理赋能，成为亟待解决的现实难题。

我国关于 DRG 异化医疗行为监管的研究大多处于基于国内实地探索的发现和总结阶段。在诊疗端，常欢欢等（2018）、玄律等（2020）提出了 DRG 改革过程中的病案质量问题[①][②]；孟朝琳（2020）、王坚强和王奕婷（2021）指出 DRG 支付制度下存在的诊疗不足、过度诊疗等医疗行为问题[③][④]；裘凯音等（2021）发现 DRG 付费存在影响医生技术创新的积极性、影响医疗资源的利用效率等医疗质量和效率问题[⑤]。在付费端，于保

① 常欢欢，杨兴宇，于丽华，等 . C – DRG 病案首页管理和质量控制［J］. 中国医院，2018，22（06）：68 – 70.

② 玄律，程超，郑杰，等 . 北京市 DRG 付费改革实践及 DRG 付费国家试点技术方案特点分析［J］. 中国医疗保险，2020（09）：36 – 39.

③ 孟朝琳 . DRGs 支付制度实施效果评价研究［D］. 中国医科大学，2020.

④ 王坚强，王奕婷 . DRG 医保支付方式改革对医疗行为的影响［J］. 湖南社会科学，2021（01）：133 – 139.

⑤ 裘凯音，王佳，王伟红，等 . 市级统筹背景下 DRG 付费的公平性研究［J］. 卫生经济研究，2021，38（12）：33 – 36 + 40.

荣[①]、祝玲[②]、李鹏[③]、吕大伟[④]、傅卫[⑤]等则指出了 DRG 付费中存在的编码套高、编码套低、分解收费、低标准出入院、成本转嫁、虚假住院等问题。

部分学者对各国采取的对 DRG 异化医疗行为的监管措施进行了探究。为了应对 DRG 支付带来的潜在风险，各国政府采取了多项有力的监管措施，以确保 DRG 的安全性和有效性，其中包括加强数据质量检查、严格控制费用、严格把关医疗质量、提升服务效率以及加强成效监管等[⑥]。

在数据准备与数据质量监管方面，彭颖[⑦]、王贺男[⑧]、常峰[⑨]、周韵砚[⑩]、郭莺[⑪]等通过分析总结美国、德国、韩国等国家的 DRG 付费制度的改革经验，发现这些国家重视数据的可得性、及时性、准确性，认为要建立统一的相对权重体系，并强调数据系统对病案分类改进、编码体系调整、费用与质量监管、政策制定与监测的支撑作用。在费用控制方面，学者们强调 DRG 付费制度评估委员会[⑫]、医疗费用审查体系[⑬]、专业审查机

---

① 于保荣．DRG 与 DIP 的改革实践及发展内涵［J］．卫生经济研究，2021，38（01）：4－9.

② 祝玲，董子坤．DRG 支付下的大数据医保基金监管创新实践［J］．卫生经济研究，2021，38（12）：37－40.

③ 李鹏，王歆．大数据时代下的医保异常诊疗行为分析［J］．天津社会保险，2017（04）：50－51.

④ 吕大伟，许宏，沈怡，等．上海市医疗保险疾病诊断相关分组付费试点基线分析［J］．中国卫生资源，2021，24（05）：507－510.

⑤ 傅卫，江芹，于丽华，等．DRG 与 DIP 比较及对医疗机构的影响分析［J］．中国卫生经济，2020，39（12）：13－16.

⑥ 刘芬，孟群．DRG 支付体系构建的国际经验及启示［J］．中国卫生经济，2018，37（08）：93－96.

⑦ 彭颖，金春林，王贺男．美国 DRG 付费制度改革经验及启示［J］．中国卫生经济，2018，37（07）：93－96.

⑧ 王贺男，李芬，金春林，等．德国按疾病诊断相关分组付费制度改革经验及启示［J］．中国卫生资源，2018，21（03）：275－279.

⑨ 常峰，纪美艳，路云．德国的 G－DRG 医保支付制度及对我国的启示［J］．中国卫生经济，2016，35（06）：92－96.

⑩ 周韵砚，江芹，张振忠．欧美国家 DRG 相对权重计算方法分析［J］．中国卫生经济，2016，35（05）：94－96.

⑪ 郭莺，茅雯辉，汤胜蓝．韩国基于信息化的医疗保险监管及其对我国的启示［J］．中国卫生资源，2021，24（04）：483－487.

⑫ 彭颖，金春林，王贺男．美国 DRG 付费制度改革经验及启示［J］．中国卫生经济，2018，37（07）：93－96.

⑬ 雷璐倩，张伶俐，颜建周，等．德国医疗保险支付方式改革及对我国的启示［J］．中国卫生资源，2020，23（02）：176－181.

构的建立，相关法律措施的完善[①]，专业审查人员的培训[②]以及规范统一的成本核算办法[③]对费用控制的重要作用。在医疗质量监管方面，蔡立明（2020）指出了同行监管组织和诊疗费用不算在 DRG 人工费用以内对美国相对德国较少出现不合理增加住院次数的特殊作用[④]。此外，质量审查体系和严格的惩罚措施也必不可少[⑤⑥]。在医疗效率监管方面，伍琳等（2022）通过研究日本、韩国、泰国等国的支付实践，认为使用混合支付系统[⑦]是提高资金配置效率的有效方式。在成效监管方面，学者们强调在 DRG 典型国家，将商业保险和公共医疗保险相结合、医疗质量和基金监管相结合、政府监管和第三方监管相结合，是实现价值医疗的重要手段[⑧⑨⑩⑪]。

然而，总的来说，我国 DRG 异化医疗行为监管尚处于基础讨论阶段，主要探究 DRG 改革后地方实践中所暴露出的异化医疗行为，对相关监管的研究仍存在以下几方面不足：一是监管文献大多局限于地方个案经验总结；二是对先进监管工具和手段的效果评估不足；三是对国际经验的探索、借鉴和更新不够充分。

为了进一步拓展理论视野、丰富实践借鉴路径，在本书前文系统分析我国医保基金监管逻辑与地方实践成效的基础上，本章引入国际比较的视

---

① 刘分，孟群．DRG 支付体系构建的国际经验及启示［J］．中国卫生经济，2018，37（08）：93－96.

② 常峰，纪美艳，路云．德国的 G－DRG 医保支付制度及对我国的启示［J］．中国卫生经济，2016，35（06）：92－96.

③ 周韵砚，江芹，张振忠．欧美国家 DRG 相对权重计算方法分析［J］．中国卫生经济，2016，35（05）：94－96.

④ 蔡立明．美国 Medicare DRG 的实践和影响［J］．中国医院院长，2020（01）：44－47.

⑤ 王贺男，李芬，金春林，等．德国按疾病诊断相关分组付费制度改革经验及启示［J］．中国卫生资源，2018，21（03）：275－279.

⑥ 蔡立明．美国 Medicare DRG 的实践和影响［J］．中国医院院长，2020（01）：44－47.

⑦ 伍琳，闫婷，陈永法．如何构建基于 DRG 的医保供方支付系统——源于日本、韩国和泰国实践的思考［J］．中国医药工业杂志，2022，53（01）：148－154.

⑧ 蔡立明．美国 Medicare DRG 的实践和影响［J］．中国医院院长，2020（01）：44－47.

⑨ 蔡立明．美国 Medicare DRG 的实践和影响［J］．中国医院院长，2020（01）：44－47.

⑩ Vetter，S. Y.，Studier－Fischer，S.，Wentzensen，A.，& Frank，C.（2009）. The challenge of auditing by medical health insurance inspectors：Development of individual case inspections according to § § 275ff SGB V. Der Unfallchirurg，112，756－758.

⑪ 王启越，马忠民．价值医疗下医疗保险支付成本控制策略——基于国外 DRG 实践［J］．商业会计，2020（17）：105－107.

角，聚焦典型国家在DRG付费制度下识别与防控异化医疗行为的经验做法。本章通过收集典型国家DRG异化医疗行为监管等方面的文献，对典型国家的DRG异化医疗行为的具体表现、监管框架和监管机制进行总结，介绍美国和德国等DRG付费先行国家和地区防范医疗行为异化的政策机制与监管工具，为我国当前日益复杂的医保基金使用监管工作提供现实可行的政策借鉴。同时，我国DRG/DIP异化行为治理仍处于制度探索与规则重构的初始阶段，尚缺乏系统的理论归纳和成熟的实践机制。因此，在国内改革路径尚待完善的背景下，系统地吸纳国外监管机制的最新实践，将有助于推动我国DRG付费制度监管范式的转型与升级，也有利于在理论层面丰富对医疗服务提供者激励异化机制的理解与讨论。

一、DRG异化医疗行为的德国监管经验

（一）德国的DRG异化医疗行为

1999年，德国通过了《法定健康保险改革法案》（SHI），并引入了诊断相关组（DRGs）。DRGs于2003年在自愿的基础上推出，并于2004年在德国全国范围内推行①。自1993年以来，尤其是自2004年以来，由于固定预算、可能出现的利润、预期支付方法的引入以及提供门诊治疗机会的增加，德国医院部门发生了相当大的变化。从2004年1月起，德国修改的澳大利亚DRG系统成为资助急症医院经常性支出的唯一系统，特别是精神病护理和某些特定服务。

然而，有学者指出，DRG系统的引入对临床带来相当大的影响，最严重的是使医疗文件的短期预期增加。只有被正确记录的病例，即根据ICD-10编码的诊断，以及根据OPS301编码的操作和其他程序，才能被正确地分组。在DRG的中期和长期发展中也出现其他后果，正如在引入

① Neby, S., Lægreid, P., Mattei, P., & Mitra, M. A. H. I. M. A. (2013). Same cheat, different wrapping: DRG scandals and accountability in Germany and Norway (Vol. 4, Issue 2013, pp. 1-28). Stein Rokkan Centre for Social Studies.

DRG 的其他国家已经看到的那样：缩短住院时间；将服务转移到门诊领域①；在住院期间的服务更加集中；通过精简服务频谱来更专注于专业领域；削减医院床位的绝对数量等②。Wilke 等（2001）认为，德国的 DRG 医疗保健系统存在三个缺点：缺乏透明度、缺乏可比性，以及存在延长患者住院时间的不良激励因素③。也有学者表明，德国 DRG 由于缺乏基于绩效的住院治疗激励措施，存在一般效率问题④。

在德国，地区疾病基金的医疗审查委员会主要负责审计医院账单的编码错误和过度治疗。2009 年，医疗审查委员会在初步筛查后选择了所有医院 12% 的病例（约 200 万例）进行审计。约 40% 的被审计病例存在编码错误或过度治疗，多是不必要入院或住院时间过长。有的医院存在多收费的情况，有的医疗机构在没有适当理由的情况下收治病人，还有不少医院存在让病人逾期出院的情况。此外，研究发现，自引入基于 DRG 的医院支付以来，德国低出生体重婴儿的出生体重数据发生了变化，婴儿的出生体重刚好低于 DRG 的临界值，而以前的出生体重数据分布更均匀⑤。

（二）监管框架

2002 年的病例费用法案明确规定了引入 DRG 报销系统的监管框架和时间表。该系统分三个阶段进行。在 2003—2004 年的第一阶段，新的个案

① Böcking, W., Ahrens, U., Kirch, W., & Milakovic, M. (2005). First results of the introduction of DRGs in Germany and overview of experience from other DRG countries. Journal of Public Health, 13, 128 - 137.

② Wilke, M., Höcherl, E., Scherer, J., & Janke, L. (2001). Introducing the new DRG - based payment system in German hospitals: a difficult operation? The European Journal of Health Economics, 2 (2), 79 - 85.

③ Wilke, M., Höcherl, E., Scherer, J., & Janke, L. (2001). Introducing the new DRG - based payment system in German hospitals: a difficult operation? The European Journal of Health Economics, 2 (2), 79 - 85.

④ Neby, S., Lægreid, P., Mattei, P., & Mitra, M. A. H. I. M. A. (2013). Same cheat, different wrapping: DRG scandals and accountability in Germany and Norway (Vol. 4, Issue 2013, pp. 1 - 28). Stein Rokkan Centre for Social Studies.

⑤ Busse, R., Geissler, A., Aaviksoo, A., Cots, F., Häkkinen, U., Kobel, C., Mateus, C., Or, Z., O'Reilly, J., Serdén, L., Street, A., Tan, S. S., & Quentin, W. (2013). Diagnosis related groups in Europe: moving towards transparency, efficiency, and quality in hospitals? . BMJ (Clinical research ed.), 346, f3197.

费用是在“预算中立”的基础上引入的。这一阶段是为了使医院熟悉新的系统。将案例费用作为一种定价系统并不有效，而是应作为构成医院协商达成的目标预算的单位。在 2005—2006 年的第二阶段，个别医院的预算逐渐调整为病例费用预算。截至 2007 年，案件费用计划作为一种定价系统生效。《第二个案件费用修正案》将第二阶段延长了两年，并将最后阶段推迟到 2009 年①。

德国的医疗保健系统是由职责划分形成的，是一个复杂而分散的系统。监管能力受制于联邦政府、各州和社团主义层面的各种机构和利益集团之间的权力分立，监管基本内容通常由联邦法律规定，而许多细节则委托给社团一级和联邦联合委员会②。

1. 联邦一级的监管责任

联邦一级涉及各种法定保险计划中的福利，以及提供和融资这些福利的统一规则。《社会法典》（The Social Code Book，Sozialgesetzbuch - SGB）是德国社会保险的基础，它规定了不同部门的法定保险。虽然与健康有关的社会服务由 SGB 的几个部分管理，但其中最重要的是 SGB V，它为 SHI 系统制定了监管框架，其他保险计划也在卫生保健部门中运作。这些计划包括职业事故和疾病的法定计划（SGB VII）、法定退休保险（SGB VI）、以及长期护理保险（SGB XI）③。

SGB V 的法律框架是由立法机构在联邦一级制定的，联邦卫生部（the Federal Ministry of Health）负责监督联邦 SHI 医生协会（Federal Association of SHI Physicians）、联邦疾病基金协会（the Federal Association of Sickness Funds）以及联邦联合委员会（the Federal Joint Committee）及其决定。联邦社会保障办公室（Bundesamt für Soziale Sicherung - BAS）是监督在全国范围内运作的疾病基金的责任主体，该部门还负责管理疾病基金和中央重新分配池（Gesundheitsfonds）之间的风险调整计划。联邦卫生部也负责长期护理，由 SGB XI 管理，其结构与 SGB V 非常类似④。

① Busse, R. and A. Riesberg (2004), Health Care Systems in Transition: Germany. Copenhagen, WHO Regional Office for Europe on behalf of the European Observatory on Health Systems and Policies, Vol. 6, No. 9.

②③④ Blümel, M., Spranger, A., Achstetter, K., Maresso, A., & Busse, R. (2020). Germany: Health System Review. Health systems in transition, 22 (6), 1 - 272.

2. 州一级的监管责任

各州的主要责任之一是提供公共卫生服务。虽然有些州自己经营这些服务，但大多数州已经将这一领域的权力移交给了地方政府。公共卫生服务部门负责监督卫生保健机构的雇员。监督涉及食品、药品的商业活动等[①]。

各州通过国家高级卫生官员工作组和卫生部长会议协调其卫生活动。此外，各州还建立了各种联合机构，使它们能够执行某些交叉和联合任务。同时，各州还负责监督区域医师协会、区域卫生保健医生协会以及在各州内运作的疾病基金[②]。

3. 社团层面的监管责任

SHI 体系中的非营利性社团主义机构是基于强制性的成员资格和内部民主合法化运行的，由成员提供资金。SHI 系统中的许多决策都采取了社团主义机构与在联邦和州一级的由支付者和提供者组成的其他组织之间的水平谈判的形式[③]。

一系列的团体机构，如疾病基金[④]和区域 SHI 内科医生协会，由 SGB V 授权在联邦和州当局的监督下管理 SHI 系统。在这种联合自治制度中，社团主义机构要么相互进行直接谈判，要么组成具有平等代表权的联合决策委员会[⑤]。

联邦一级的联合委员会包括联邦联合委员会[⑥]（the Federal Joint Committee）、估价委员会（the Valuation Committee）、扩大估价委员会（the Extended Valuation Committee）和医院支付委员会（the Committee on Hospital Payment）。在州一级，有州委员会和联合州委员会，可以就跨部门护理问题提出建议。此外，还有仲裁委员会、认可委员会、认可仲裁委员会，以及索赔审查委员会和索赔审查仲裁委员会[⑦]。

联邦疾病基金协会（the Federal Association of Sickness Funds）和德国医院联合会（the German Hospital Federation）联合运营独立德国国家医院报销

---

①②③⑤⑦ Blümel, M., Spranger, A., Achstetter, K., Maresso, A., & Busse, R. (2020). Germany: Health System Review. Health systems in transition, 22 (6), 1–272.

④ 疾病基金是 SHI 的第三方支付者，是支付方方面的社团主义机构，以联邦一级的联邦疾病基金协会为代表，用于所有的 SHI 任务，这些任务包括就合同进行集体谈判，例如价格、数量和质量措施，以及与门诊和住院治疗提供者达成支付方案。

⑥ 联邦联合委员会是 SHI 计划的联合自治体系中的最高决策机构。

研究所（the independent German National Institute）（Institut für das Entgeltsystem im Krankenhaus - InEK），该研究所支持DRG系统的持续发展①。

这些机构必须联合行动，并有选择性地与大学门诊部、具有相应资格的当地医生和其他州的专家签订合同。除了罕见的国家干预之外，争端通常在联合谈判中得到解决。如果行为者不能解决法律委托给他们的任务的争议，就会转向复杂的联合仲裁委员会和相关规章制度，以避免监管真空，确保行为者之间的合同履行到位。自我管理一直被认为是有效谈判、公众信任和防止不必要的政府干预的良好基础。然而，自治也被批评为缺乏透明度和问责制。在一份具体部门的报告中，透明国际组织（Transparency International）批评各州政府对医疗保健行动者监督的作用薄弱，并且未能充分控制欺诈和腐败②。

（三）监管机制

1. 质量保证和监管

当前的G - DRG系统不调整质量报销。因为报销是基于平均治疗费用进行的，所以会促使费用水平高于平均水平的医院削减开支。这可能会对医疗质量产生不利影响，因为医院可能会降低质量却没有受到报销处罚。为了解决在不考虑质量影响的情况下因追求利润而产生的激励问题，立法者引入了监管措施，如强制性质量报告、外部质量保证、质量管理体系（QMS）和最低容量阈值（§137 SBG V）③。

（1）强制性质量报告

2002年，《病例费用法》（FPG）引入了医院质量报告，以简化医院之间的比较，并支持医生和疾病基金就选择性医院治疗向患者提供建议。自

---

① Blümel, M., Spranger, A., Achstetter, K., Maresso, A., & Busse, R.（2020）. Germany: Health System Review. Health systems in transition, 22（6）, 1 - 272.

② Busse, R. and A. Riesberg（2004）, Health Care Systems in Transition: Germany. Copenhagen, WHO Regional Office for Europe on behalf of the European Observatory on Health Systems and Policies, Vol. 6, No. 9.

③ Busse, R., Geissler, A., Aaviksoo, A., Cots, F., Häkkinen, U., Kobel, C., Mateus, C., Or, Z., O'Reilly, J., Serdén, L., Street, A., Tan, S. S., & Quentin, W.（2013）. Diagnosis related groups in Europe: moving towards transparency, efficiency, and quality in hospitals?. BMJ（Clinical research ed.）, 346, f3197.

2005年以来，医院必须按照联邦联合委员会（G－BA）规定的结构，每两年提交一次质量报告。这些报告可以在网上公开获得。

（2）外部质量保证

自2000年的医院改革法案以来，医院被要求参与由联邦质量保证办公室（BQS）制定的外部和比较质量保证方案。该方案调查与治疗有关的质量指标，并在全国范围内进行比较。从2001年到2009年，BQS发布了年度质量报告，详细介绍了医院的质量结果。之后，BQS方法受到了批评，因为医院为获取非常规数据集的数据需要额外的努力。从2010年起，德国卫生保健质量和效率研究所负责制定和实施外部质量保证方案。

（3）质量管理体系（QMS）

1999年，立法者引入了SGB V中的135a，要求医院启动并进一步发展质量管理体系。医院可以自由选择建立哪种质量管理体系。这在整个德国引入了广泛的不同质量管理体系，从简单的（卫生保健的透明度和质量合作）到更复杂的（联合委员会）体系。然而，大多数患者无法区分不同质量的认证箱，容易产生混淆。

（4）最小容量阈值（§137 SBG V）

除了质量报告外，FPG还颁布了一项法令，将最小数量作为提供某些（特别是选择性）服务的阈值，其结果与提供的服务数量有关。为了确定这些服务，G－BA负责制定目录，确定每个医生或医院需达到的最低服务量。没有达到规定服务量的医院可能被禁止提供服务。

具体来说，SGB V构成了质量保证的框架。基本上，德国卫生系统中的每一个提供者都必须采取机构间的质量保证措施，并运行一个内部的质量管理体系。这些细节由联邦联合委员会以有约束力的法规形式进行定义。此外，SGB V还为医院和门诊护理部门确定了关于结构、过程和结果质量的具体要求。联邦联合委员会决定哪些服务领域需要额外的要求，以及这些法规的细节程度。通过《2016年医院结构改革法案》（the Reform of Hospital Structures Act of 2016，Gesetz zur Reform der Struktur der Krankenhausversorgung）和随后的立法，德国卫生体系的发展和质量保证获得了动力[①]。

① Blümel, M., Spranger, A., Achstetter, K., Maresso, A., & Busse, R.（2020）. Germany: Health System Review. Health systems in transition, 22（6）, 1－272.

医院部门跨设施质量监测的实施和发展始于 2001 年，从那时起一直不断改进和扩大。对 SHI 来说，最重要的是《2007 年加强竞争法案》（the Strengthening Competition Act of 2007，GKV－Wettbewerbsstärkungsgesetz）要求联邦联合委员会制定和实施跨部门的质量监测标准。该任务的技术执行自 2016 年起已委托给 IQTIG。2019 年的 IQTIG 质量报告基于 1811 家医院的数据，覆盖了 23 个领域，包括产科、移植、心脏手术、髋关节和膝关节置换、起搏器植入和预防压疮等，总共使用 221 项质量指标（德国卫生保健质量和透明度研究所，Institut für Qualität und Transparenz im Gesundheitswesen，2019）[①]。专家对结果不佳的医院进行审计，以确定其有改进的潜力。

此外，医院也有义务施行内部管理计划，基本要求由联邦联合委员会定义，包括使用质量改进周期（计划—实施—检查—再行动）、流程描述、质量测量和风险管理措施，如使用检查清单和错误报告系统[②]。立法要求医院每年发布标准化的质量报告。联邦联合委员会决定这些报告的内容和范围。质量报告包含一些基本信息，如床位数量、人员配备、所提供的服务类型和数量以及医疗设备。此外，报告中还包括关于遵守法律质量要求的声明，以及机构间质量测量的结果。除了这些法律要求的质量保证措施外，医院还可以参与自愿的质量检查和认证程序，以及自愿的质量测量举措[③]。自 2000 年以来，医院有义务实施内部管理方案，并与疾病基金就外部质量保证措施进行谈判。在合同中，供应商承诺参与质量保证措施，特别强调以一种标准的方式记录质量指标，以便进行比较分析，并为住院部门建立了一个独立的机构（联邦质量保证办公室，BQS），协助合同伙伴选择和制定要监测的质量指标，并收集数据，以类似的方式呈现。到目前为止，这些合同要求供应商记录一系列手术程序（如髋关节置换手术和髋关节骨折手术、疝气手术、白内障手术）和侵入性医疗程序（PTCA、起搏器植入术）的质量[④]。门诊部门还参与由 IQTIG 执行的通过收集随访数据

---

①②③ Blümel, M., Spranger, A., Achstetter, K., Maresso, A., & Busse, R. (2020). Germany: Health System Review. Health systems in transition, 22 (6), 1－272.

④ Busse, R. and A. Riesberg (2004), Health Care Systems in Transition: Germany. Copenhagen, WHO Regional Office for Europe on behalf of the European Observatory on Health Systems and Policies, Vol. 6, No. 9.

（如在外科手术后的伤口感染情况）等措施进行的跨部门质量测量。与提供特定门诊服务（如疼痛治疗、皮肤癌筛查、结肠镜检查等）相关的质量要求的法规是由联邦 SHI 医师协会和联邦疾病基金协会协商达成的。SHI 医师协会对该规定的遵守情况进行审查①。流动部门的质量保证已逐渐从最初的自愿任务转变为法律义务。自 2000 年以来，SHI 医师协会连续采取了一系列提高保健质量的措施，如完善疾病管理方案，以促进慢性病患者的结构化治疗②。参与疾病管理方案的服务提供者有义务收集有关治疗过程的数据。根据这些数据，疾病基金对这些疾病管理方案进行评估。如果医院报告的高质量信息低于医疗病例 80% 的水平，它们将受到经济处罚③。如果住院死亡率和手术后纵隔炎低于全国平均水平，保险公司和医院之间的质量合同支付将为搭桥手术支付更高的费用④。

2. 健康数据及监管

联邦统计局免费编制了关于人口健康状况及死亡率、卫生专业人员和卫生支出的汇总统计数据，它还提供住院病人护理统计数据、一般医疗服务提供者信息、出院点的住院患者诊断统计数据以及 DRG 统计数据。另一个重要的信息来源是由联邦统计局（或州统计局）进行的全国性调查，该调查收集有关社会经济状况、感知健康状况、保险状况和财务保护的数据⑤。

三种类型的信息对 G - DRG 系统的开发很重要：一是对临床数据进行充分编码，进一步发展分组系统和促进精确报销的病人特征（个别医院的报销）；二是根据成本数据计算成本权重；三是允许定期更新费用目录的医疗创新信息。为了计算成本权重，InEK 依赖于在德国医院收集的回顾性

---

① Blümel, M., Spranger, A., Achstetter, K., Maresso, A., & Busse, R. (2020). Germany: Health System Review. Health systems in transition, 22 (6), 1 - 272.

② 目前，疾病有 10 种慢性疾病管理方案——Ⅰ型和Ⅱ型糖尿病、哮喘、慢性阻塞性肺病、冠心病、心力衰竭、乳腺癌、抑郁症、慢性背痛和骨质疏松症。

③ Simonet, D., & Alkafaji, Y. (2017). Critical Evaluations of the French health care accounting Indicators: the use of DRGs. Public Administration Quarterly, 41 (3), 569 - 609.

④ Busse, R., Geissler, A., Aaviksoo, A., Cots, F., Häkkinen, U., Kobel, C., Mateus, C., Or, Z., O'Reilly, J., Serdén, L., Street, A., Tan, S. S., & Quentin, W. (2013). Diagnosis related groups in Europe: moving towards transparency, efficiency, and quality in hospitals? . BMJ (Clinical research ed.), 346, f3197.

⑤ Blümel, M., Spranger, A., Achstetter, K., Maresso, A., & Busse, R. (2020). Germany: Health System Review. Health systems in transition, 22 (6), 1 - 272.

成本和绩效数据。所有德国医院都有义务每年向数据中心提供与医院相关的结构数据（如医院类型、所有权、床位数量、学员人数、医疗人员数量和医疗总费用）和与病例相关的绩效数据（如入院原因、出院日期）①。为了实现统一和可比的成本数据，InEK 开发了一个标准化的成本会计系统。第三种信息需要在 OPS 内引入新的诊断和治疗方案，由 DIMDI 维护和开发。DIMDI 开发了一个程序，让 InEK、联邦质量保证办公室（BQS）和其他专业医疗协会等机构可以提交分类建议。所有的建议都在不同的工作组中进行讨论和评估或进一步审议。成功的建议会产生一个新的或被修改的代码。OPS 和 ICD 均为每年更新一次。新技术按顺序合并到现有的医疗编码目录中。InEK 在开发 DRG 目录时，有义务考虑到最新的医学知识②。这有利于激励新技术的发展，确保新技术和新服务的质量和效率。

为了确保数据质量，最初，数据中心检查成本数据集是否存在格式和技术错误。作为这个过程的一部分，验证安全兼容性和数据加密，以及在每个数据集中是否存在服务和成本数据。没有 DRG 相关性的病例（如精神病学）被排除在外。接下来，InEK 进一步进行三个步骤，包括经济和医疗合理性检查。首先，对每个模块的最低和最高成本（如临床工作人员每天的费用、医院的总费用）及模块之间的比率（如成本中心的“麻醉”成本、成本中心的“手术室”成本）进行经济检查。其次，按照德国 DRG 分类代码进行医疗检查。最后，检查经济和医疗信息之间的一致性（例如，每例髋关节置换术的费用必须反映植入物的材料成本；如果报告了放射学程序，费用必须是成本中心“放射学”的一部分）。2009 年，在这些数据可信性检查之后，4539763 条记录中有 3257497 条（约占 72%）可用于计算，保留下来的数据集可以作为确定成本权重和修剪点的基础③。

为了报销，每家医院必须向疾病基金提供病例数据，主要包括临床数据（诊断、程序）、人口数据（年龄、性别）和行政数据（入院、手术和出院日期）。疾病基金的区域医疗审查委员会定期检查这些数据的编码质量。它们会评估对 DRG 的病例分配及其各自的服务利用率。为了做到这一点，它们派出团队到随机选择的医院，这些医院必须披露其医疗和编码做

---

①②③ Busse, R., & Quentin, W. (2011). Moving towards transparency, efficiency and quality in hospitals: conclusions and recommendations. Diagnosis - related groups in Europe: Moving towards transparency, efficiency and quality in hospitals, 149 - 171.

法。在发现上编码的情况下，医院必须偿还通过编码套高获得的资金。如果能够证明医院故意使用编码套高作为增加利润的手段，那么除了报销费用外，医院还需要支付相当于报销费用总额的罚款①。

Busse 等（2020）提出，德国的卫生保健系统是建立在分散的决策和对既定行为者的民主合法化的基础上的。它的自治一直被视为有效谈判、公众信任和防止不必要的政府干预的良好基础。然而，专业基金、医疗服务提供者和疾病基金的自治结构越来越容易因缺乏透明度和公共问责制而受到审查②。数据库的碎片化使对卫生系统绩效的全面评估变得困难。众多倡议和共存的方案意味着缺乏系统的评估、全面的部门参与，以及全面监测卫生系统绩效的目标（经合组织/欧洲卫生系统和政策观察站，2019年）③。

（1）DRG 编码的监管

一家德国医院的收入取决于其所提供的服务的数量和价值。这可能会激励医院编码比实际提供的更多或更高的报销服务。如前所述，疾病基金的医疗审查委员会试图通过审查随机选择的个别病例来发现这种编码高低套或错误编码。推诿重症、挑选轻症的做法与医院的功能和维护使命相悖，特别是在农村地区。由于病例费用目录每年更新，以反映住院治疗的当前成本，它代表了一种系统性方法，这种方法使人们无法预测 DRG 对某些治疗的长期贡献幅度，防范医疗机构出于趋利动机而进行有针对性的应对医保 DRG 付费政策的举动。

（2）异常出院的监管

自 DRG 系统首次引入以来，为了削减成本而提前出院的风险已被记录和证实。G－DRG 系统试图通过应用两种主要的工具来避免早期出院。首先，病例费用目录的年度更新和重新计算补偿异常值的成本权重及修剪

---

① Busse, R., & Quentin, W. (2011). Moving towards transparency, efficiency and quality in hospitals: conclusions and recommendations. Diagnosis－related groups in Europe: Moving towards transparency, efficiency and quality in hospitals, 149－171.

② Busse, R. and A. Riesberg (2004), Health Care Systems in Transition: Germany. Copenhagen, WHO Regional Office for Europe on behalf of the European Observatory on Health Systems and Policies, Vol. 6, No. 9.

③ Blümel, M., Spranger, A., Achstetter, K., Maresso, A., & Busse, R. (2020). Germany: Health System Review. Health systems in transition, 22 (6), 1－272.

点，旨在通过充分补偿昂贵的服务，以及扣除短期停留异常值的付款，来减少提前出院的激励。其次，在出院后30天内因同一原因重新入院，由原DRG［§2病例费用协议（FPV）2010］报销，且不获得额外资金。这种方法通常会惩罚不适当的提前出院。

（3）入院和过度治疗

在德国，医院的活动总额受到谈判达成的目标预算的限制，医院只能保留超过预算的活动收入的35%，以防止频繁再入院和过度治疗①。

（四）法律责任

除了基本的DRG费率，2002年德国卫生部的《案件费用条例》（the Case Fees Ordinance of the Ministry of Health）还规定了修改DRG的情境和适用额外附加费或扣减的情况。为了保证质量和DRG支付系统的持续发展，有关部门对每个DRG征收额外的强制性附加费。《案例费用法》（the Case Fees Act）及其修正案规定了某些预防措施，例如医院经营者有义务避免不必要的住院和过早转移，并保证正确的核算。这些义务将由SHI医疗审查委员会监督，该委员会可处理当前和已完成的病例的样本。如医院有重大过失，可对其处以双重处罚。争议将由州一级的联合仲裁委员会处理②。

（五）其他政策性或管理性措施

2019年，G-DRG系统经历了自2003年引入以来的首次重大变化。《护理人员赋权法案》（the Nursing Staff Empowerment Act，自2020年开始实施）改变了G-DRG系统。该法案规定，急症护理医院护理人员的实际

---

① Busse, R., Geissler, A., Aaviksoo, A., Cots, F., Häkkinen, U., Kobel, C., Mateus, C., Or, Z., O'Reilly, J., Serdén, L., Street, A., Tan, S. S., & Quentin, W. (2013). Diagnosis related groups in Europe: moving towards transparency, efficiency, and quality in hospitals? . BMJ (Clinical research ed.), 346, f3197.

② Busse, R. and A. Riesberg (2004), Health Care Systems in Transition: Germany. Copenhagen, WHO Regional Office for Europe on behalf of the European Observatory on Health Systems and Policies, Vol. 6, No. 9.

费用需要由疾病基金全额支付，而所有其他业务费用均由根据平均费用计算的 DRG 支付①。

由于 G－DRG 分类延迟和补偿率都是基于回顾性数据的，时间延迟可能是采用新技术的一个重要障碍。为了解决这一问题，立法者引入了所谓的新诊断和治疗方法条例（NUB）。NUB 监管有两个关键目标：一是通过提供额外预算弥补上述差距；二是加快将新技术纳入常规 G－DRG 报销系统，在这个滞后期间内使用生成的数据。使用新技术和获得 NUB 报销的医院必须获得 InEK 的许可，并与疾病基金进行合同谈判②。

最后的整合阶段是所谓的本地评估补充费用。如果使用某种技术还不能证明创建一个独特的 DRG 或国家评估的补充费用的必要性，则这些支付是在 DRG 支付之外进行的。纳入这类技术的决定由 InEK 作出③。当地评估的补充费用有一个重要的优势：一旦一项技术被纳入当地评估的补充费用的类别，德国的任何医院都可以与疾病基金进行谈判，以确定这种费用的确切水平。相比之下，当 InEK 接受 NUB 报销申请时，只有申请的医院才能与疾病基金进行谈判，所有其他医院必须单独向 InEK 申请。

如果医院得到充分的补偿或具有重大的研究兴趣，它们将使用新技术和创新技术。NUB 方法使医院能够使用并报销使用通常比常规病例费用目录中更昂贵的新技术的费用。因此，接受 NUB 报销是朝着将一项新技术完全纳入常规 G－DRG 系统迈出的第一步。然而，研究发现，大多数德国医院并没有通过 NUB 支付获得任何收入，而那些接受 NUB 支付的医院只通过这种短期支付工具产生了 0.3% 的收入④。此外，医院和疾病基金之间的谈判过程冗长乏味，并不能保证谈判失败情况下的最低付款⑤。

---

① Blümel, M., Spranger, A., Achstetter, K., Maresso, A., & Busse, R. (2020). Germany: Health System Review. Health systems in transition, 22 (6), 1－272.

②③ Busse, R., & Quentin, W. (2011). Moving towards transparency, efficiency and quality in hospitals: conclusions and recommendations. Diagnosis－related groups in Europe: Moving towards transparency, efficiency and quality in hospitals, 149－171.

④ Blum, K and Offermanns, M (2009) Anspruch und Realität von Budgetverhandlungen zur Umsetzung medizintechnischer Innovationen: Gutachten des Deutschen Krankenhausinstituts im Auftrag des Bundesverbandes Medizintechnologie. Unpublished manuscript, last modified January 2016.

⑤ Henschke, C., Bäumler, M., Weid, S., Gaskins, M., & Busse, R. (2010). Extrabudgetary ('NUB') payments: A gateway for introducing new medical devices into the German inpatient reimbursement system?. Journal of Management & Marketing in Healthcare, 3 (2), 119－133.

二、DRG异化医疗行为的美国监管经验

（一）美国的DRG异化医疗行为

在美国，医院服务的医疗补助支付方式因州而异，可分为三种：DRG、每日费用和费用报销（CR）[①]。大多数州的医疗补助机构使用基于DRG的方法来支付住院治疗费用。医院服务中较为少见的医疗补助支付机制包括每日费用和费用报销方法。在每日报销中，国家机构向每家医院支付一个特定的费率，该费率适用于该特定医院所有病人的每个住院日，少数州使用成本报销[②]。

医疗保险计划使用DRGs最初是基于在新泽西州首次实施的类似系统。1983年，美国国会采用了诊断相关组（DRGs）制度，该制度将医院报销从基于费用改为基于患者诊断的固定预期支付。然后，在1989年，国会颁布了一个以基于资源的相对价值量表（RBRVS）形式制定的医生医疗保险收费表，以取代之前的基于收费的系统，并进一步控制了总项目支付的年增长率。RBRVS系统还旨在减少提供初级保健服务与专科服务的支付差距[③]。

然而，随着DRG改革的推进，Reamer（1985）指出，DRGs的引入对社会医疗服务需求者构成了特殊的风险，影响入院标准、住院治疗、出院计划和人员标准，如低标准入院、过早出院、多次入院、选择病人等问题[④]。研究发现，在引入DRG后，每次转诊的诊断程序和实验室检测数量减少[⑤]。Gay等（1990）通过一项针对美国某个州的短期急症护理医院的

①②③ Rice, T., Rosenau, P., Unruh, L. Y., Barnes, A. J., Saltman, R. B., & Van Ginneken, E. (2013). United States of America: health system review. Health systems in transition, 15 (3), 1-431.

④ Reamer, F. G. (1985). Facing up to the challenge of DRGs. Health & Social Work, 10 (2), 85-94.

⑤ Böcking, W., Ahrens, U., Kirch, W., & Milakovic, M. (2005). First results of the introduction of DRGs in Germany and overview of experience from other DRG countries. Journal of Public Health, 13, 128-137.

227771 份出院摘要的研究，比较了最年长的老年医疗保险患者（85 岁及以上）与 70 岁以下和 70～84 岁的住院患者市场的变化，发现随着医院追求实践变革以提高收入潜力，这三类人群都经历了服务紧缩。服务市场在压缩，而利润较低的 DRG 服务也在缩减。三类人群再入院率均大幅增加表明，减少住院时间的 DRG 激励措施可能促进了过早出院①。DRG 系统最初确实帮助降低了医疗保险的医院成本，但许多利益相关者很快就学会了如何通过优化编码系统来增加收入②。实际情况是，系统奖励的是做更多的事情（数量），而不是最好的、最合适的护理过程（价值）③。

在克林顿政府未能实施全国性的医疗改革后，管理式医疗保健④在 20 世纪 90 年代的美国迅速扩张。通过医生把关和预授权机制，管理式医疗保健计划确实成功地减少了医院失控的医疗成本，但公众对服务质量的强烈抗议促使了管理式护理标准的建立，许多州制定了管理式医疗标准的法律⑤。

（二）监管框架

美国医疗保健系统中的监管由联邦、州、地方市和县一级的私人或公共实体实施，追求不断提高质量、控制成本等目标。医疗保健系统中的所有参与者都受到监管。监管通常来自多个政府和非政府机构⑥。

---

① Gay, E. G., & Kronenfeld, J. J. (1990). Regulation, retrenchment—The DRG experience: Problems from changing reimbursemwnt practice. Social Science & Medicine, 31 (10), 1103－1118.

② “它们开始做更多的东西来得到更好的补偿，更少的东西则不做，并确保每个项目都得到编码和收费。这种基于代码的订阅服务支付系统在今天仍然很强大。”引自：Johnson, D., Dayal, G., & Smith, J. (2017). 40 Years in the Payment Reform Wilderness: DRGs to Nirvana.

③ Johnson, D., Dayal, G., & Smith, J. (2017). 40 Years in the Payment Reform Wilderness: DRGs to Nirvana.. 原文：Unfortunately, this approach was not enough. The reality is that the system rewards doing more (volume) rather than whatever would be the best, most appropriate course of care (value).

④ “无论它有什么缺点，管理式医疗保健确实成功地控制了成本。1993—1998 年，医疗保健费用增加了 31%，比过去 40 年中的任何时期都要慢。当放弃管理式医疗时，成本飙升，1999—2010 年，医疗成本增加了一倍。”引自：Johnson, D., Dayal, G., & Smith, J. (2017). 40 Years in the Payment Reform Wilderness: DRGs to Nirvana.

⑤ Johnson, D., Dayal, G., & Smith, J. (2017). 40 Years in the Payment Reform Wilderness: DRGs to Nirvana.

⑥ Rice, T., Rosenau, P., Unruh, L. Y., Barnes, A. J., Saltman, R. B., & Van Ginneken, E. (2013). United States of America: health system review. Health systems in transition, 15 (3), 1－431.

主要的联邦监管机构包括CMS、CDC和FDA，它们都在美国卫生与公众服务部的管辖之下。州监管机构包括公共卫生部门、供应商许可委员会和保险专员。地方县和市还通过其公共卫生和卫生服务部门来管理卫生保健机构。独立的非政府组织和医疗保健提供者组织，如美国医学会（AMA）和联合委员会，也在美国的医疗保健系统中发挥着监管作用①。

1. 对第三方支付者的监管和治理

在美国，对私人保险公司或第三方支付者的监管和治理由联邦和州机构共同负责。目前第三方支付者面临的监管环境主要源于两项立法：《麦卡伦—弗格森法案》（the McCarran – Ferguson Act）和《ERISA法案》②。

2. 对医疗服务提供者的监管治理

医生和医院由联邦和州一级的公共机构，以及国家非政府组织和提供者监管组织进行监管。除了州一级的监管外，医生还受联邦监管机构CMS的监管，为医疗机构提供服务补偿实施标准③。

通常，医生要受保健机构（如卫生保健组织、公共保健组织）和他们执业或拥有接纳特权的医院的管理。通过控制成本（如按人头计算、把关和预先授权）及提高质量（如疾病管理）的各种机制，管理式护理组织规范了医生的行为④。

美国的医院监管主要是通过非政府联合委员会的认证要求、关于谁必须在医院接受治疗的联邦法律以及CMS规定的报销标准进行的。最重要的医院监督是联合委员会对认证的自我监督。该组织是一个非政府监管机构，包括美国的4000多家医院（82%）⑤。来自联合委员会的审计人员在不通知医院的情况下就可以进行调查工作，并通过对患者病例的追踪、从医院获取的文件和现场观察等来评估医院对联合委员会标准的遵守情况。重新认证调查每三年进行一次⑥。

---

①②③④ Rice, T., Rosenau, P., Unruh, L. Y., Barnes, A. J., Saltman, R. B., & Van Ginneken, E. (2013). United States of America: health system review. Health systems in transition, 15 (3), 1-431.

⑤⑥ 详见https://www.jointcommission.org/who-we-are/facts-about-the-joint-commission/

（三）监管机制

1. 医疗质量监管

美国有许多监管质量报告。这些报告包括联邦政府要求的高质量报告和联合委员会等私人组织的自愿报告。监管机构通常要对不同的卫生保健机构进行审查，最终形成质量报告。其中，审查的重点是医院①。

CMS 已经实施了诸如质量保健改进措施（所谓的绩效薪酬措施）等项目，旨在奖励医疗保健提供者报告其具体的医疗保健质量措施，希望改进高质量护理，从而随着时间的推移，节省 CMS 的资金②。

2. 不当支付监管

自 1996 年以来，CMS 还实施了一些其他措施，以防止在处理索赔时出现不当付款。这些索赔审查程序是在预付或付款后进行的③。

预付费计划包括国家正确编码计划（NCCI）和医学上不太可能的编辑（MUE）。制定 NCCI 计划是为了促进国家采用正确的编码方法，并控制因不当编码导致联邦医疗保险 B 部分索赔中的不适当支付。CMS 为医疗保险 B 部分福利索赔建立了服务编辑单元，称为 MUEs。MUE 编辑，就像 NCCI 编辑一样，是一个自动的预付款编辑，有助于防止不当支付。

付款后计划包括综合误差率测试（Comprehensive Error Rate Testing，CERT）计划和恢复审计承包商（Recovery Audit Contractor，RAC）计划。CERT 计划的制定目的是根据《不当支付信息法》的要求，计算国家医疗保险服务费（FFS）错误率。CERT 随机选择一小部分医疗保险 FFS 索赔样本，审查来自供应商的索赔和医疗记录，以确保符合医疗保险覆盖范

① Rice, T., Rosenau, P., Unruh, L. Y., Barnes, A. J., Saltman, R. B., & Van Ginneken, E. (2013). United States of America: health system review. Health systems in transition, 15 (3), 1-431.

② Sinha, G. (2007). Governments move to improve quality and cut costs. JNCI Journal of the National Cancer Institute, 99 (5), 346-347.

③ Falcon-Law, M. M., Griffin, P., Perales, I. N., & Maher, V. F. Aspects of American HealthCare: CMS and the RAC. In The 67th International Atlantic Economic Conference.

围、编码和账单规则[①]。在恢复审计承包商（RAC）计划中有一种更直接的成本控制方法。作为国会的授权，RAC计划旨在减少医疗保险计划中的不当支付，并确定流程改进，以减少或消除未来的不当支付。RAC的任务是检测和纠正医疗保险索赔中的不当支付，追回多付的款项，并补付少付的款项[②]。

CMS保护联邦资金的行动不仅限于索赔处理和错误率程序。2006年，它在美国全国范围内建立了涵盖所有医疗服务提供者和供应商类型的项目保障承包（Program Safeguard Contractors）。特殊的反欺诈人员通过进行数据分析，来确定潜在的问题领域，调查潜在的欺诈，将欺诈案件转介到执法部门，并与CMS的内部和外部合作伙伴协调医疗保险欺诈、浪费和滥用工作。CMS已经确定，医疗保险FFS计划中大多数不当支付的发生是因为提供者提交了缺乏医疗必要性或不一致的索赔申请[③]。

在2003年的《医疗保险处方药、改进和现代化法案》（MMA）第306条中，国会指示卫生与公众服务部（DHHS）开展一个为期3年的示范项目，使用RACs来检测和纠正医疗保险FFS计划中的不当支付。国会授权CMS以应急费用为基础向每个RAC支付费用[④]。在示范项目下进行索赔审查时，RACs有义务根据医疗保险政策、法规、国家覆盖范围决定、当地覆盖范围决定和人工指令执行审查程序。在没有医疗保险政策的情况下，RACs会根据公认的医疗标准和实践审查索赔[⑤]。

3. 卫生信息管理

卫生技术评估（HTA）是对卫生保健技术的有效性、安全性、成本和患者报告结果的评估，目的是为卫生决策提供信息[⑥]。HTA在美国由公共

---

①② Approved RAC Topics | CMS https://www.cms.gov/Research-Statistics-Data-and-Systems/Monitoring-Programs/Medicare-FFS-Compliance-Programs/Recovery-Audit-Program/Approved-RAC-Topics.

③⑤ 2023 | CMS https://www.cms.gov/medicarehealth-plansmedicareadvtgspecratestatsratebooks-and-supporting-data/2023.

④ Falcon-Law, M. M., Griffin, P., Perales, I. N., & Maher, V. F. Aspects of American HealthCare: CMS and the RAC. In The 67th International Atlantic Economic Conference.

⑥ Sullivan, S. D., Watkins, J., Sweet, B., & Ramsey, S. D. (2009). Health technology assessment in health-care decisions in the United States. Value in Health, 12, S39-S44.

和私人支付者、大学、医院、研究机构或制造商进行①。目前，在美国联邦层面，医疗保险通过医疗保险证据发展和覆盖咨询委员会（MedCac）进行 HTA，这是一个由医疗技术专家组成的机构，举行公开会议，审查卫生技术②。

健康信息技术卫生信息系统（HIT）可用于管理患者的临床记录、管理数据（如资源的使用）、利用率、质量（如健康状况、健康结果和患者满意度）和安全性（如不良事件和医疗错误）③。HIT 系统收集、存储、传输、分析这些领域的数据。常见的用户是消费者、医疗服务提供者、支付者和政府④。

电子医疗记录（EMRs）或电子健康记录（EHRs）是主要在组织层面上运行的 HIT 系统，被医疗服务提供者用于维护和更新患者健康信息、输入医嘱、报告结果、观察和护理⑤。EMR 可与 EHR 互换使用，但据健康信息和管理系统协会（HIMSS）的说法，EMR 是医疗机构的合法医疗记录，不与其他组织交互，而电子病历具有组织间的可操作性⑥。由患者个人管理和使用的健康信息通常被称为个人健康记录（PHR）。PHR 以电子方式在中心位置存储来自多个来源的患者健康信息。PHR 的重要组成部分是患者对信息的控制、存储患者健康历史的能力以及信息跨提供者的可移植性⑦。PHR 可供个人患者及其医疗服务提供者使用⑧。

（四）新的价值医疗模式

随着政策制定者开始将管理医疗作为控制医疗成本的一种方式，私

---

①②③⑧ Rice, T., Rosenau, P., Unruh, L. Y., Barnes, A. J., Saltman, R. B., & Van Ginneken, E. (2013). United States of America: health system review. Health systems in transition, 15 (3), 1-431.

④ Blumenthal, D., & Glaser, J. P. (2007). Information technology comes to medicine. New England Journal of Medicine, 356 (24), 2527-2534.

⑤ Kazley, A. S., & Ozcan, Y. A. (2008). Do hospitals with electronic medical records (EMRs) provide higher quality care? An examination of three clinical conditions. Medical Care Research and Review, 65 (4), 496-513.

⑥ Garets, D., & Davis, M. (2006). Electronic medical records vs. electronic health records: yes, there is a difference. Policy white paper. Chicago, HIMSS Analytics, 1.

⑦ Grossman, J. M., Zayas-Cabán, T., & Kemper, N. (2009). Information gap: can health insurer personal health records meet patients' and physicians' needs? . Health Affairs, 28 (2), 377-389.

人医疗保险计划开始蓬勃发展。当美国国会在 2003 年通过《医疗保险现代化法案》（the Medicare Modernization Act）时，该项目被称为医疗保险优势（Medicare Advantage，MA）[①]，是一个以病人为中心、基于价值的系统，通过向提供这些计划的保险公司提供额外支付，鼓励更多人加入 MA。法案还要求保险公司以额外支付或降低保费的形式与参保者分享这些支付的好处[②]。随着 2010 年 ACA 的通过，支付政策再次发生了变化，随着时间的推移，联邦支付减少，使其更接近传统医疗保险计划下的平均医疗成本。它还基于质量评级为计划提供奖金。自 2004 年以来，参加私人 MA 计划的受益人数量增加了三倍多，从 530 万增加到 2016 年的 1760 万[③]。

许多老年人发现 MA 计划能够更好地满足他们的医疗需求和愿望。这些计划提供补充福利，如视力、牙科和听力覆盖，以及自付最大限额。与传统的医疗保险不同，私人 MA 计划有的为慢性病患者提供创新的护理协调和预防护理项目，以满足患者的需求。这意味着改善健康状况，并减少不必要的住院治疗。一项关于 MA 的研究发现，与根据 FFS 合同运营的对照组相比，基于价值的安排下，签约人被提供了更密集的办公室护理和更高的利用率。基于价值的合同小组重新设计并实施了新的临床工作流程（例如，准确的文件和编码、风险分层、增加办公室访问），以改善健康结果并提升效率。MA 正在通过其质量指标和激励、以病人为中心的医疗家庭举措以及其他激励价值与数量的努力，加速向价值基础医疗的发展。在 MA 计划下，健康计划和医生要对护理的总费用负责[④]。

Johnson 等（2017）认为，MA 是将当前美国医疗保健体系从按服务收费的报销转向基于价值的医疗服务支付的强大力量，是医疗保险和医疗补助服务中心塑造医疗保健未来和克服医疗保险致命缺陷最强大的杠杆[⑤]。

---

①②③④⑤ Johnson，D.，Dayal，G.，& Smith，J.（2017）. 40 Years in the Payment Reform Wilderness：DRGs to Nirvana.

三、DRG 异化医疗行为的日本监管经验

（一）日本的 DRG 异化医疗行为

在按服务收费（FFS）报销制度下，日本在过去 20 年中的医疗支出增长了约三倍。这导致了迫在眉睫的控制卫生支出的问题。1998 年，日本实施了测试 DRG/PPS 类系统有效性的试点项目。2003 年，日本正式引入了 PPS 和 DRG 重新排列的分组系统，称为诊断程序组合/每日支付系统（DPC/PDPS）[①]。研究发现，在日本，DPC/PDPS 实施后，患者死亡率没有变化。然而，由于过早出院导致的再入院率增加了[②]。Annear 等（2018）指出，新的分组系统实施后，患者的住院时间趋于减少，特别是在引入系统后的初始阶段；使用其制定医院预算的住院人数往往会增加；可能对非住院部门产生间接影响，该部门的费用从住院病人转向门诊病人，转向长期或家庭护理[③]。引入系统的风险是真实存在的，需要一个与提供护理相关的活动监测和质量控制系统。

（二）监管框架

日本医疗保健系统的监管有两个方面：人力资源和资本资源由《医疗

① Hamada, H., Sekimoto, M., & Imanaka, Y. (2012). Effects of the per diem prospective payment system with DRG - like grouping system (DPC/PDPS) on resource usage and healthcare quality in Japan. Health policy, 107 (2 - 3), 194 - 201.

② 与美国等国家相比，日本急症护理医院拥有的床位更多，而在疗养院等护理设施中则更少。这些情况有助于获得住院护理，即使养老院护理足够，也可能会增加日本的再入院率。引自：Hamada, H., Sekimoto, M., & Imanaka, Y. (2012). Effects of the per diem prospective payment system with DRG - like grouping system (DPC/PDPS) on resource usage and healthcare quality in Japan. Health policy, 107 (2 - 3), 194 - 201.

③ Annear, P. L., Kwon, S., Lorenzoni, L., Duckett, S., Huntington, D., Langenbrunner, J. C., …& Xu, K. (2018). Pathways to DRG - based hospital payment systems in Japan, Korea, and Thailand. Health Policy, 122 (7), 707 - 713.

保健法》（the Medical Care Act）监管，资金由1922年颁布的《健康保险法》（the Health Insurance Act）监管。监管机构由三层系统组成，其中中央政府、县政府和主要市政府共享不同层次的权力。融资（由医疗保险报销）几乎完全由中央政府管理。人力和资本资源由县和主要城市一级的政府通过公共卫生中心的检查进行管制①。

1. 对第三方支付者的监管和治理

所有的保险公司都受到厚生劳动省（Ministry of Health，Labour and Welfare，WHLW）的监管，因此它们拥有有限的自由裁量权。在日本的保险制度中，有3000多家保险公司，按职业、居住地、年龄等进行分类②。

在日本，购买者（健康保险公司）和提供者（医院、诊所和药房）之间的关系是合同性质的，禁止保险公司与患者直接签订合同。根据《健康保险法》第63条，希望参加健康保险实践的服务提供者必须适用于MHLW③。在实践中，此类程序以及监管监督被委托给了MHLW的区域分支机构RBOs。

2. 对医疗服务提供者的监管和治理

政府制定有关法律法规，规范医疗保健系统的各个方面。这些法律法规把对卫生工作者和医院、诊所和药房等的监管权力委托给各省和主要市政府，政府根据《医疗保健法》进行检查。如日本医学会这样的专业组织是自愿组织，没有监管权力，但它们有强大的政治影响力来影响新法规的起草④。

（三）监管机制

1. 质量监督和管理

根据法律，各县负责制定医疗保健服务的“愿景”，其中包括治疗癌症、中风、急性心肌梗死、糖尿病和精神疾病的详细服务计划。这些发展愿景还包括发展儿科护理、家庭护理、紧急护理、产前护理、农村护理和

①②④ Sakamoto, H., Rahman, M., Nomura, S., Okamoto, E., Koike, S. et al. (2018). Japan health system review. Health Systems in Transition, 8 (1), World Health Organization. Regional Office for South – East Asia.

③ 标准见该法案第65条和第71条。

灾害医学的计划，确定了结构、过程和结果指标，以及有效和高质量交付的战略。县政府促进了医疗服务提供者之间的合作，以实现这些计划，无论是否有补贴作为财政奖励①。

县负责对医院的年度检查。如果每张床位的人员低于一定比例，医院会受到降低报销率的处罚。医院认证是自愿的，截至 2016 年，26% 的医院获得了非营利组织日本质量卫生保健委员会的认证②。

公开报告医院和疗养院的表现不是强制性的，但卫生、劳动和福利部组织和资助了一个自愿的基准项目，医院在其网站上报告质量指标③。国家和地方政府对福利机构进行强制性的第三方评估，包括疗养院和针对痴呆症患者的团体之家，以改善医疗护理情况④。

每个省都有一个医疗安全支持中心来处理投诉和促进医疗安全发展。自 2004 年以来，高级治疗医院被要求向日本优质卫生保健委员会（the Japan Council for Quality Health Care）报告不良事件。该委员会致力于提高整个卫生系统的质量，并制定临床指南，尽管它没有任何监管权力来惩罚表现不佳的提供者。日本医学专业委员会（the Japanese Medical Specialty Board）是一个由医生领导的非营利性机构，它建立了一个关于医学专业认证标准和要求的新框架，于 2018 年起实施，每三年调查一次住院病人和门诊病人的经历并公开报告⑤。

2. 信息管理及系统

在日本，大约 55% 的急性护理住院患者被 DPC 系统覆盖。DPC 数据库不仅包含行政数据，还包含向所有住院出院患者收集的详细的患者人口统计学、诊断和程序相关数据⑥。

在建立国家卫生保健信息网络之前，日本政府一直在解决技术和法律问题，以便患者、医生和研究人员能够持续共享健康记录⑦。

虽然一些与卫生保健相关的核心统计数据由内务和通信部（the Minis-

①③④⑤⑦ Matsuda, R. (2020). The Japanese health care system. International profiles of health care systems, 127.

② 20180228 - 1_databook_for_web2. pdf https://www.jq - hyouka. jcqhc. or. jp/wp - content/uploads/2018/03/20180228 - 1_databook_for_web2. pdf

⑥ Sakamoto, H., Rahman, M., Nomura, S., Okamoto, E., Koike, S. et al. (2018). Japan health system review. Health Systems in Transition, 8 (1), World Health Organization. Regional Office for South - East Asia.

try of Internal Affairs and Communication）收集，但大多数与健康相关的统计数据都是由 MHLW 收集、汇编和分析的。《统计法》（the Statistics Act）最初于 1947 年被引入，将政府统计数据的使用限制改为行政使用。2007 年，该法案进行了全面修订，明确了政府统计数据是社会信息基础设施的一部分，也放宽了统计数据的使用范围。MHLW 的统计和信息政策总干事①分发关于生命事件和人口健康特征的关键统计调查，这一角色在 MHLW 的决策过程和统计服务管理中起着关键作用，涉及到一些基本统计数据的配置和在线报告/发布：生命统计数据、生活表、生活条件的综合调查、医疗机构的调查、病人调查、每月劳动调查等。这些统计数据可以促进卫生保健采取行动，规划和实施政策、方案和服务，以改善影响健康的社会和经济条件②。

3. 报销与索赔监管

服务和药品的价格在日本各地都是统一的，并且严格禁止供应商进行余额计费。一旦提供商与 MHLW 签订了合同，提供商就必须遵守 MHLW 制定的规则和规定。服务提供者每月向在所有 47 个县建立的索赔审查和报销组织（the Claims Review and Reimbursement Organizations，CRROs）提交报销申请。当地服务提供者提交的所有索赔都由专家委员会审查，并监测提供者对规则的遵守情况。尽管如此，对相同条件的索赔和补偿存在巨大的不一致，仍然是与 CRROs 专家委员会、保险公司和供应商之间的利益冲突（Conflict of Interest，COI）有关的治理问题③。

2017 年 7 月，MHLW 提出了 CRROs 的改革计划，鼓励 CRROs 追求效率，并促进了通过充分利用 ICT 和人工智能来审查索赔数据的自动化系统的建立。通过引入审查索赔数据的统一检查表标准，在审查过程中鼓励自动报销流程和避免 COI④。任何偏离实践规则或收费表的行为都可能会招致 MHLW 的纪律处分。纪律处分从轻微的（个别指导）到可受惩罚的（现场检查和取消合同）不等⑤。

---

① 统计和信息政策总干事有全面的机制来收集有关人口统计、保健、社会福利、就业和工资等高质量数据。

②③④⑤ Sakamoto，H.，Rahman，M.，Nomura，S.，Okamoto，E.，Koike，S. et al.（2018）. Japan health system review. Health Systems in Transition，8（1），World Health Organization. Regional Office for South - East Asia.

通过对医疗服务提供者的制约和设置标准化费用，这个合同系统使中央政府能够影响整个医疗系统：控制成本，更均匀地分配全国人力资源，以及公平维护医疗保健服务的质量和数量（使患者获得安全优质的医疗保健服务，无论他们的收入、居住地和医院类型）[①]。

（四）其他政策性或管理性措施

1982 年的《老年人医疗和保健服务法》（the Medical and Health Services for the Elderly Act）被《国民健康保险法》（the National Health Insurance Act）部分修订，并被重新命名为《老年人保障医疗护理法》（the Securing Medical Care for the Elderly Act）。该修正案要求公共保险公司通过筛查和遵循健康教育方案等预防服务，鼓励通过疾病管理来控制成本。该修正案还规定了一个新建立的国家索赔信息数据库（即国家收据数据库，NDB），作为 MHLW 的一部分，以密切监测支出，并找到成本控制的政策杠杆[②]。

2006 年的改革法案旨在通过提高卫生保健服务提供系统的效率和加强公共卫生保险公司的问责制，使卫生保健系统重新获得财政可持续性[③]。

《医疗保健法》（the Medical Care Act）第五修正案规定各地政府具有收集和传播有关医院的信息的职能，更好地支持受益公民在保健利用方面的合理选择，以及为区域卫生保健计划的绩效评价制定特定的目标/指标。该法案还要求医院（特别是私营医院）提高其管理透明度和组织治理能力[④]。

2014 年，在《确保全面医疗和长期护理的法案》颁布后，一项新的法案被提出，其中规定，应充分分析关于索赔账单和其他利用信息的国家数据库（NDB），以估计在当地环境中医院床位和其他资源的最佳分配[⑤]。

日本医疗保健系统的特点之一是它可以免费获得医疗保健设施。与其他经合组织国家相比，日本住院护理的特点是平均住院时间更长，人均住院床位数量更多，而医生数量相对较少。这可能是由于在日本任何时候都很容易获得医疗保健服务。这种类型的制度具有需要考虑的财政后果。日

①②③④⑤ Sakamoto, H., Rahman, M., Nomura, S., Okamoto, E., Koike, S. et al. (2018). Japan health system review. Health Systems in Transition, 8 (1), World Health Organization. Regional Office for South - East Asia.

本严格控制医疗保健成本的政策和对提供服务的放任做法，以及对提供者组织的治理不足，造成了医疗保健资源供求之间的不匹配，并阻碍了医疗保健质量的问责制①。

四、DRG 异化医疗行为的英国监管经验

（一）英国的 DRG 异化医疗行为

医疗保健资源组（HRGs）是诊断相关组（DRGs）的英文版本，是活动和成本的分析单元②。PBR③ 的主要目标是增加“吞吐量”（活动），减少等待时间，支持患者选择和提高效率，以及提高患者满意度，同时控制成本④。由于医院对其所开展的工作按 HRGs 给予固定的费用，PBR 鼓励其削减成本和减少住院时间，从而释放其治疗更多患者的能力。医疗活动的增加意味着患者可以得到更快的治疗，从而改善等候名单上的患者获得医疗保健的机会⑤。PBR 还通过鼓励新的提供者进入市场，增加该领域的竞争力，并改善医院提供的护理组合来增加选择⑥。

国际经验证据表明，引入前瞻性的支付系统会为医疗服务提供者提供改善它们的财务状况的不利激励。例如，医院可以进行“DRG 漂移”，将

---

① Sakamoto, H. , Rahman, M. , Nomura, S. , Okamoto, E. , Koike, S. et al. (2018). Japan health system review. Health Systems in Transition, 8 (1), World Health Organization. Regional Office for South – East Asia.

② Busse, R. , & Quentin, W. (2011). Moving towards transparency, efficiency and quality in hospitals: conclusions and recommendations. Diagnosis – related groups in Europe: Moving towards transparency, efficiency and quality in hospitals, 149 – 171.

③ 对英国基于 DRG 的医院支付的一项正式评估，在当地称为按结果支付（PBR）。

④ Miraldo, M. , Goddard, M. and Smith, P. C. (2006) The incentive effects of payment by results. Research Report. CHE Research Paper (19). Centre for Health Economics, York, UK.

⑤ Mannion, R. , Marini, G. , & Street, A. (2008). Implementing payment by results in the English NHS: changing incentives and the role of information. Journal of health organization and management, 22 (1), 79 – 88.

⑥ Miraldo, M. , Goddard, M. and Smith, P. C. (2006) The incentive effects of payment by results. Research Report. CHE Research Paper (19). Centre for Health Economics, York, UK.

患者向上编码到更昂贵的 DRG，导致过度报销。PBR 可能会鼓励医疗服务提供方选择轻症患者，以降低成本。然而，通过定期监测和审计英国医院的编码表现，审计委员会发现，几乎没有证据表明存在系统性的故意升级编码：观察到的编码错误与积极和负面的财务后果相关①。基于 DRG 的医院支付的其他潜在意外后果包括推诿重症、过度诊疗、频繁再入院和低标准出入院。如果一组中的某些患者系统性地比其他患者成本更高，就会促使医院选择成本更低、更有利可图的病例，并转移或避免无利可图的病例。欧洲的研究表明，这些意想不到的后果相对罕见——或者至少，尽管监测和审查机构定期审查，但它们很少被发现②。

（二）监管框架

英国的监管通过多种方式进行，包括自我监管、议会或地方当局的监管、法院和法庭的监管、中央政府部门和监管机构的监管。在卫生保健部门，所观察到的大部分情况都是通过一系列机构进行独立监管。国民保健服务提供者的监管机构通过一系列方式进行监管，以确保服务的质量和效率。目前参与的组织包括：CQC、Audit Commission、NAO、NICE、NPSA、Monitor、Department of Health、SHAs 等③。

1. 对第三方支付者的监管和治理

在英国，大部分的医疗保健支出由政府提供。英国初级卫生保健信托机构（Primary Care Trusts，PCTs）的表现会被监测，并在适当的情况下由当地的卫生保健机构进行管理，最终 PCTs 要向卫生大臣负责④。每个 PCTs

---

① Busse，R.，& Quentin，W.（2011）. Moving towards transparency，efficiency and quality in hospitals：conclusions and recommendations. Diagnosis - related groups in Europe：Moving towards transparency，efficiency and quality in hospitals，149 - 171.

② Busse，R.，Geissler，A.，Aaviksoo，A.，Cots，F.，Häkkinen，U.，Kobel，C.，Mateus，C.，Or，Z.，O'Reilly，J.，Serdén，L.，Street，A.，Tan，S. S.，& Quentin，W.（2013）. Diagnosis related groups in Europe：moving towards transparency，efficiency，and quality in hospitals？. BMJ（Clinical research ed.），346，f3197.

③ Boyle S.（2011）. United Kingdom（England）：Health system review. Health systems in transition，13（1），1 - 483.

④ http：//www. dh. gov. uk/en/Publicationsandstatistics/Publications/PublicationsPolicyAndGuidance/DH_4139133.

都有一个专业的执行委员会，其作用是协助PCTs行使其职能、制定战略和政策，以及制定与监测临床治疗和质量标准①。

英国卫生部通过SHAs监测PCTs的工作。一般情况下，英国卫生保健委员会根据卫生部制定的PCTs需提供的服务和PCTs委托提供的服务的标准进行监测，包括对改善公共卫生方法的监测。2009年4月，CQC从医疗保健委员会、社会保健检查委员会和精神健康法案委员会接管了管理英格兰所有卫生和社会保健的责任。CQC目前根据核心标准、世界级的全国质量指标来评估供应商和专员的绩效，以及其他国家公认的质量指标②。

2. 对医疗服务提供者的监管治理

医院的医疗服务主要通过NHS信托或FTs提供。前者是公有的，并直接向卫生大臣负责。FTs由一个被称为Monitor的独立机构进行管理。对医疗服务专业人员的管理中，大多数专业人员由专业领导的法定机构管理。这些监管机构通过制定卫生专业人员必须满足的行为、教育和道德标准，以及处理因健康状况不良、不当行为或表现不佳而不适合执业的卫生专业人员，来保护和提升公众的安全。

（三）监管机制

1. 数据质量监管

HRG4每年更新一次，以满足临床和成本计算的要求，通过专家工作组和临床咨询小组，可确保与临床医生继续接触。自2006年以来，英国所有的急性信托机构都接受了审计委员会的外部临床编码审计。审计委员会是一个独立的公共机构，负责确保公共部门的资金使用物有所值③。审计

① http://www.dh.gov.uk/en/Publicationsandstatistics/Publications/PublicationsLegislation/DH_4083011.

② Boyle S. (2011). United Kingdom (England): Health system review. Health systems in transition, 13 (1), 1-483.

③ Audit Commission. Payment by Results Assurance Framework. Pilot results and recommendations. 7 December 2006. http://www.audit-commission.gov.uk/reports/NATIONALREPORT.asp?CategoryID=ENGLISH^574^SUBJECT^4700&ProdID=BE76529444C1-4a5d-BE76-1328BCD45747&SectionID=sect1# (Accessed 14 April2007).

过程包括将患者病例记录的随机样本与信托机构的实际编码进行比较①。审计委员会评估编码的准确性和对国家编码和数据识别标准的遵守情况。PCTs 和信托机构可以使用在线国家基准工具，以便组织可以比较其表现并确定进一步调查的领域②。

2. 医疗质量监管

2009—2010 年，所有急性信托在其财务账户旁设置质量账户。质量和创新调试（CQUIN）支付框架于 2009 年 4 月生效。它允许 PCTs 将供应商特定的、适度的收入（全国商定的）与现实的当地商定的目标联系起来。在 2009—2010 年，CQUIN 支付框架覆盖了提供者每年合同收入的 0.5%，2010—2011 年增至 1.5%。CQUIN 每月支付一次，同时支付定期收入，并根据合同目标进行调整。CQUIN 框架适用于所有与患者相关的活动，包括作为 PBR 系统的一部分进行报销的活动③。

英国正试图将提高质量的激励措施纳入其支付系统。例如，与英国的质量和创新调试（CQUIN）框架一样，如果医院质量指标显示良好，基于 DRG 的支付可以通过增加对所有患者的支付来进行调整。或者，如果医院在 DRG 特定质量指标上的得分高于平均水平，则可以增加向属于同一个 DRG 的所有患者支付的费用④。

3. 成本核算管理

NHS 成本核算手册规定了 NHS 医院适用的强制性成本核算方法。它于 1999 年推出，为成本信息的生产和收集带来了一定程度的一致性。英国临床成本计算标准协会（the Clinical Costing Standards Association of England, CCSAE）是一个由成本计算专家组成的工作组，旨在为急性护理部门制定

---

① Commission, G. B. A., & Commons, G. B. P. H. O. (2010). Audit Commission Annual Report and Accounts 2009/10: Report and Accounts of the Audit Commission for Local Authorities and the National Health Service in England, Showing the Statement of Comprehensive Income for the Year Ended 31 March 2010 and Statement of Financial Position as at 31 March 2010, Together with the Report of the Comptroller and Auditor General Thereon.

② Busse, R., & Quentin, W. (2011). Moving towards transparency, efficiency and quality in hospitals: conclusions and recommendations. Diagnosis - related groups in Europe: Moving towards transparency, efficiency and quality in hospitals, 149 - 171.

③④ Busse, R., Geissler, A., Aaviksoo, A., Cots, F., Häkkinen, U., Kobel, C., Mateus, C., Or, Z., O'Reilly, J., Serdén, L., Street, A., Tan, S. S., & Quentin, W. (2013). Diagnosis related groups in Europe: moving towards transparency, efficiency, and quality in hospitals?. BMJ (Clinical research ed.), 346, f3197.

临床成本计算标准，同时也支持在NHS内推行患者级信息和成本计算系统（PLICS）[①]。

4. 新技术的激励

虽然大多数新技术的采用决定是由个别医院作出的，但NICE也为国民保健制度提供卫生保健方面的技术指导和临床实践。其总体目标是促进健康水平提升，做好疾病预防与治疗工作[②]。几乎所有新许可的癌症药物在通过NHS常规提供给患者之前都由NICE进行评估。评估过程可能会导致患者获取信息的严重延迟，部分原因是评估过程，也有部分原因是因为利益相关者对NICE的初步决定提出上诉。自2002年1月以来，英国国家医疗服务体系有法律义务在英格兰和威尔士为NICE技术评估过程中推荐的药物和治疗提供资金和资源。这意味着当NICE推荐一种药物时，NHS必须确保在指南发布后的三个月内公开使用。如果NICE不推荐一种新药（可能是因为其他选择更具成本效益），NHS就不应该常规提供它[③]。然而，Richards（2008）建议，应该允许患者私下为未被NHS资助的药物支付费用，而不失去他们获得NHS护理的权利[④]。

"通过"支付（Pass through Payments）被用于资助新技术和创新技术。这些技术适用于新设备、药物、治疗和现有技术的新应用。它们被提供给医疗服务购买方，以便用额外的支付寻求更高质量的护理，而不是国家关税所涵盖的标准护理。医疗服务提供方和购买方之间的任何此类安排最多固定三年，且价格应事先商定，并与新技术的额外成本直接相关。一些活动，包括一些高成本的药物、设备和程序被排除在PBR关税之外，如磁共振成像（MRI）扫描、耳蜗植入、骨科假肢和化疗等。反之，购买者和供

---

①③ Busse，R.，& Quentin，W.（2011）. Moving towards transparency，efficiency and quality in hospitals：conclusions and recommendations. Diagnosis - related groups in Europe：Moving towards transparency，efficiency and quality in hospitals，149 - 171.

② NICE（2007）. About NICE Guidance：What Does It Mean For Me? Information for Patients，Carers and the Public - An Interim Guide. London：National Institute for Health and Clinical Excellence. 转引自：Busse，R.，& Quentin，W.（2011）. Moving towards transparency，efficiency and quality in hospitals：conclusions and recommendations. Diagnosis - related groups in Europe：Moving towards transparency，efficiency and quality in hospitals，149 - 171.

④ Richards，M.（2008），"Improving access to medicines for NHS patients：a report to the Secretary of State for Health"，available at：www.dh.gov.uk/en/Publicationsandstatistics/Publications/PublicationsPolicyAndGuidance/DH_089927.

应商应当同意当地的价格和安排①。

对医疗服务提供方创新的经济激励取决于对其成本的影响，以及创新是否改善了患者的结果，但增加了医疗服务提供方的成本②。如果这种创新在本质上是节省成本的，那么医疗服务提供方就有明显的动机去采用它。如果创新更昂贵，医疗服务提供方可能不愿采用新技术。为了解决这一抑制因素，必须调整预期资金项下的价格，以补偿供应商的额外成本。技术上的滞后也会导致供应商的成本上升。当新技术进入市场时，HRG 系统将不会反映采用它们的成本，这就是使用直通式支付的原因。然而，为医疗服务提供者采用创新技术提供经济激励会导致支出的急剧增加，将资源从可能提供更大的健康效益的卫生系统的其他部分转移出去③。

5. 费用转嫁监管

历史上，英国有减少住院护理的趋势，在日间或门诊治疗更多的病人。HRG4 的发展允许从 base－HRG 中"分离"护理元素，以便扩大日间和门诊服务范围，在适当的非住院环境中提供服务④。

6. DRG 入院监管

在英国，某些情况下，医院在首次入院或出院后 30 天内不会支付再次入院的费用。此外，为避免入院人数的过度增加，2013 年英国提出，医院如果超过 2008—2009 财政年度的入院人数，将仅获得全部费用的 30%⑤。

---

①④ Busse, R., & Quentin, W. (2011). Moving towards transparency, efficiency and quality in hospitals: conclusions and recommendations. Diagnosis - related groups in Europe: Moving towards transparency, efficiency and quality in hospitals, 149 - 171.

② Boyle, S., Hutton, J., Street, A., & Sussex, J. (2007). Introducing Activity - Based Funding to Financial Flows between Providers and Commissioners in Northern Ireland. Draft Report for McClure Watters.

③ Schreyögg, J., Bäumler, M., & Busse, R. (2009). Balancing adoption and affordability of medical devices in Europe. Health policy, 92 (2 - 3), 218 - 224.

⑤ Busse, R., Geissler, A., Aaviksoo, A., Cots, F., Häkkinen, U., Kobel, C., Mateus, C., Or, Z., O'Reilly, J., Serdén, L., Street, A., Tan, S. S., & Quentin, W. (2013). Diagnosis related groups in Europe: moving towards transparency, efficiency, and quality in hospitals?. BMJ (Clinical research ed.), 346, f3197.

五、DRG 异化医疗行为的新加坡监管经验

（一）新加坡的 DRG 异化医疗行为

新加坡公立医院曾采用每日资金模式，直到 1999 年将 DRG 支付引入公共卫生保健系统。新系统使新加坡卫生部能够更好地针对需要更多治疗资源的医疗条件提供目标补贴①。到 2014 年，门诊服务、康复服务和其他以项目为基础的服务仍然被排除在新加坡的 DRG 系统之外②。

医学研究所 1999 年的报告“To Err is Human”已经将患者的安全和医疗质量问题列入了公共议程。2001 年的续集《跨越质量鸿沟》（*Crossing the Quality Chasm*）描述了高质量医疗保健与低质量医疗保健之间存在的巨大鸿沟。新加坡的医疗保健在安全、有效性、以病人为中心、及时护理、效率和公平性等方面如何衡量？为了保障患者的安全和确保高质量的护理，必须准确衡量医疗保健过程和结果中的这些未知因素。

（二）监管框架

政府作为新加坡的医疗监管机构、主要买家和主要公共医疗服务提供者，正在代表新加坡的公民推动变革。McAuslane 等（2009）认为新加坡的医疗保健环境在形式上具有竞争力，但在实质上却并非如此③。尽管进行了重组，新加坡政府仍将作为监管机构、政策制定者、资产所有者、服

---

①② Oecd, & Organization, W. H. (2015). Case - based payment systems for hospital funding in Asia an investigation of current status and future directions: An Investigation of Current Status and Future Directions. OECD Publishing.

③ McAuslane, N., Cone, M., Collins, J., & Walker, S. (2009). Emerging markets and emerging agencies: a comparative study of how key regulatory agencies in Asia, Latin America, the Middle East, and Africa are developing regulatory processes and review models for new medicinal products. Drug Information Journal, 43 (3), 349 - 359.

务的主要购买者和提供者，仍然有效地控制着两个医疗保健集群①。这使控制和管制变得困难。集群间的竞争有些是人为的，甚至可能会适得其反。政府应进一步远离公共服务提供者的角色，并将自身限制为政策制定者和公正的监管者，对所有服务提供者采取一致的方法。应让公共部门的提供者有更多机会接触市场力量，包括必须与私营部门竞争国家补贴患者的份额。

（三）监管机制

1. 质量保证和监管

新加坡的护理质量已实现了范式转变，从传统的关注结构方法转向了更广泛的多维概念，包括监测临床指标和医疗错误。强有力的政治承诺和体制能力一直是实现过渡的重要因素，然而，目前仍然缺乏一种严格的方案评估、公众参与和患者赋权的文化②。

在新加坡，高质量的医疗服务不是一个新概念，长期以来，人们一直认为它是医保体系的一个隐性目标。新的方法是采用一种系统和科学的方法来进行测量和管理。“医疗错误”是一个需要系统性解决方案的系统性问题。它最初专注于结构，而后又转向了过程和结果③。成本控制和护理质量都是新加坡成功成为区域医疗中心的关键因素④。

新加坡评估了 DRG 支付模式下的再入院率，作为衡量医院有效质量的方法。所有 DRG 的数据每年收集一次，同时收集关于事故和紧急护理及专科门诊护理的数据⑤。新加坡卫生科学管理局（Health Sciences Authority,

①④ Kwon, S., & Shon, C. (2015). Implementation experience with DRG – based payments. In P. L. Annear & D. Huntington (Eds.), Case – based payment systems for hospital funding in Asia: an investigation of current status and future directions (pp. 54 – 81). World Health Organization.

② McAuslane, N., Cone, M., Collins, J., & Walker, S. (2009). Emerging markets and emerging agencies: a comparative study of how key regulatory agencies in Asia, Latin America, the Middle East, and Africa are developing regulatory processes and review models for new medicinal products. Drug Information Journal, 43 (3), 349 – 359.

③ Lim, M. K. (2004). Quest for quality care and patient safety: the case of Singapore. BMJ Quality & Safety, 13 (1), 71 – 75.

⑤ Haseltine, W. A. (2013). Affordable Excellence – the Singapore Healthcare Story: How to Create and Manage Sustainable Healthcare Systems. NUS Press.

HSA）确定了科学评估和监管审查的目标时间，平行检查档案部分，并将企业反映时间与总体时间分开①。HSA 除了能够汇编有关国际监管机构的结构、过程和做法的重要信息外，使用一致的问卷格式和标准化术语还有助于在这些组织之间进行准确的比较②。

2. 消费者选择和信息公开

Kwon 等（2015）认为，新加坡的监管框架不应仅包括监管机构（MOH）和受监管机构（公共和私人提供者）两方。理想情况下，它应该是三方的，即授权消息灵通的消费者在根据所提供保健的价格和质量选择保健提供者方面发挥应有的作用③。有了信息技术的力量加上媒体的作用，信息不对称就不会成为不可逾越的障碍。政府的作用应该是确保整个系统的关键绩效指标的透明度，以便消费者能够充分知情并发出声音。

2004 年，新加坡卫生部网站上公布了某些程序的选定价格④。政府网站开始发布有关质量、安全和健康结果的可靠而有效的医疗服务提供者数据，权力平衡发生了重大转变。医疗服务提供者被激励以提高对消费者偏好的响应能力，消费者有权利根据成本、质量和其他理想的属性，在公共和私人服务提供者之间自由选择。

六、典型国家 DRG 异化医疗行为监管的经验做法比较和启示

（一）各国 DRG 异化医疗行为

不同国家最初使用 DRG 支付系统的目的有所不同，设计元素也因各国具体国情和社会实践的差异而有所不同。例如，同在亚洲，与日本不同，

---

①③④ Kwon, S., & Shon, C. (2015). Implementation experience with DRG - based payments. In P. L. Annear & D. Huntington (Eds.), Case - based payment systems for hospital funding in Asia: an investigation of current status and future directions (pp. 54 - 81). World Health Organization.

② Lim, M. K. (2004). Quest for quality care and patient safety: the case of Singapore. BMJ Quality & Safety, 13 (1), 71 - 75.

新加坡出于对公平的考虑，注重改善筹资机制、提高透明度以及建立更有针对性的资源分配机制。而日本建立 DPC/PDPS 是为了提供高质量的医疗保健，并通过建立一个标准化的信息平台来构建一个临床数据库①。综合来看，大部分 DRG 国家都面临着相似的监管问题，如编码高低套、提前出院、挑选病人、成本转嫁等。因此，监管是各国必须重视的实现价值医疗的重要途径和手段。

（二）监管框架

总结比较世界各国典型 DRG 异化医疗行为的监管框架，可以发现各国监管框架与其社会传统和医保模式密不可分。

不同医保制度的国家和地区，采取的监管模式有所不同。在新加坡的储蓄型医疗保险制度中，保险基金的管理权、经营权和监督权均为政府行政部门所有，行政监管力度最大，在异化医疗行为的监管上也是如此。在英国和美国的医疗保险制度中，DRG 的监管权虽然由政府行政部门拥有，但其经营和管理权由信托基金拥有，行政监管的力度相对较弱。日本实行社会医疗保险模式，更注重发挥社会各层次的综合监管作用。德国的疾病基金拥有全面的管理权，并且与行业协会共同制定医疗服务的质量标准，政府的监管力度较弱。

（三）监管机制

总体来说，英、美、德等国在长期的医疗保险反欺诈实践和医疗服务行为监管中积累了丰富经验，建立了完善的医疗保险和医疗服务法律体系及联合执法机制。各国监管机制围绕编码填写的真实正确性、住院资质的充分性、医疗服务的足量性和医疗资源投入的合规性四方面展开，具体措施包括跨部门合作、专业人才参与、借助信息化手段、协商谈判机制、清晰的执法流程和法律责任规定等。

---

① Oecd, & Organization, W. H. (2015). Case - based payment systems for hospital funding in Asia an investigation of current status and future directions: An Investigation of Current Status and Future Directions. OECD Publishing.

就监管主体和监管手段来说，虽然医疗机构的自我监管举足轻重，但是单主体的努力不足以实现有效监管，需要建立医患关系之外的监管结构来保护公众利益，并使提供者的行为与预期目标保持一致。然而，政府监管的有效性也很有限，因为政府也面临着与患者相同的信息不对称问题——临床判断的巨大灰色地带和医患关系的微妙性质，排除了过度侵入性的监管。

就监管内容来说，在质量层面，基于支付代表性风险的 DRG 也提供了改善医疗质量的机会，很多国家利用 DRG 支付系统本身引导和激励医疗质量的提高。DRG 有可能通过明确激励程序或治疗方式被认为是“更好的质量”，惩罚不好的医疗质量和服务行为或提供融资以改善病人结果。然而，挑战是达成何为“好质量”的共识，因此在不同的临床情况下，连续细化的数据和指标监测质量是基本的和必要的①。如果 DRG 系统使用高质量的成本数据，并且擅长创建具有相似成本且不易被操纵的患者分组，则可以在很大程度上减少异化医疗行为。如果同一组内患者之间的差异没有得到充分的控制，对许多患者来说，支付要么过高，要么过低，这就产生了强大的博弈动机。理论上，创造的分组越多，它们就会越同质化。必须在资源同质性和拥有可管理的群体数量之间取得平衡②。在大多数国家，分组的数量近年来显著增加。2005—2011 年，德国体系中的分组数量增加了近 40%，英国增加了一倍多，法国增加了两倍多。相比之下，2005 年引入第一个分类系统的荷兰的分组数量从极高的约 10 万个下降到最新版本的约 4000 个。在之前的系统中，相同的患者有时会被分到不同的组，这取决于治疗他们的专业类别。分组的数量越少，就可以越容易地保持系统的最新状态和可靠地计算平均成本③。一些国家当局（通常在较大的国家）更倾向于通过增加分组的数量来改善资源的同质性，而其他国家当局则更重视保持分组数量的可管理性。一些国家的 DRG 系统有更好的成本数据，这使得将患者分成更多的组成为可能④。

---

① Or，Z.，& Häkkinen，U.（2011）. DRGs and quality：For better or worse. Diagnosis – Related Groups in Europe：Moving towards transparency，efficiency and quality in hospitals，115 – 129.

②③④ Busse，R.，Geissler，A.，Aaviksoo，A.，Cots，F.，Häkkinen，U.，Kobel，C.，Mateus，C.，Or，Z.，O'Reilly，J.，Serdén，L.，Street，A.，Tan，S. S.，& Quentin，W.（2013）. Diagnosis related groups in Europe：moving towards transparency，efficiency，and quality in hospitals?. BMJ（Clinical research ed.），346，f3197.

DRG 系统发展的三个主要趋势是：首先，各国正努力将提高质量的激励措施纳入其支付系统。其次，由于更多的医院活动在日托和门诊环境中进行，DRG 系统正在扩展到这些领域。一些欧洲国家，如英国、德国和瑞典，正效仿美国的模式，将 DRG 的概念延伸到精神病院和康复医院。最后，人们对开发捆绑支付系统非常感兴趣，因为该系统能更好地协调多个医疗服务提供者之间的护理包。然而，到目前为止，仍然很难为这些扩展的护理包定义产品。现有的定义，如发作治疗组，对全部治疗发作的患者进行分类，仍然过于不精确，无法用于确定付款①。有一点是肯定的：只要有医院，衡量医院的活动，并将这些信息用于管理和支付目的，就是非常重要的。

监测和评价对于实施的有效性非常重要。应密切关注基于 DRG 的支付是否达到卫生系统效率和公平的预期目标。每个国家都需要制定监测和评估指标，以满足其卫生系统的具体需求②。

七、本章小结

（一）本章结论

不同国家和地区在推行 DRG 支付体系的过程中，围绕“效率—质量—成本”三者之间的平衡进行了长期探索，形成了各具特色的监管模式与制度框架。DRG 支付体系的优势在于提升服务效率、增强操作透明度以及缩短平均住院时长。然而，DRG 体系亦存在缺陷，例如，对提前出院的财政激励可能导致服务质量下降。因此，如何在控制成本的同时保障服务质

① Busse, R., Geissler, A., Aaviksoo, A., Cots, F., Häkkinen, U., Kobel, C., Mateus, C., Or, Z., O'Reilly, J., Serdén, L., Street, A., Tan, S. S., & Quentin, W. (2013). Diagnosis related groups in Europe: moving towards transparency, efficiency, and quality in hospitals?. BMJ (Clinical research ed.), 346, f3197.

② Oecd, & Organization, W. H. (2015). Case - based payment systems for hospital funding in Asia an investigation of current status and future directions: An Investigation of Current Status and Future Directions. OECD Publishing.

量，成为各国制度设计的核心挑战。本章研究表明，推动 DRG 体系有效运行的关键因素主要包括医院的高度自主性、强有力的政策指导原则和管理能力、适宜的卫生信息系统、可获取的补充监管机制，以及持续的政府财政支持。DRG 支付作为一种结构复杂、运行高度依赖技术支持的体系，必须建立在健全的制度条件与数据基础之上，方能实现预期的改革目标。

（二）完善我国 DRG 付费异化医疗行为的政策建议

基于国际经验并结合我国当前监管制度的现实基础，本书建议从以下四个方面系统推进我国 DRG/DIP 监管体系的建设与优化：

1. 统一的相对权重体系

依据国际经验，各国宜构建统一的相对权重标准体系。鉴于不同地区的消费水平、定价机制、医院诊疗模式等存在差异，为精确评估对各类患者的治疗效果，应整合全国范围内的大数据资源，将不同地域、不同等级的医院纳入考量范围，实现多维度资源消耗的量化评估与交叉验证，以获得更为精确和公正的评估结果。

2. 完善的监管体系和机制

健全的监管体系的构建首先需要确立一套完备的监管指标体系以及高效精确的卫生信息系统，继而需要建立完善的法律法规体系和有效的惩戒机制。

（1）关于监管体系的完善

本书倡导一种新型的卫生保健监管模式，该模式涵盖第三方质量检测机构、社会团体以及医疗服务消费者等多方，通过跨部门协作、专业人才的介入，利用信息化技术、协商谈判机制等多种手段和机制，构建一个多方参与的多层次监管网络。在监管内容方面，应建立涵盖事前、事中、事后全过程的监管体系；监管不仅要关注医疗服务的可负担性，还应考虑其安全性与可及性；在追求医疗服务效率和成本控制的同时，更应重视其质量和价值。

（2）高效的信息系统

各国普遍倾向于利用强大的信息系统，构建一个相对完整的监管指标体系，确保 DRG 的实时监控，并引入针对性的激励与处罚措施，以期达到更佳的监管效果[①]。必须重视数据的可获得性、时效性与精确性，充分发挥数据系统在病案分类优化、编码体系调整、费用与质量监管、政策制定与监测等方面的支持作用。

（3）完善的法律法规体系

有研究者运用舞弊三角理论对负向医疗行为的成因进行分析，揭示出医疗机构在改革过程中所承受的压力以及医生自我合理化的心理机制是异化医疗行为的诱因。此外，信息不对称、法律法规不完善以及改革过程中控制效率低下亦是关键因素。例如，德国的《病例费用法》《护理人员赋权法案》以及日本的《医疗保健法》等。

（4）有效的惩罚措施

在博弈论框架下，有效的监管模式通过加强监管措施能够有效遏制医疗机构中不合理异化医疗行为的发生。强化查处力度有助于降低医疗机构从事不合理异化医疗行为的可能性。此外，降低执法成本对于提升医疗保险承办单位的监管效能具有积极意义[②]。

本书建议参考国际医疗机构及相关部门在异化医疗行为风险防控方面的实践经验，例如德国通过实施质量与信息监管，结合政府的严格规制与第三方监管，采取严厉的惩罚措施，将有利于异化医疗行为的政策转变为不利于异化医疗行为的政策；基于医院历史运营数据和点数限制，医院可保留超出预算的业务收入的35%，以预防频繁再入院和过度治疗，进而逐步改善支付与监管体系，降低不合理异化医疗行为的发生[③]。

---

① 刘芬，孟群．DRG 支付体系构建的国际经验及启示［J］．中国卫生经济，2018，37（08）：93－96.

②③ 林坤河，刘宵，黄雨萌，等．区域点数法总额预算下医疗机构“冲点”行为分析——以 DIP 支付方式为例［J］．中国卫生政策研究，2022，15（05）：40－46.

第七章

结论及政策建议

一、主要研究结论

本书围绕“从医保按项目付费监管到 DRG/DIP 付费监管”的改革进程，系统分析了 DRG/DIP 付费模式下异化医疗行为的表现、成因、类型及应对机制。通过理论梳理、制度跟踪、案例分析与实证检验，回答了“监管什么”“如何监管”“监管效果如何”三大核心问题。主要的研究结论可总结如下。

第一，通过文献综述与支付风险管理理论分析，本书指出相较于按项目付费模式下引发的过度医疗、虚假住院、违规收费、分解住院、超医保支付范围结算等异化行为，DRG/DIP 付费模式下的异化行为表现出更高的专业性和隐蔽性，监管难度与成本亦显著增加，从而凸显出新形势下监管的必要性与挑战性。医疗保障系统与医保支付方式改革对国民健康与发展具有深远影响，因此，医保部门应提升对 DRG/DIP 付费监管的重视程度，全面梳理并明确界定相关异化行为，积极实施精准监管，以预防医保支付风险。然而，当前针对医保 DRG/DIP 支付监管的研究尚显不足，本土化的经验研究较为稀缺，对异化行为微观监管层面的探讨较少，监管分析框架尚未成熟，相关基础概念与理论内涵亟须进一步明确。

第二，本书梳理了从医保按项目付费监管到 DRG/DIP 付费监管的初始化监管、常态化监管、制度化监管政策的演变历程，提出随着我国政治和经济的持续发展，医保基金监管已迈入新时期，亟须更加科学化、技术化、常态化和制度化的监管策略，构建并完善预防医保支付风险的 DRG/DIP 支付改革新时期监管机制与体系。

第三，本书基于委托代理理论与激励规制理论的分析框架，结合 DRG/DIP 支付机制原理及异化效应，系统归纳出我国医保监管实践中存在的三大异化行为维度：医疗行为、医疗数据质控和医院管理行为。这三个维度构成了当前医保支付监管的主要风险源，医保部门需予以充分关注。具体而言，由于医保端监管体系不完善、DRG 支付工具缺陷、地区配套政策风险诱发以及医院医生端医疗市场不完全竞争、医院管理机制不合理等因素，我国医保数据质控端出现病案入组质量低、医保结算清单异化填写、分组数据不真实等行为，医疗行为端出现挑选病人、治疗不足、术式升级、过度医疗、分解住院、费用转嫁、医疗质量下降等异化行为，医院管理端出现编码套高、低标准入院、医院不合理的绩效分配等异化行为。DRG/DIP 付费模式下产生了与按项目付费时期不同的新的异化行为与特征。随后，本书依托 DRG/DIP 付费的各个环节，针对医保实践中发现的异化行为类型、内涵与表现进行了详细梳理与阐述。

第四，本书在明确医方异化行为的类型与表现后，选取徐州市医保基金监管的典型案例进行分析，分类梳理了徐州市医保监管的先进政策机制与经验做法，回答了 DRG 付费下医保基金“如何监管”的问题，并总结出徐州市医保基金监管的经验模式。进一步，本书收集徐州市 10 家三级医疗机构 2021 年 1 月至 2022 年 12 月的资料与数据，采用实证分析方法，从三大目标实现维度与异化行为维度入手，通过描述性统计分析与断点回归设计方法，对徐州市医保基金监管模式、DRG 专项监管政策的效果进行了评估。根据描述性分析结果，监管政策的实施对患者的医疗负担、医保政策运行、医保基金管理均产生了积极的促进作用，特别是在支持 DRG 付费政策在医疗机构运行层面，起到了提质扩面的良好效应。在异化行为的影响效果上，除检查检验占比指标出现非预期上升外，其余指标均显示出与预期变化相符的结果。断点回归估计结果进一步揭示，监管政策对病案首页质量、编码套高、编码套低三类行为的约束效果十分显著（$P < 0.05$），对其他行为的干预效果虽存在但不显著。此外，患者医疗负担得到减轻，

但个别医疗机构出现费用反弹；医保支付方式改革政策在医疗机构中广泛推行，实施情况良好；医保基金管理绩效良好，DRG 支付方式成为主导；监管规则对特定异化行为有显著的约束效果，但仍有进一步充实和优化的空间。

第五，在国际经验部分，本书通过总结、分析、对比德国、英国、美国、日本、新加坡等国家针对医保 DRG 付费引致的异化行为、监管框架与监管机制后发现，各国虽然治理路径各异，但均强调高度的医院自主性、强有力的政策指导方针与管理能力、适当的卫生信息系统、补充监管机制的可用性与持续的政府支出水平。这些经验为我国构建适应 DRG/DIP 付费特征的精准监管机制提供了现实启示。

第六，通过上述理论剖析、政策梳理与观察、实证评估，以及结合典型国家 DRG 异化行为监管实践，本书提出了基于 DRG 付费的监管机制建设与体系创新的思路，旨在为地方医保基金监管实践提供可推广的操作范式，为实现医保基金“安全、高效、合理使用”的目标提供制度支撑与政策参考。

二、提升我国医保 DRG/DIP 付费监管效能的建议

（一）转变医保基金监管和医疗机构运营管理理念

医疗保险机构需首先转变传统的按项目付费的基金管理观念，深入理解并认识 DRG/DIP 付费与按项目付费可能引发的医疗行为异化及基金支付风险，积极应对 DRG/DIP 付费模式下出现的新形势和新挑战。

此外，医疗保险机构也应积极引导医疗机构转变其运营管理理念，完善内部监管机制和质量控制体系。尽管 DRG/DIP 改变了医疗保险与医院之间的住院医疗费用结算方式，但若过度强调其对医院收入及运营的潜在负面影响，可能导致医疗机构误入改革的歧途，甚至错误地将管理部门的职责转嫁给医生，过分强调 DRG/DIP 改革的盈亏效应，从而诱使医生产生违规违法的诊疗行为。因此，医疗保险机构应引导医疗机构正确认识 DRG/

DIP 付费改革所带来的益处与局限性，合理调整运营理念与经营模式，坚持以规范诊疗、合理施治为首要原则，以公益性与医德为核心，实施科学管理、控制成本、提高效率，以实现内涵式、精细化的发展。

（二）构建全面整合式的医保 DRG/DIP 支付监管体系

医保部门的首要职责是守住基金安全、不发生欺诈骗保，应围绕医保基金监管职能、DRG/DIP 付费的异化医疗行为及政策风险点，构建全面整合式的支付监管体系。

1. 短期：支付风险管理的“三驾马车”建设

就短期工作而言，应重视 DRG/DIP 支付风险管理的“三驾马车”建设，包括合理的支付标准、全流程诊疗行为监管和基金支付绩效评价，如图 11 所示。

图 11　DRG/DIP 支付风险管理三角框架理论模型

支付风险管理的“三驾马车”可从源头上不断优化 DRG/DIP 技术分组和支付标准，在过程中建立覆盖诊疗行为全流程的监管规则和处置措施，在付费后端配套建立科学的基金支付绩效评价考核体系，发挥医保支付方式的经济“指挥棒”作用，防范 DRG/DIP 付费下的异化医疗行为和基金安全风险。

2. 长期：“五位一体”的 DRG/DIP 付费靶向监管和精准监管体系建设

从长远视角审视，持续不懈地构建与 DRG/DIP 付费改革相匹配的“五位一体”监管体系至关重要，如图 12 所示。

第一，部门协同监管体系，涵盖以行政和执法部门为核心的行政监管、公安与纪检等部门主导的司法监管以及医保经办机构层面的协议管理等。

第二，日常支付职能管理体系，主要包含飞行检查、日常稽核、专家评审与医疗机构互审、举报投诉处理以及 DRG 付费监管与年末绩效考核等手段。

第三，信息化监管体系，在医保端探索构建医保智能监控系统、基金反欺诈系统、DRG/DIP 大数据监测与分析系统、病案质控系统等，以精准识别异化医疗行为和政策风险点。

第四，行业自律体系，鼓励行业内部建立定点机构诚信体系、医疗机构社会声誉机制、医保医师制度以及医院（医师）协会行业自律准则等，以自我约束行为，净化行业风气。

第五，第三方参与监管体系，强化相关主体间的合作，引入信息公司参与信息系统建设，完善 DRG/DIP 监管知识库、规则库建设和智能监管应用；邀请专家参与评审、论证、评估，会计师事务所和商业保险机构参与基金测算与结算；行业协会、媒体、社会群众等协助监管和信息沟通。

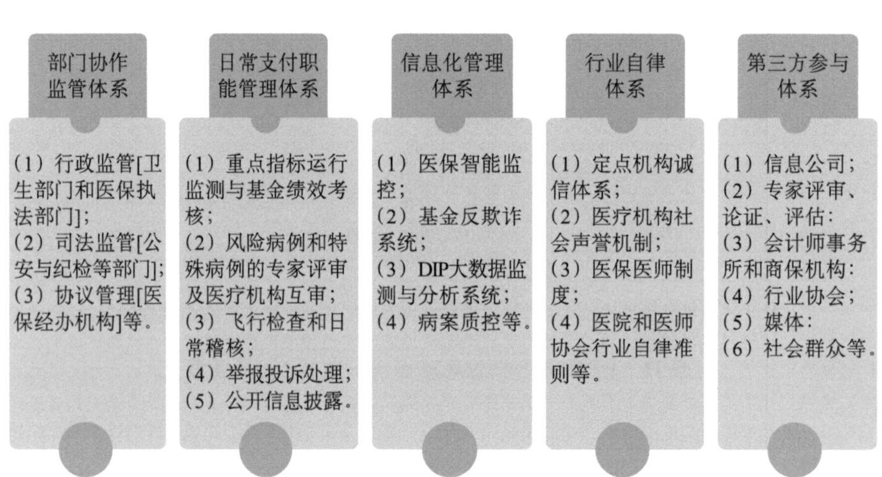

图 12 “五位一体”的 DRG/DIP 付费靶向监管和精准监管体系

（三）不断健全 DRG/DIP 付费政策体系

完善 DRG/DIP 付费政策体系，在政策层面有效限制异化行为的产生，是提升医疗保险监管效能的关键保障。本书通过实地调研和资料搜集得出结论：当前 DRG/DIP 支付政策在实践过程中显现出的缺陷和问题不容忽视。诸多医疗机构异化行为的产生，很大程度上可归因于本地设计的

DRG/DIP 付费政策体系尚不完善。因此，医疗保险管理部门需持续完善 DRG/DIP 付费政策体系，尤其应关注医院、医务人员及患者合理利益诉求，从医保支付关系中多利益相关方的视角出发，优化现行政策体系。具体建议如下：

首先，改进本地 DRG/DIP 技术分组体系。对于 DRG 而言，应全面对接国家 CHS－DRG 的 ADRG 标准，同时确保分组细化体现本地化特征，使分组目录能够反映本地医疗发展水平、疾病谱及医疗机构间的竞争态势。例如，DRG 付费模式对三级大型医院有利，但可能对基层医疗机构的生存空间产生挤压。因此，一方面，可继续试点并扩大基础病组同病同价政策的实施范围，以促进医疗资源向基层下沉，同时需及时评估该政策对基层医疗机构是否起到了预期的支持作用；另一方面，可参考徐州模式，通过技术分组实施对基层医疗机构的 DRG 倾斜支付政策，以确保基层医疗机构的合理发展。以下为 2022 年 7 月对徐州市医保局局长的访谈。

“目前，我们徐州和其他地方正在探索的、执行的所有 DRG 付费，都是按照国家要求在二级以上医疗机构中实行，二级以下的一级医疗机构、基层医院中很少实行。基层医院不可能那么容易实现信息化，看病的医生都不够，哪来的信息化？这是上面制定政策的时候没有考虑到的。基层也没有那么多病人，入不了那么多组。所以，我们准备从 2023 年 1 月起，稳妥地开展 DRG 付费在二级以下医疗机构中的推广运行，我们在所有的基层医疗机构、所有的乡镇卫生院全部实行‘35＋1＋x’的本地化 DRG 支付模式，现在这项工作已经向国家医保局报备。”

对于疾病诊断相关分组（DIP）系统而言，当前面临的最大挑战在于分组过于细致，导致各类疾病分值之间的差异不显著。这种技术层面的问题为医疗机构在病人选择和诊断升级方面提供了所谓的“合理性”。因此，实施 DIP 付费制度地区的医保部门必须对国家制定的 DIP 分值目录库进行临床路径的优化、分值的合理调整以及谈判，以最大限度地减少医疗机构通过冲量套取高额费用的空间。

其次，完善本地的 DRG/DIP 支付规则体系至关重要。DRG/DIP 工具在医保付费中的应用，目前仅实现了医疗服务定价的平均定额打包功能，而要真正发挥医保的价值购买效率，尚需进一步的政策优化。必须认识到，每个医保统筹区的医疗服务供给体系由不同等级、不同功能定位、不同服务能力的医疗机构构成。即便是同一级别的医疗机构，如三级甲等医院，也可细分为特大型三甲医院（国家医学中心）、综合型三甲医院（省级、市级、县级）和专科型三甲医院（中医医院、临床专科医院）等不同类型。这些不同类型的三甲医院在服务能力、学科建设、医疗质量以及发展定位等方面所展现的综合价值存在显著差异。因此，采用平均定价规则来补偿医疗服务成本并不完全合理，需要在支付规则上进行政策优化，设计出能够体现医疗机构服务价值的综合支付规则。DRG/DIP 付费的综合支付规则设计理念应体现医保价值购买功能，成为具有可操作性的引导价值付费的政策工具。其设计思路是以平均定价确定的定额标杆作为参考系，结合不同级别医院的收费差异、医保的管理重点、当地医疗资源的配置状况、医疗机构的学科发展、行为规范、服务能力、服务效率和服务质量等因素，构建综合支付规则体系。因此，综合支付规则不仅应包括平均支付，还应涵盖能力支付、质量支付、分级诊疗支付、倾斜支付、行为支付、创新支付、疗效价值支付等多样化规则。

“所有的创新药，只要有疗效，符合价值医疗的概念，对老百姓有意义就可以用。当然价格可能贵，那么对医院来说我们可以走按病种收费，可以给你 40% 的价格空间来调整，参保人来说还可以用补充保险，我们专门设立了商业健康保险业务，你只要买了就可以享受，就在多层次保障里面给你解决，这个是药品不进目录的情况。”徐州市医保局局长 2022 年 7 月表示。

最后，医疗保险结算清单与病案首页诊断原则不一致的问题，对 DRG/DIP 分组准确性产生负面影响，这不仅增加了医院病案填写人员的工作难度，同时也增加了医保部门监管的人力与物力成本。因此，本书建议国家层面应对医疗保险结算清单的填写规则进行统一优化调整。例如，统一 DRG/DIP 分组诊断与疾病临床诊断的编码填写规范，以减少因主诊断差异导致的医疗行为异化，进而促进病案首页及基础数据质量的提升。

（四）打造“事前—事中—事后”全流程的 DRG/DIP 大数据闭环式监管模式

当前，国家与地方医保基金监管的核心仍聚焦于“事后”阶段。大多数欺诈与骗保行为多由医保部门在飞行检查或基于社会举报线索的排查中揭露，对相关机构和个人施以资金追回及罚款的处罚。然而，从医保部门公布的典型案例与查处金额来看，强制性的“事后”监管并未达到预期的威慑效果。医保基金监管应遵循结果导向、过程管理、全面客观、科学精准的原则。医保基金的损失不能仅依赖于“事后”处罚来弥补。

鉴于此，本书建议构建“事前—事中—事后”全流程的 DRG/DIP 大数据闭环式监管模式，实现对医保基金的全过程监管，构建完善的监管规则与智能监控系统，将监管关口前移至“事前”，以有效降低违规行为的发生频率。因此，针对 DRG/DIP 的技术缺陷、政策配置失灵及可能的异化行为，建立监管规则与指标阈值，并在“事前”进行预警与提示，将显著提升监管效能。

此外，通过对 DRG/DIP 的重点监测指标进行“事中”与“事后”监管亦不可忽视。目前，国家医保局、浙江省和江苏省已出台的 DRG/DIP 重点监测指标体系尚需进一步完善。在实际应用中，应针对已发现的问题不断扩充指标体系并完善指标内涵，强化对医疗机构间、统筹区间的横向与纵向对比，从单一关注医疗机构的“控费”效果，扩展至包含费用、质量、效率、能力及患者满意度等的全方位监测。对于数据异常的监测指标，若无法明确具体问题，或医疗机构提出较大异议时，应进一步进行人工抽查与稽核，以科学评估医疗机构异化行为的风险。

“我们医保监管的原则是，对医疗机构监管一定不要以处罚为目的，而是以规范医疗机构的行为为目的，避免违规行为的产生。按照国家医保局 13 号文件要求，在整个的医疗机构监管中发现的所有违规的线索都要进行移交，移交的量太大，所以说我们工作起来压力也很大。所以我们基本上把能在事前解决的问题都提前解决，那么在基金没有支付之前，就把整体的一些违规行为通过扣点数过滤掉，这样就避免基金在支付过程中再出现较大损失。只要基金没有支付，那么就不算损失。”徐州市医保局稽核科科长 2022 年 7 月表示。

值得注意的是，不同地区的违规行为表现形式并非完全一致，因此医保部门监管的重点亦需有所区分，不能简单地复制其他地区的规则和方法。必须依据自身实际情况对规则和指标进行相应的调整和完善。对于那些已经建立监管规则的先行地区，应持续更新临床知识库内容，以保持其行业权威性、专业性和合理性。同时，对于触发频率较低的监管规则，应及时进行调整或删除，以优化监管规则库的监管效用。

（五）完善 DRG/DIP 大数据监管的核心要素

1. 人员要素

DRG/DIP 大数据监管的专业性与复杂性需要专业人才赋能，因此，医保部门需要强化人才队伍建设。

一是建议各地方医保部门建立本地化的专家库。广泛吸纳社会和行业人才充实专家库，健全专家库的点对点沟通和动态管理机制，发挥专家审核在违规行为评审、论证、评估中的“放大镜”作用。

二是优化医保部门内部的人才培养机制。医保部门要培养一支懂政策、懂技术、懂管理、懂大数据分析的专业人才队伍，做好疑点病例的分析与审核工作，补齐智能监控的短板，有效提升“线上专业智能识别”与“线下精准高效稽核”相结合的监管效果。

三是第三方助力医保监管工作。第三方和社会人员参与 DRG/DIP 付费监管应该会成为医保监管未来的发展方向。在政府购买服务的过程中，第三方信息公司可以全面参与医保 DRG/DIP 大数据监管信息系统的建设。此外，广泛动员社会力量参与监管，包括人大代表、政协委员、非政府医保从业人员、职工和居民参保人等人员以及商业保险公司、新闻媒体、社会卫生团体等组织和机构，拓宽社会群众参与医保基金监管的渠道，建立更规范化的投诉举报奖励机制，发挥广大人民群众的智慧和力量。

2. 信息要素

DRG/DIP 大数据监管的底层逻辑是依赖信息，基于 DRG/DIP 大数据的信息化监管体系是医保部门在后 DRG/DIP 时代强化医保基金监管效能的有力抓手。因此，在信息要素层面应做到以下三点。

一是建议医保部门重视 DRG/DIP 付费下的诊疗和结算大数据积累。目前全国医保信息平台已经完成 DRG/DIP 结算子系统的搭建，医保积累的这些大数据是监管的“宝藏”，各地方医保监管部门要善于利用和开发，在利用过程中，也需要注意对数据的清洗与真实性甄别。

二是建议医保部门利用已有 DRG/DIP 大数据进行监管知识库和规则库的建立与优化。知识库与规则库一方面为 DRG/DIP 大数据精准监管和靶向监管建立了“事前”违规违法的“防火墙”，从源头上预防风险发生，另一方面也可为“事后”疑似违规违法的线下执法和稽核工作提供监管依据。但同时，知识库和规则库也要不断地细化和完善规则，在此过程中，针对医疗机构提出的异议和建议，要保持充分的民主协商态度，以避免“假阳性”问题的出现。

三是建议在日常应用过程中要加强数据技术赋能。国际经验表明，智能监控可以有效捕获 DRG 付费的相关风险点①。医保部门应充分利用大数据、人工智能等科学工具为基金监管赋能，嵌入完善的医保 DRG/DIP 监管知识库和规则库，构建风险筛查数据模型，及时发现违规风险点。

3. 管理要素

一是在医保部门内部明确协议管理与行政监管的职责边界。协议管理和行政监管是当前医保部门对医疗机构进行监管的主要方式，但在实际工作中很容易出现协议管理和行政监管混淆的情况。对此，应进一步厘清二者的边界，在工作方案中对两种监管方式涉及的部门、人员、内容予以明确区分，形成相互配合又各自独立的工作模式。针对目前协议管理约束力度不足的现象，建议经办机构根据本地监管规则库细化协议条目，畅通医、患、保三方的诉求与表达渠道，在协议制定中均衡各方利益②；同时加大医疗机构违反行为规范的赔偿力度，如经过审核确认为 30 天内违规再入院的，对第二次入院结算实行全额拒付，或者可以借鉴美国 Medicare 对再入院率的限制③。但是要注意，不论是行政监管还是协议管理，对违规行为的处罚都应注重方式和力度的合理性，避免“一刀切”的监管模式，建议参考徐州市的做法，对监管结果分类、分级进行处置。

二是要构建管理部门的协同合作机制。当前政策层面仍缺少对异化医疗行为具体而全面的监管规则设计④。医保部门自身专业能力有限，无法

---

① 周昊平，简伟研．以智能审核应对 DRG 高靠分组问题［J］．中国医疗保险，2022（06）：44－47.

② 黄华波．浅议医保基金监管的体制性特点、机制性问题与长效机制建设［J］．中国医疗保险，2020（04）：20－24.

③ 陶成琳，陈妍，林德南，等．DRGs 风险分析及对深圳市试点工作的启示［J］．中国卫生质量管理，2019，26（02）：31－35.

④ 朱敏，李红艳，魏倩如．医疗保险基金智能监管模式建构和运作研究［J］．卫生经济研究，2021，38（06）：40－43.

对异化医疗行为给出清晰界定，需要卫生健康部门、相关行业协会、医疗机构和专家等协同参与制定权威性、专业性的标准规范，如对低标准入院、套高诊断、分解住院、医疗服务不足等异化医疗行为的判定规则，以及合理超支甄别、病案质量判定等标准。

（六）加强院内 DRG/DIP 付费的异化行为质控

医疗保险机构无法直接干预医院及医务人员的医疗服务行为，必须依赖行业自律以实现自我约束。医疗保险机构应预先向医疗机构明确监管规则，并提供适当的适应期与缓冲期，以便医疗机构能够有针对性地完善内部质量控制和调整工作流程，从而促进医疗保险与医院监管的协同效应。

DRG/DIP 付费模式的实施，仅改变了医疗保险与医院之间的结算方式。若过度强调其对医院收入及运营的潜在负面影响，则可能导致医疗机构误入歧途，甚至错误地将管理部门的职责转嫁给医务人员。因此，医疗保险机构应重视引导医疗机构正确理解改革所带来的利益与限制，科学地转变运营理念和商业模式，坚持以规范诊疗、合理施治为首要任务，以公益性与医德为核心，实施科学管理、控制成本、提高效率，确保医疗质量安全。制定与医疗保险管理目标相匹配的医生绩效评价体系和奖惩机制，提高薪酬结构中对医生劳动价值的支付比例，激励医生积极采用 DRG/DIP 支付方式。制定院内临床路径规范和优势病种方案，引导医生选择低成本且高质量的诊疗方案，并对绩效评价表现优异的科室和医生给予实质性奖励，但应避免将医院盈亏与医生收入直接关联，以实现内涵式、精细化的发展。

同时，医疗机构应加强院内宣传教育工作，举办各类专业讲座和院外交流合作。一方面，深入理解 DRG/DIP 付费相关政策文件和技术规范，对病案室编码员、科室病案填写人员、医疗保险结算人员及医护人员进行培训，减少数据上传和病例入组环节的错误率，加强院内审核环节的质量控制，避免因入组错误导致医保拒付和医院亏损。另一方面，树立《医疗保障基金使用监督管理条例》等监管法规和协议中约束性条款的监管红线，以此为基础构建一套完善的院内监管制度，例如成立院内 DRG/DIP 改革监管专项工作领导小组，对可能涉及管理部门和临床科室的异化医疗服务行为进行自主排查和监督。

此外，医院端亦可开发 DRG/DIP 付费智能监控系统，有针对性地筛选院内指标进行分析，对分解住院、低标准住院、高靠高编、推诿病人、费用转嫁等行为进行重点监测。对于风险较高的科室、病组和项目，加强关注其费用、资源消耗、权重、CMI 值、病例数等关键指标的变化趋势，尽早识别潜在的异化医疗服务行为，防患于未然。

参考文献

［1］蔡立明．美国 Medicare DRG 的实践和影响［J］．中国医院院长，2020（01）：44－47.

［2］曹永栋，陆跃祥．西方激励性规制理论研究综述［J］．中国流通经济，2010，24（01）：33－36.

［3］柴小卉，靳力华．加强我国现代化支付系统风险管理的思考［J］．金融研究，2006（03）：138－145.

［4］常峰，纪美艳，路云．德国的 G－DRG 医保支付制度及对我国的启示［J］．中国卫生经济，2016，35（06）：92－96.

［5］常欢欢，杨兴宇，于丽华，等．C－DRG 病案首页管理和质量控制［J］．中国医院，2018，22（06）：68－70.

［6］常媚．医保支付方式对医疗行为的影响研究［J］．当代经济，2021（07）：110－115.

［7］陈国强，边鹏，李秀丽，等．基于按 DRG 付费的医疗服务监管指标体系构建［J］．中国医院管理，2021，41（10）：86－88.

［8］陈起风．“救命钱”沦为“唐僧肉”：内在逻辑与治理路径——基于百余起骗保案的实证研究［J］．社会保障研究，2019（04）：42－51.

［9］陈伟．论公共风险管理理论体系的构建［J］．国际经贸探索，2005（04）：70－76.

［10］从鹂萱，王海银，金春林．美国创新医疗技术支付经验及启示［J］．卫生经济研究，2019，36（07）：10－13.

［11］崔斌，程斌，朱兆芳，等．DRG 付费模式下的医保基金监管指标体系构建［J］．中国卫生经济，2022，41（09）：29－32.

［12］戴维·L·韦默，艾丹·R·维宁著，刘伟译．公共政策分

析——理论与实践［M］. 中国人民大学出版社，2013：212 – 213.

［13］邓小虹 . 北京 DRGs 系统的研究与应用［M］. 北京大学医学出版社，2015：1 – 3.

［14］邓悦，孟颖颖 . 社会保障风险及管理基本理论研究——基于本质、功能与原则的视角［J］. 贵州社会科学，2014（05）：42 – 45.

［15］丁煌，李晓飞 . 逆向选择、利益博弈与政策执行阻滞［J］. 北京航空航天大学学报（社会科学版），2010，23（01）：15 – 21.

［16］杜传忠 . 激励规制：规制经济学的最新发展［J］. 聊城大学学报（哲学社会科学版），2002（04）：1 – 4.

［17］杜传忠 . 激励规制理论研究综述［J］. 经济学动态，2003（02）：69 – 73.

［18］樊挚敏 . 我国 DRG 收付费方式改革的愿景［J］. 中国卫生经济，2018，37（01）：21 – 23.

［19］傅鸿翔，陈文 . 医保基金管理绩效评估指标构想［J］. 中国医疗保险，2013（09）：33 – 36.

［20］傅卫，江芹，于丽华，等 . DRG 与 DIP 比较及对医疗机构的影响分析［J］. 中国卫生经济，2020，39（12）：13 – 16.

［21］顾雪非 . 治理欺诈骗保应厘清不同行为的定义与边界［J］. 中国医疗保险，2020（04）：39 – 40.

［22］郭际水 . 山东省医保基金监管现状、启示与思考［J］. 中国医疗保险，2020（04）：45 – 48.

［23］郭朋飞，吴群红，李叶，等 . 基于文献计量分析的我国医保监管研究现状及展望［J］. 中国医院管理，2021，41（12）：26 – 29.

［24］郭莺，茅雯辉，汤胜蓝 . 韩国基于信息化的医疗保险监管及其对我国的启示［J］. 中国卫生资源，2021，24（04）：483 – 487.

［25］韩春丽，马凝 . DRGs 在沈阳市医保支付管理中的应用——以医疗服务绩效评价为主［J］. 中国医疗保险，2016（03）：51 – 54.

［26］郝春彭，谭中和 . 中国医疗保障基金监督管理发展报告［M］. 社会科学文献出版社，2021：1 – 14.

［27］郝晶 . 包头市城乡居民医保基金监管效果评价研究［D］. 内蒙古大学，2018.

[28] 何文，申曙光. 医保支付方式与医疗服务供方道德风险——基于医疗保险报销数据的经验分析 [J]. 统计研究，2020，37 (08)：64-76.

[29] 何宪. 公立医院薪酬制度改革若干问题的思考 [J]. 中国人事科学，2021 (01)：1-12.

[30] 侯慧玉，张华星，王建斌，等. 医保参保人就医行为对基金管理的挑战与思考 [J]. 医学与哲学，2025，46 (04)：56-59.

[31] 侯宜坦，吴绍棠，周银铃，等. 健全我国医保基金监管机制的SWOT分析 [J]. 中国医疗保险，2020 (06)：22-25.

[32] 胡广宇，刘立煌，吴世超，等. 基于间断时间序列分析的DRG-PPS改革效果研究 [J]. 中国卫生政策研究，2019，12 (10)：23-28.

[33] 胡敏. 战略性购买视角下的医保基金监管体制改革探讨与展望 [J]. 中国医疗保险，2021 (04)：26-30.

[34] 黄华波. 加强医保基金监管和打击欺诈骗保工作的思考 [J]. 中国医疗保险，2019 (03)：32-35.

[35] 黄华波. 浅议医保基金监管的体制性特点、机制性问题与长效机制建设 [J]. 中国医疗保险，2020 (04)：20-24.

[36] 江芹. DRG收付费政策设计与实施中的经验及启示 [J]. 中国卫生经济，2022，41 (01)：6-11.

[37] 金志恒. 异地就医欺诈骗保行为监管困境与路径优化 [J]. 中国医疗保险，2025 (03)：44-50.

[38] 雷璐倩，张伶俐，颜建周，等. 德国医疗保险支付方式改革及对我国的启示 [J]. 中国卫生资源，2020，23 (02)：176-181.

[39] 雷咸胜. 我国医保基金监管现存问题与对策 [J]. 中国卫生经济，2019，38 (08)：31-33.

[40] 冷安丽，唐彬，王健. 断点回归设计在卫生经济领域的应用与进展 [J]. 中国卫生经济，2018，37 (07)：8-11.

[41] 李含伟，吴晓恒，赵梦雨. 我国医疗保险基金监管存在的问题与因应建议 [J]. 医学与社会，2020，33 (08)：125-129.

[42] 李浩，陶红兵. DRG付费下医方低码高编行为界定与潜在风险研究 [J]. 卫生经济研究，2022，39 (04)：28-32.

[43] 李嘉程，覃英华，吴群红，等. 我国医保基金骗保行为治理趋

势演变与优化策略研究［J］. 中国医院管理，2021，41（11）：21－24.

［44］李乐乐. 政府规制与标尺竞争：医保支付方式改革的治理路径分析［J］. 经济社会体制比较，2021（03）：80－88.

［45］李丽华，焦震宇. 以问题为导向病案质量监控对规范医疗行为的影响［J］. 中国病案，2020，21（08）：26－28.

［46］李鹏，王歆. 大数据时代下的医保异常诊疗行为分析［J］. 天津社会保险，2017（04）：50－51.

［47］李晓方，谷民崇. 公共部门数字化转型中的“数字形式主义”：基于行动者的分析框架与类型分析［J］. 电子政务，2022（05）：9－18.

［48］李勇杰. 社会医疗保险体制中道德风险的防范策略——基于委托代理理论的视角［J］. 社会科学家，2008（08）：123－125＋131.

［49］梁景星，赵跃宝，黄勇，等. 基于 DRGs 付款下高倍率病例的病案首页诊断与手术操作填写和编码缺陷分析［J］. 中国医院统计，2019，26（04）：307－310.

［50］廖藏宜，闫俊. 我国医保支付方式的改革历程及发展趋势［J］. 中国人力资源社会保障，2019（06）：13－15.

［51］廖藏宜，张艺艺. DRG/DIP 付费下异化行为表现及监管建议［J］. 中国医疗保险，2023（02）：27－34.

［52］廖藏宜. DRG/DIP 付费的医疗服务冲量行为思辨［J］. 中国人力资源社会保障，2022（04）：57.

［53］廖藏宜. DRG 付费改革的医保政策趋势及阶段目标［J］. 中国人力资源社会保障，2020（07）：55.

［54］廖藏宜. DRG 时代的医保监管理念及监管体系建设［J］. 中国人力资源社会保障，2020（11）：59.

［55］廖藏宜. 医保 DRG 费率法和点数法的政策意涵［J］. 中国人力资源社会保障，2020（04）：56.

［56］廖藏宜. 医疗保险付费对医生诊疗行为的激励约束效果——经济学解释与政策机制［J］. 财经问题研究，2018（03）：28－37.

［57］廖藏宜. 中国医保 DRG 付费改革探索的三个阶段［J］. 中国人力资源社会保障，2020（01）：60.

［58］廖藏宜. 中国医保建制改革 70 年［J］. 中国人力资源社会保

障，2019（11）：28－31.

［59］林坤河，刘宵，黄雨萌，等．区域点数法总额预算下医疗机构“冲点”行为分析——以DIP支付方式为例［J］．中国卫生政策研究，2022，15（05）：40－46.

［60］林敏，夏燕，朱婷，等．DRG付费改革对医院运营效率的影响研究［J］．卫生经济研究，2021，38（12）：62－65.

［61］林沅锜，许军．关于医药卫生服务市场中政府失灵的思考［J］．卫生软科学，2018，32（08）：13－15.

［62］林源．美国医疗保险反欺诈法律制度及其借鉴［J］．法商研究，2013，30（03）：125－135.

［63］刘芬，孟群．DRG支付体系构建的国际经验及启示［J］．中国卫生经济，2018，37（08）：93－96.

［64］刘静，黄镇，覃肖潇，等．基于故障树分析法的医保基金使用风险识别研究——以某市医保基金监管真实世界数据为例［J］．中国医疗保险，2019（05）：34－38.

［65］刘荣飞，薛梅，李紫灵．DRG的国内外研究进展［J］．卫生经济研究，2020，37（10）：42－45＋48.

［66］刘有贵，蒋年云．委托代理理论述评［J］．学术界，2006（01）：69－78.

［67］刘志辉，林妍，孟凡强．医保支付方式改革与医疗卫生服务效能——来自三明医改的证据［J］．应用经济学评论，2025，5（01）：170－187.

［68］卢颖，孟庆跃．供方支付方式改革对医生行为的激励研究综述［J］．中国卫生经济，2014，33（02）：36－38.

［69］吕大伟，许宏，梁鸿，等．上海市基本医疗保险监督管理办法实施效果评估研究［J］．中国医疗保险，2018（10）：37－40.

［70］吕大伟，许宏，沈怡，等．上海市医疗保险疾病诊断相关分组付费试点基线分析［J］．中国卫生资源，2021，24（05）：507－510.

［71］吕兰婷．医疗保障宏观筹资负担：国际视角与中国经验［J］．社会保障评论，2023，7（03）：79－95.

［72］吕文栋，赵杨，田丹，等．风险管理理论的创新——从企业风

险管理到弹性风险管理［J］．科学决策，2017（09）：1－24.

［73］马超，杜妍蓉，唐润宇，等．DIP支付方式改革、医疗费用控制与医院短期策略性应对［J］．世界经济，2022，45（11）：177－200.

［74］孟朝琳．DRGs支付制度实施效果评价研究［D］．中国医科大学，2020.

［75］潘春燕．DRG支付方式的实践探讨——以JH市试点情况为例［J］．卫生经济研究，2019，36（08）：38－41.

［76］彭晓博，秦雪征．医疗保险会引发事前道德风险吗？理论分析与经验证据［J］．经济学（季刊），2015，14（01）：159－184.

［77］彭颖，金春林，王贺男．美国DRG付费制度改革经验及启示［J］．中国卫生经济，2018，37（07）：93－96.

［78］彭宅文，岳经纶．新医改、医疗费用风险保护与居民获得感：政策设计与机制竞争［J］．广东社会科学，2018（04）：182－192＋256.

［79］邱胜，李浩，吴金婕．博弈论视角下药品零加成后过度医疗的医保监管研究［J］．医学与社会，2018，31（07）：10－13.

［80］裘凯音，王佳，王伟红，等．市级统筹背景下DRG付费的公平性研究［J］．卫生经济研究，2021，38（12）：33－36＋40.

［81］丹尼尔·F·史普博，余晖．管制与市场［M］．上海人民出版社，1999.

［82］宋金洋，蒋雪莉，张子武，等．基于医疗机构，医务人员，医疗行为监管指标体系构建与应用［J］．医学信息，2021，34（05）：12－15.

［83］隋凯欣，赵晨杰，肖赟，等．基于舞弊三角理论的医保欺诈成因分析及监管策略探讨［J］．中国卫生经济，2021，40（11）：33－36.

［84］孙建才．社会医疗保险欺诈治理的探索与思考——以昆明市医疗保险反欺诈经验为例［J］．中国医疗保险，2017（12）：26－29.

［85］陶爱萍，刘志迎．国外政府规制理论研究综述［J］．经济纵横，2003（06）：60－63.

［86］陶成琳，陈妍，林德南，等．DRGs风险分析及对深圳市试点工作的启示［J］．中国卫生质量管理，2019，26（02）：31－35.

［87］汪忠，黄瑞华．国外风险管理研究的理论、方法及其进展［J］．外国经济与管理，2005（02）：25－31.

［88］王飞，汤少梁，赵琨，等．应用间断时间序列评价某县级公立医院医药价格改革效果［J］．中国卫生统计，2016，33（01）：78－80.

［89］王峰，郑建刚，陈尚文，等．贵溪市住院次均费用控制模式的效果研究［J］．中国卫生经济，2011，30（12）：46－48.

［90］王海银，冯泽昀，杨燕，等．加拿大实验室诊断项目医保支付政策分析及启示［J］．中国卫生质量管理，2018，25（02）：97－100.

［91］王海银，金春林，姜庆五．医疗服务价格动态调整机制构建及发展建议［J］．中国卫生资源，2018，21（06）：5.

［92］王海银，金春林．国际医疗服务项目支付优化策略及启示［J］．卫生经济研究，2019，36（08）：16－19.

［93］王贺男，李芬，金春林，等．德国按疾病诊断相关分组付费制度改革经验及启示［J］．中国卫生资源，2018，21（03）：275－279.

［94］王晖，张国俊，于发斌，等．DRG 付费的潜在风险及应对策略［J］．卫生经济研究，2020，37（07）：14－15＋21.

［95］王坚强，王奕婷．DRG 医保支付方式改革对医疗行为的影响［J］．湖南社会科学，2021（01）：133－139.

［96］王京京．国外社会风险理论研究的进展及启示［J］．国外理论动态，2014（09）：95－103.

［97］王俊豪．中国特色政府监管理论体系：需求分析、构建导向与整体框架［J］．管理世界，2021，37（02）：148－164＋184＋11.

［98］王启越，马忠民．价值医疗下医疗保险支付成本控制策略——基于国外 DRG 实践［J］．商业会计，2020（17）：105－107.

［99］王晓群．风险管理［M］．上海财经大学出版社，2003：7.

［100］王学军，牟田．公私部门合作创造公共价值何以可能——基于 Z 市医保基金监管创新的案例分析［J］．南京社会科学，2022（10）：63－72＋117.

［101］王亦冬，孙志楠，陈颖．典型国家 DRG 研究与实践进展综述及其对我国的启示［J］．中国卫生经济，2021，40（06）：91－96.

［102］王煜昊，吴远仪，黄洁莹，等．日本医保基金监管模式对我国的经验借鉴［J］．中国卫生经济，2024，43（11）：91－96.

［103］王章佩，林闽钢．医疗服务的专业性及其治理：基于专业权力

的思考［J］．医学与哲学（人文社会医学版），2009，30（07）：42－43.

［104］王震．医保支付方式改革须与公立医疗机构改革并行［J］．中国医疗保险，2020（06）：31－32.

［105］魏先华，李雪松．支付和清算系统的风险分析［J］．金融研究，2001（12）：63－72.

［106］吴昱杉，申曙光．国外医保医师监管镜鉴［J］．中国社会保障，2013（05）：29－31.

［107］伍琳，李梦颖．医保支付激励与医生多任务执行偏差——新的解释框架和政策启示［J］．中国卫生政策研究，2022，15（01）：37－42.

［108］伍琳，闫婷，陈永法．如何构建基于 DRG 的医保供方支付系统——源于日本、韩国和泰国实践的思考［J］．中国医药工业杂志，2022，53（01）：148－154.

［109］向迪，倪晨旭，王震．制度激励：医保支付方式改革的医疗资源配置效应［J］．统计学报，2025，6（02）：79－94.

［110］谢岱仪，王前．广州市某三甲医院职工医保患者恶性肿瘤门诊费用与住院费用比较［J］．医学与社会，2018，31（01）：14－16.

［111］徐喜卿，段聪哲．DRG 评价指标在某三甲医院绩效管理中的应用［J］．中国病案，2020，21（06）：27－30.

［112］徐莹波，吴志伟．DRG 付费下打造医保基金安全生态圈的思考［J］．卫生经济研究，2021，38（12）：54－56.

［113］许光建，卢倩倩，许坤．破解政策执行困境：基于多任务委托代理模型［J］．行政管理改革，2020（09）：48－59.

［114］玄律，程超，郑杰，等．北京市 DRG 付费改革实践及 DRG 付费国家试点技术方案特点分析［J］．中国医疗保险，2020（09）：36－39.

［115］阳义南，肖建华．医疗保险基金欺诈骗保及反欺诈研究［J］．北京航空航天大学学报（社会科学版），2019，32（02）：41－51.

［116］杨红燕，陈天红．社会保障财政支付风险的多角度分析与全方位应对［J］．华中科技大学学报（社会科学版），2011，25（04）：97－104.

［117］杨红燕．政府间博弈与新型农村合作医疗政策的推行［J］．云南社会科学，2007（01）：73－77.

［118］杨宏山．政策执行的路径—激励分析框架：以住房保障政策为

例［J］. 政治学研究，2014（01）：78－92.

［119］杨松，吴婧文，余丽君，等. DRG高倍率病例现状与政策优化思考［J］. 卫生经济研究，2022，39（04）：24－27＋32.

［120］杨业春，李美坤，林圻，等. “按病种分值付费”控费效果研究［J］. 卫生经济研究，2021，38（06）：36－39.

［121］姚陈宁，吴昊，王飞. 我国公立医院薪酬制度现状及改革探究［J］. 中国卫生标准管理，2018，9（19）：30－33.

［122］姚强，杨菲，郭冰清. 基本医疗保险“欺诈骗保”现象的影响因素及路径研究——基于我国31个省级案例的清晰集定性比较分析［J］. 中国卫生政策研究，2020，13（11）：24－31.

［123］叶成徽. 国外风险管理理论的演化特征探讨［J］. 广西财经学院学报，2014，27（03）：19－24.

［124］于保荣. DRG与DIP的改革实践及发展内涵［J］. 卫生经济研究，2021，38（01）：4－9.

［125］俞红平，沈利明. 嘉兴市医保基金绩效评价体系建设的实践探索［J］. 中国医疗保险，2020（10）：54－58.

［126］郁辉. 赢利性制度逻辑下的医疗异化行为及医患冲突［J］. 中国医院管理，2012，32（11）：70－71.

［127］臧文斌，赵绍阳，刘国恩. 城镇基本医疗保险中逆向选择的检验［J］. 经济学（季刊），2013，12（01）：47－70.

［128］张静，韩菊，张晶. DRGs－PPS模式与项目付费模式的比较分析［J］. 中国卫生经济，2014，33（02）：63－65.

［129］张敏，吴胤歆. 我国医保基金协同监管的协同度测量与优化路径研究——基于SFIC模型［J］. 中国卫生政策研究，2023，16（10）：41－48.

［130］张卿. 加强医保基金使用常态化监管的特定目标和主要路径［J］. 中国医疗保险，2023（09）：27－31.

［131］张卿. 论医保基金监管中协议管理模式的优化使用［J］. 中国医疗保险，2019（10）：45－48.

［132］张卿. 医疗保障基金监管中违约追责和行政处罚机制的协调完善［J］. 浙江学刊，2021（06）：47－57.

［133］张玉姝，陈一凡，邹作丽，等．DIP 付费下医保基金监管方法与实践［J］．中国医院，2025，29（04）：49－52.

［134］赵德余．医疗保障监管的政策网络分析：从微观行为到系统结构［J］．学海，2021（02）：76－83.

［135］赵西亮．基本有用的计量经济学［M］．北京大学出版社，2017：233.

［136］郑晨．DRG/DIP 付费下的医院成本管理［J］．卫生经济研究，2022，39（03）：88－90.

［137］钟国伟．公共卫生体制改革的选择——如何应对“政府失灵”和“市场失灵”［J］．卫生经济研究，2005（01）：6－8.

［138］周清杰，张志芳．微观规制中的政府失灵：理论演进与现实思考［J］．晋阳学刊，2017（05）：126－132.

［139］周吴平，简伟研．以智能审核应对 DRG 高靠分组问题［J］．中国医疗保险，2022（06）：44－47.

［140］周燕，方鹏骞．“三医联动”下医务人员医疗行为监督约束机制探讨［J］．中国医院管理，2018，38（11）：7－9.

［141］周韵砚，江芹，张振忠．欧美国家 DRG 相对权重计算方法分析［J］．中国卫生经济，2016，35（05）：94－96.

［142］朱敏，李红艳，魏倩如．医疗保险基金智能监管模式建构和运作研究［J］．卫生经济研究，2021，38（06）：40－43.

［143］朱铭来，王恩楠．医保支付方式改革如何减轻道德风险？——来自医保基金支出的证据［J］．保险研究，2021（04）：75－90.

［144］朱翔，胡汉辉．美国医院市场的规制制度与竞争［J］．数量经济技术经济研究，2003（11）：97－101.

［145］朱旭林，龚熠，郭丽娟，等．医保基金监管的方式、成效与困境［J］．卫生经济研究，2021，38（09）：49－52.

［146］祝玲，董子坤．DRG 支付下的大数据医保基金监管创新实践［J］．卫生经济研究，2021，38（12）：37－40.

［147］Adams，D. L.，Norman，H.，& Burroughs，V. J.（2002）. Addressing Medical Coding and Billing Part II：A Strategy for Achieving Compliance. A Risk Management Approach for Reducing Coding and Billing Errors

. Journal of the National Medical Association, 94 (6), 430.

[148] Annear, P. L., Kwon, S., Lorenzoni, L., Duckett, S., Huntington, D., Langenbrunner, J. C., ... & Xu, K. (2018). Pathways to DRG – Based Hospital Payment Systems in Japan, Korea, and Thailand. Health Policy, 122 (7), 707 – 713.

[149] Baker, T. (1996). On the Genealogy of Moral Hazard. Tex. L. Rev., 75, 237.

[150] Bastani, H., Goh, J., & Bayati, M. (2018). Evidence of Up Coding in Pay – for – Performance Programs. Management Science, 65 (3), 1042 – 1060.

[151] Blum, K and Offermanns, M (2009) Anspruch und Realität von Budgetverhandlungen zur Umsetzung medizintechnischer Innovationen: Gutachten des Deutschen Krankenhausinstituts im Auftrag des Bundesverbandes Medizintechnologie. Unpublished manuscript, last modified January 2016.

[152] Blümel, M., Spranger, A., Achstetter, K., Maresso, A., & Busse, R. (2020). Germany: Health System Review. Health Systems in Transition, 22 (6), 1 – 272.

[153] Blumenthal, D., & Glaser, J. P. (2007). Information Technology Comes to Medicine. New England Journal of Medicine, 356 (24), 2527 – 2534.

[154] Böcking, W., Ahrens, U., Kirch, W., & Milakovic, M. (2005). First Results of the Introduction of DRGs in Germany and Overview of Experience from Other DRG Countries. Journal of Public Health, 13, 128 – 137.

[155] Boyle, S., Hutton, J., Street, A., & Sussex, J. (2007). Introducing Activity – Based Funding to Financial Flows between Providers and Commissioners in Northern Ireland. Draft Report for McClure Watters.

[156] Boyle S. (2011). United Kingdom (England): Health System Review. Health Systems in Transition, 13 (1), 1 – 483.

[157] Braeutigam, R. R., & Panzar, J. C. (1993). Effects of the Change from Rate – of – Return to Price – Cap Regulation. The American Economic Review, 83, 191 – 198.

[158] Bromiley, P., McShane, M., Nair, A., & Rustambekov, E. (2015). Enterprise Risk Management: Review, Critique, and Research Directions. Long Range Planning, 48 (4), 265 –276.

[159] Busse, R., Geissler, A., Aaviksoo, A., Cots, F., Häkkinen, U., Kobel, C., Mateus, C., Or, Z., O'Reilly, J., Serdén, L., Street, A., Tan, S. S., & Quentin, W. (2013). Diagnosis Related Groups in Europe: Moving Towards Transparency, Efficiency, and Quality in Hospitals? . BMJ (Clinical Research Ed.), 346, f3197.

[160] Busse, R., & Quentin, W. (2011). Moving towards Transparency, Efficiency and Quality in Hospitals: Conclusions and Recommendations. Diagnosis – Related Groups in Europe: Moving towards Transparency, Efficiency and Quality in Hospitals, 149 –171.

[161] Busse, R. and A. Riesberg (2004), Health Care Systems in Transition: Germany. Copenhagen, WHO Regional Office for Europe on Behalf of the European Observatory on Health Systems and Policies, Vol. 6, No. 9.

[162] Cheung, S. N. (2000). The Theory of Share Tenancy. Arcadia Press Ltd..

[163] Corry, D., Souter, D., & Waterson, M. (1994). Regulating our utilities. Institute for Public Policy Research.

[164] DeMARIA, E. J., Merriam, M. A., Casanova, L. A., Gann, D. S., & Kenney, P. R. (1988). Do DRG payments adequately reimburse the costs of trauma care in geriatric patients? Journal of Trauma and Acute Care Surgery, 28 (8), 1244 –1249.

[165] Cashin, C., Langenbrunner, J., & O'Dougherty, S.. (2009). Designing and implementing health care provider payment systems: how – to manual. The World Bank.

[166] Dong, Y.. (2013). How health insurance affects health care demand—a structural analysis of behavioral moral hazard and adverse selection. Economic Inquiry, 51 (2), 1324 –1344.

[167] Draper, D., Rogers, W., Kahn, K., Keeler, E., Reinisch, E., Sherwood, M., Carney, M., Kosecoff, J., Savitt, H., Allen, H.,

Rubenstein, L., Brook, R., Roth, C., Chew, C., Bentow, S., & Kamberg, C. (2006). Effects of Medicare's prospective payment system on the quality of hospital care. In RAND Corporation eBooks.

[168] Elsner, H., Bätz, B., Magerkurth, T., & Rüth, S. (2003). German Diagnosis Related Groups: Problemfelder Im Bereich Psychischer Störungen Am Beispiel Der Krankenhausbehandlung Alkoholabhängiger. Der Nervenarzt, 74, 601 -606.

[169] Ellis, R. P., & McGuire, T. G. (1990). Optimal Payment Systems for Health Services. Journal of Health Economics, 9 (4), 375 -396.

[170] Epps, T., & Flood, C. M. (2001). Have We Traded Away the Opportunity for Innovative Health Care Reform - The Implications of the NAFTA for Medicare. McGill LJ, 47, 747.

[171] Falcon - Law, M. M., Griffin, P., Perales, I. N., & Maher, V. F. Aspects of American Health Care: CMS and the RAC. In The 67th International Atlantic Economic Conference.

[172] Farrar, S., Yi, D., Sutton, M., Chalkley, M., & Scott, A.. (2009). Has Payment by Results Affected The Way That English Hospitals Provide Care? Difference - in - Differences Analysis. Bmj British Medical Journal, 339 (7720), 554 -556.

[173] Fernάndez - Laviada, A. (Ed.). (2007). La Gestiόn Del Riesgo Operacional: De La Teoría A Su Aplicaciόn (Vol. 39). Ed. Universidad de Cantabria.

[174] Fraser, J. R., & Simkins, B. J. (2007). Ten Common Misconceptions about Enterprise Risk Management. Journal of Applied Corporate Finance, 19 (4), 75 -81.

[175] Fritze, J. (2001). G - DRG: Das Auf Deutschland Angepasste AR - DRG - System Als Vollpauschalierendes Krankenhaus - Entgeltsystem Gemäß § 17b KHG. Der Nervenarzt, 72 (6), 479 -483.

[176] Garets, D., & Davis, M. (2006). Electronic Medical Records VS. Electronic Health Records: Yes, There Is A Difference. Policy White Paper. Chicago, HIMSS Analytics, 1.

[177] Gay, E. G., & Kronenfeld, J. J. (1990). Regulation, Retrenchment—The DRG Experience: Problems from Changing Reimbursement Practice. Social Science & Medicine, 31 (10), 1103 –1118.

[178] Georgescu, Irène, & Hartmann, F. G. H.. (2013). Sources of Financial Pressure and Up Coding Behavior in French Public Hospitals. Health Policy, 110 (2 –3), 156 –163.

[179] Ghandour, Z., Siciliani, L., & Straume, O. R. (2022). Investment and Quality Competition in Healthcare Markets. Journal of Health Economics, 82, 102588.

[180] Grossman, J. M., Zayas – Cabán, T., & Kemper, N. (2009). Information Gap: Can Health Insurer Personal Health Records Meet Patients' and Physicians' Needs? . Health Affairs, 28 (2), 377 –389.

[181] Hamada, H., Sekimoto, M., & Imanaka, Y. (2012). Effects of the Per Diem Prospective Payment System with DRG – Like Grouping System (DPC/PDPS) on Resource Usage and Healthcare Quality in Japan. Health Policy, 107 (2 –3), 194 –201.

[182] Haseltine, W. A. (2013). Affordable Excellence – the Singapore Healthcare Story: How to Create and Manage Sustainable Healthcare Systems. NUS Press.

[183] Henschke, C., Bäumler, M., Weid, S., Gaskins, M., & Busse, R. (2010). Extrabudgetary ('NUB') payments: A Gateway for Introducing New Medical Devices into the German Inpatient Reimbursement System? . Journal of Management & Marketing in Healthcare, 3 (2), 119 –133.

[184] Holmstrom, B., & Milgrom, P. (1991). Multitask Principal – Agent Analyses: Incentive Contracts, Asset Ownership, and Job Design. The Journal of Law, Economics, and Organization, 7 (special_ issue), 24 –52.

[185] Koné, I., Maria Zimmermann, B., Nordström, K., Simone Elger, B., & Wangmo, T. (2019). A Scoping Review of Empirical Evidence on the Impacts of the DRG Introduction in Germany and Switzerland. The International Journal of Health Planning and Management, 34 (1), 56 –70.

[186] Johnson, D., Dayal, G., & Smith, J. (2017). 40 Years in

the Payment Reform Wilderness: DRGs to Nirvana.

[187] Jürges, H., & Köberlein, J. (2015). What Explains DRG Up Coding in Neonatology? The Roles of Financial Incentives and Infant Health. Journal of Health Economics, 43, 13 – 26.

[188] Kazley, A. S., & Ozcan, Y. A. (2008). Do Hospitals with Electronic Medical Records (EMRs) Provide Higher Quality Care? An Examination of Three Clinical Conditions. Medical Care Research and Review, 65 (4), 496 – 513.

[189] Klein, R. D., & Campbell, S.. (2006). Health Care Fraud and Abuse Laws. Archives of Pathology & Laboratory Medicine, 130 (8), 1169 – 77.

[190] Kwon, S., & Shon, C. (2015). Implementation Experience with DRG – Based Payments. In P. L. Annear & D. Huntington (Eds.), Case – Based Payment Systems for Hospital Funding in Asia: An Investigation of Current Status and Future Directions (pp. 54 – 81). World Health Organization.

[191] Kwon, S. (1997). Payment Systems for Providers in Health Insurance Markets. Journal of Risk and Insurance, 155 – 173.

[192] Lim, M. K. (2004). Quest for Quality Care and Patient Safety: The Case of Singapore. BMJ Quality & Safety, 13 (1), 71 – 75.

[193] MacDonald, G., & Marx, L. M. (2001). Adverse Specialization. Journal of Political Economy, 109 (4), 864 – 899.

[194] Mannion, R., Marini, G., & Street, A. (2008). Implementing Payment by Results in the English NHS: Changing Incentives and the Role of Information. Journal of Health Organization and Management, 22 (1), 79 – 88.

[195] Marshall, J. M. (1976). Moral Hazard. The American Economic Review, 66 (5), 880 – 890.

[196] Mathauer, I., & Wittenbecher, F. (2013). Hospital Payment Systems Based on Diagnosis – Related Groups: Experiences in Low – and Middle – Income Countries. Bulletin of the World Health Organization, 91, 746 – 756A.

[197] Matsuda, R. (2020). The Japanese Health Care System. International Profiles of Health Care Systems, 127.

[198] McAuslane, N., Cone, M., Collins, J., & Walker, S.

(2009). Emerging Markets and Emerging Agencies: A Comparative Study of How Key Regulatory Agencies in Asia, Latin America, the Middle East, and Africa Are Developing Regulatory Processes and Review Models for New Medicinal Products. Drug Information Journal, 43 (3), 349 – 359.

[199] Mihailovic, N., Kocic, S., & Jakovljevic, M. (2016). Review of Diagnosis – Related Group – Based Financing of Hospital Care. Health Services Research and Managerial Epidemiology, 3, 2333392816647892.

[200] Miraldo, M., Goddard, M. and Smith, P. C. (2006) The Incentive Effects of Payment by Results. Research Report. CHE Research Paper (19). Centre for Health Economics, York, UK.

[201] Mirrlees, J. A. (1972). Population Policy and the Taxation of Family Size. Journal of Public Economics, 1 (2), 169 – 198.

[202] Mirrlees, J. A. (1976). The Optimal Structure of Incentives and Authority within an Organization. The Bell Journal of Economics, 105 – 131.

[203] Mishra, V., Tjønnfjord, G. E., Paus, A. C., & Vaaler, S. (2002). Orthopaedic Surgery in Severe Bleeding Disorders: A Low – Volume, High – Cost Procedure. Haemophilia, 8 (6), 809 – 814.

[204] Mistichelli, J.. (2001). Diagnosis Related Groups (DRGS) and the Prospective Payment System: Forecasting Social Implications. Georgetown Edu.

[205] Müller – Bergfort, S., & Fritze, J. (2007). Diagnose – und Prozedurendaten im deutschen DRG – System. Bundesgesundheitsblatt – Gesundheitsforschung – Gesundheitsschutz, 50 (8), 1047 – 1054.

[206] Musgrave, R. A.. (1959). The Theory of Public Finance: A Study in Public Economics. Journal of Political Economy.

[207] Neby, S., Lægreid, P., Mattei, P., & Mitra, M. A. H. I. M. A. (2013). Same Cheat, Different Wrapping: DRG Scandals and Accountability in Germany and Norway (Vol. 4, Issue 2013, pp. 1 – 28). Stein Rokkan Centre for Social Studies.

[208] Oecd, & Organization, W. H. (2015). Case – based Payment Systems for Hospital Funding in Asia an Investigation of Current Status and Fu-

ture Directions：An Investigation of Current Status and Future Directions. OECD Publishing.

[209] Or, Z., Bonastre, J., Journeau, F., & Nestrigue, C. (2013). Activité, Productivité Et Qualité Des Soins Des Hôpitaux Avant Et Après La T2A. Questions d'économie de la santé, 186.

[210] Or, Z., & Häkkinen, U. (2011). DRGs and Quality: For Better or Worse. Diagnosis – Related Groups in Europe: Moving towards Transparency, Efficiency and Quality in Hospitals, 115 – 129.

[211] Or, Z. (2014). Implementation of DRG Payment in France: Issues and Recent Developments. Health Policy, 117 (2), 146 – 150.

[212] Painter, J. (1991). Regulation Theory and Local Government. Local Government Studies, 17 (6), 23 – 44.

[213] Painter, J. (1995). Regulation Theory, Post – Fordism and Urban Politics. Theories of Urban Politics, 276 – 295.

[214] Peltzman, S. (1976). Toward a more General Theory of Regulation. The Journal of Law and Economics, 19 (2), 211 – 240.

[215] Quantin, C., Sauleau, E., Bolard, P., Mousson, C., Kerkri, M., Lecomte, P., Moreau, T., & Dusserre, L. (1999). Modeling of High – cost Patient Distribution within Renal Failure Diagnosis Related Group. Journal of Clinical Epidemiology, 52 (3), 251 – 258.

[216] Reamer, F. G. (1985). Facing up to the Challenge of DRGs. Health & Social Work, 10 (2), 85 – 94.

[217] Rice, T., Rosenau, P., Unruh, L. Y., Barnes, A. J., Saltman, R. B., & Van Ginneken, E. (2013). United States of America: Health System Review. Health Systems in Transition, 15 (3), 1 – 431.

[218] Ross, S. A.. (1973). The Economic Theory of Agency: The Principal's Problem. American Economic Review, 63 (2), 134 – 139.

[219] Sakamoto, H., Rahman, M., Nomura, S., Okamoto, E., Koike, S. et al. (2018). Japan Health System Review. Health Systems in Transition, 8 (1), World Health Organization. Regional Office for South – East Asia.

[220] Schreyögg, J., Bäumler, M., & Busse, R. (2009). Balancing Adoption and Affordability of Medical Devices in Europe. Health Policy, 92 (2-3), 218-224.

[221] Scott, S. J. (1984). The Medicare Prospective Payment System. American Journal of Occupational Therapy, 38 (5), 330-334.

[222] Shrank, W. H., Rogstad, T. L., & Parekh, N. (2019). Waste in the US health care system: estimated costs and potential for savings. Jama, 322 (15), 1501-1509.

[223] Sibley, D. (1989). Asymmetric information, incentives and price-cap regulation. The RAND Journal of Economics, 392-404.

[224] Simonet, D., & Alkafaji, Y. (2017). Critical Evaluations of the French Health Care Accounting Indicators: The Use of DRGs. Public Administration Quarterly, 41 (3), 569-609.

[225] Sinha, G. (2007). Governments Move to Improve Quality and Cut Costs. JNCI Journal of the National Cancer Institute, 99 (5), 346-347.

[226] Stigler, G. J. (1971). China University of Labor Relations. The Bell Journal of Economics and Management Science, 2 (1), 3-21.

[227] Stiglitz, J.. (1974). Risk Sharing and Incentives in Sharecropping. Review of Economic Studies (2), 219-256.

[228] Stiglitz, J. E. (1975). Incentives, Risk, and Information: Notes towards A Theory of Hierarchy. The Bell Journal of Economics, 552-579.

[229] Sullivan, S. D., Watkins, J., Sweet, B., & Ramsey, S. D. (2009). Health Technology Assessment in Health Care Decisions in the United States. Value in Health, 12, S39-S44.

[230] Thistlethwaite, D. L., & Campbell, D. T. (1960). Regression-Discontinuity Analysis: An Alternative to the Ex Post Facto Experiment. Journal of Educational Psychology, 51 (6), 309-317.

[231] Van Der Vegt, G. S., Essens, P., Wahlström, M., & George, G. (2015). Managing Risk and Resilience. Academy of Management Journal, 58 (4), 971-980.

[232] Veljanovski, C. G. (1993). The Future of Industry Regulation in

the UK：A Report of an Independent Inquiry. European Policy Forum for British & European Market Studies.

[233] Vetter, S. Y., Studier - Fischer, S., Wentzensen, A., & Frank, C. (2009). The Challenge of Auditing by Medical Health Insurance Inspectors：Development of Individual case Inspections According to § § 275ff SGB V. Der Unfallchirurg, 112, 756 - 758.

[234] Viscusi, W. K., Harrington Jr, J. E., & Sappington, D. E. (2018). Economics of Regulation and Antitrust. MIT press.

[235] Waterson, M. (1994). The Future for Utility Regulation：Economic Aspects. Regulating our utilities, 101130.

[236] Wilke, M., Höcherl, E., Scherer, J., & Janke, L. (2001). Introducing the New DRG - Based Payment System in German Hospitals：A Difficult Operation? . The European Journal of Health Economics, 2 (2), 79 - 85.

后　记

本书的出版得益于本人科研团队的共同努力和各级医疗保障部门的大力支持。本人早在2008年便开始关注DRG技术分组及其在医保支付领域的落地应用，2015年动笔撰写的博士论文是研究医保支付对公立医院的激励约束效应，2017年本人跟随清华大学杨燕绥教授做博士后期间，先后参与了在浙江省金华市、广西壮族自治区柳州市和广东省佛山市进行的DRG-点数法付费改革政策试验工作，2019年也有幸跟随中国劳动和社会保障科学研究院医保研究室主任王宗凡研究员团队参与了国家医保局委托的多元复合式医保支付体系顶层设计课题，前后调研了大半个中国的医保支付方式改革城市，这些经历大大提升了本人对医保支付及基金监管的理论与实务的认识。2019年7月，本人入职中国政法大学后，又先后受江苏省南通市医保局、广西壮族自治区医保局、江苏省无锡市医保中心、浙江省台州市医保局、河南省郑州市医保局、浙江省医保局、山东省医保稽核中心、首都医科大学国家医保研究院、浙江省绍兴市医保局和贵州省医保局等单位的委托，承担了大量有关医保支付方式改革和医保基金监管的实务性课题研究，产出了大量前沿性研究成果，也加深了本人对医保支付方式改革和医保基金监管二者之间需要进行关联与耦合的学术思考。

本书的构思源于本人于2020年获批的国家自然科学基金研究项目。随着对DRG/DIP付费政策研究的不断深入，本人愈发认识到，DRG/DIP这一定价工具自身存在的技术性缺陷、医疗的专业性和信息不对称特性，地方医保部门在落实国家DRG/DIP付费改革政策过程中，地方政策体系设计尚不健全，忽视了对新型支付方式的监管，再加上地方自身专业监管能力不足，所以很多有关DRG/DIP付费引发的异化行为开始出现，造成群众“看病钱”“救命钱”的支付风险问题。因此，加强对DRG/DIP付费的支付风险管理愈发重要。随后，本人带领科研团队对全国超过 100 个城市进行了 DRG/DIP 付费监管调研，积累了大量一手资料，也发掘了上海市、徐州市、南京市、眉山市、日照市、淮安市、宿州市等地 DRG/DIP 付费监管的典型案例。

值得一提的是，本科研团队有幸与江苏省徐州市医保局建立了深度合作关系，时任医保局局长黄广振先生对本人提出的 DRG 付费监管理念给予了高度认可，并将本人提出的 DRG 付费“三维二十大异化行为表现”及相应监管规则在徐州市付诸实践。2021 年，徐州市医保局成功研发了 DRG 付费监管信息系统，通过监管规则的大数据风险识别和专项稽核行动，查处了大量的 DRG 违规行为，也积累了宝贵的 DRG 付费监管实践经验。

针对 DRG/DIP 付费监管研究，张晓瑜与张艺艺两名研究生在本人指导下进行了深入的理论研究和实习，相关成果已在《中国医疗保险》期刊上发表，两名学生也均在徐州市医保局进行了长达半年的实习。其中，张晓瑜同学投入大量时间整理了本人提出的 DRG 付费“三维二十大异化行为表现”研究成果、典型国家 DRG 付费异化行为监管经验梳理和徐州市 DRG 付费监管做法等；张艺艺同学系统分析了医保 DRG/DIP 付费引发的异化行为成因并实证测度了徐州市医保 DRG 付费的监管效果。对学生的指导以及与学生的合作研究为本书的撰写奠定了良好的前期研究基础。

同时，基于过去多年在 DRG/DIP 付费方式和医保基金监管方面的理论和实践积累，2024 年本人以“医保 DRG 付费的基金监管效果评价及政策优化研究”为题，尝试申报国家社会科学基金项目，并有幸获批立项。在国家社会科学基金的资助下，本人终于鼓起勇气将多年积累的成果进行了系统性整理，形成本书。因此，非常感谢国家社会科学基金对本书出版提供的资助！

另外，中国政法大学科研处对本书的出版也提供了后期资助项目资助，我的博士研究生张嘉娣和硕士研究生徐晨曦对本书初稿进行了精心的校对与修改，中国财政经济出版社的编辑同志对本书终稿进行了悉心编辑，在此一并表示衷心感谢。

作为一名学者，除了有“得天下英才而教育之”的幸福外，还期望自己的研究和学术成果能应用于实践，为国家民生治理和社会福祉进步贡献自己的力量。因此，期望本书的出版能对国家及各省市医保部门的 DRG/

DIP 大数据反欺诈模型研发与监管实践工作有所启益。

鉴于当前 DRG/DIP 付费监管及支付风险管理在实务工作层面尚处于起步阶段，国家层面对 DRG/DIP 付费的违规违法行为识别和处理缺乏相应的监管规则与上位法支撑，且典型性实践案例有限，再加之本人能力有限，书中难免有研究不深和分析不到位的地方。因此，书中内容仅代表本人在学术层面上的初步探索，恳请各位读者批评指正，不吝赐教。

廖藏宜

2025 年 5 月于北京